太原社会经济统计年鉴

上 卷

太原市统计局编

(京)新登字 041 号

图书在版编目(CIP)数据

太原社会经济统计年鉴.2002/太原市统计局编.
——北京:中国统计出版社,2002.7
ISBN 7-5037-3785-9
Ⅰ. 太...
Ⅱ. 太...
Ⅲ. 社会经济统计-统计资料-太原市-2002-年鉴
Ⅳ. C832.251-54
中国版本图书馆 CIP 数据核字(2002)第 034196 号

中国统计出版社出版
E-mail/yearbook@stats.gov.cn
(北京市西城区三里河月坛南街 75 号　100826)
太原市中远新印刷有限公司设计制版印刷
各地新华书店经销
787×1092 毫米　16 开本　31 印张　87 万字
2002 年 8 月第 1 版　2002 年 8 月太原第 1 次印刷
印数:1-1000 册
*
ISBN 7-5037-3785-9/F·1385
国内定价:576.00 元(上、下册)

《太原社会经济统计年鉴 2002》编辑委员会

总　编　辑：张廷玺（兼）
副　总　编：冯　霞　高慧卿　陈年德　乔　木　薛建明
编　　　辑：戴陆寿　梁永昭　王翠莲　赵　俊　陆建云
　　　　　　崔　晰　周凤英　郭晓红　高　宏
责任编辑：陈越月　蔡启新
责任校对：戴陆寿（兼）

目　　录

（2000 年）

第一篇　综合

第二篇　人口、计划生育和社会治安

第三篇　农业

第四篇　工业、能源、交通、运输、邮电

第五篇　企业调查

第六篇　固定资产投资、建筑业

第七篇　公用事业

第八篇　财政、金融、税务、保险

第九篇　物价指数

第十篇　城市居民住户调查

第十一篇　农村住户调查

第十二篇　国内外贸易、旅游

第十三篇　劳动力和职工工资

第十四篇　科教文卫体、民政

第十五篇　县(市、区)经济概况

第一篇

综　合

资料整理

陆建云

审　　核

梁永昭

1—01 太原市区、市、县及乡镇、办事处名称

县　　级	乡　　级
小店区	坞城办事处、北营办事处、营盘办事处、平阳路办事处、黄陵办事处、小店镇、北格镇、西温庄乡、刘家堡乡
迎泽区	迎泽办事处、桥东办事处、文庙办事处、柳巷办事处、老军营办事处、庙前办事处、孟家井乡、郝庄乡
杏花岭区	涧河办事处、三桥办事处、鼓楼办事处、杏花岭办事处、坝陵桥办事处、大东关办事处、职工新街办事处、敦化坊办事处、巨轮办事处、小返乡、杨家峪乡、中涧河乡
尖草坪区	尖草坪办事处、光社办事处、上兰办事处、南寨办事处、迎新街办事处、古城办事处、汇丰办事处、新城乡、向阳镇、上兰镇、柏板乡、西墕乡、柴村镇、马头水乡、阳曲镇
万柏林区	万柏林办事处、和平办事处、千峰办事处、兴华办事处、下元办事处、杜儿坪办事处、南寒办事处、白家庄办事处、大虎沟办事处、开城里办事处、官地办事处、西铭乡、化客头乡、王封乡、小井峪乡、东社乡
晋源区	义井办事处、罗城办事处、晋源镇、晋祠镇、姚村镇、金胜镇
古交市	东曲办事处、西曲办事处、马兰办事处、镇城底办事处、屯兰办事处、古交镇、河口镇、镇城底镇、河南乡、大南坪乡、曹坪乡、阁上乡、加乐泉乡、梭峪乡、姬家庄乡、岔口乡、常安乡、原相乡、草庄头乡、邢家社乡
清徐县	清源镇、东于镇、徐沟镇、孟封镇、马峪乡、碾底乡、吴村乡、柳杜乡、西谷乡、王答乡、集义乡、高花乡、杨房乡
阳曲县	黄寨镇、东黄水镇、大盂镇、泥屯镇、北留乡、侯村乡、凌井店乡、高村乡、杨兴乡、温川乡、岔上乡、西凌井乡、北小店乡、西庄乡、伙路坪乡
娄烦县	娄烦镇、杜交曲镇、静游镇、四家坪乡、庙湾乡、龙泉乡、河杨树底乡、马家庄乡、盖家庄乡、罗家岔乡、米峪镇乡、天池店乡

1—02 行　政

类别 / 县市区	街道办事处	居民委员会
小店区	3	86
迎泽区	6	239
杏花岭区	9	364
尖草坪区	7	168
万柏林区	11	264
晋源区	2	48
古交市	5	56
清徐县		10
阳曲县		4
娄烦县		4
合　计	**43**	**1243**

区　　划

单位：个

乡政府	镇政府	村民委员会	自然村
4	2	98	112
2		29	54
3		50	60
4	4	90	103
5		67	93
	4	96	112
12	3	200	387
9	4	195	211
11	4	245	424
9	3	217	249
59	**24**	**1287**	**1805**

1—03 自 然 资 源

指 标	单 位	2000年
一、人口土地		
全市总人口	万人	308.75
人口密度	人/平方公里	442
土地面积	平方公里	6988
平原	〃	1240
丘陵	〃	2117
山地	〃	3631
二、气候		
平均气温	摄氏度	10.3
日照时间	小时	2420.8
无霜期	天	179
降水量	毫米	425.6
三、林木		
林地面积	万公顷	14.67
林木蓄积量	万立方米	230
森林覆盖率	%	20.3
四、水利		
水资源总量	万立方米	53305
地下水资源总量	〃	48975
五、矿产		
煤矿	亿吨	164.58
铁矿	〃	6.25
溶剂用灰岩	万吨	10012.6
水泥用灰岩	〃	6994.0
石料灰岩	万立方米	1097
石膏	万吨	6320.3

1—04 土地面积及人口密度

指　　标	土地面积(平方公里)	常住人口(人)	人口密度(人/平方公里)
总　　计	**6988**	**3087491**	**442**
辖区合计	**1460**	**2332022**	**1597**
小 店 区	295	414560	1405
迎 泽 区	117	454642	3886
杏花岭区	170	513359	3016
尖草坪区	285	302959	1061
万柏林区	305	472049	1549
晋 源 区	288	174453	607
县(市)合计	**5528**	**755469**	**137**
古 交 市	1584	203971	129
清 徐 县	609	297637	488
阳 曲 县	2059	143596	70
娄 烦 县	1276	110265	86

1—05 国民经济和社会

指　　标	单位	总量指标					
		1978	1985	1990	1995	1999	2000
一、人口							
年末总人口	人	2011691	2344452	2612087	2827710	2999211	3087491
1.农业人口	〃	908821	919217	975743	995113	1030788	1048251
非农业人口	〃	1102870	1425235	1636344	1832597	1968423	2039240
2.男	〃	1083011	1258322	1384876	1490281	1566645	1607655
女	〃	928680	1086130	1227211	1337429	1432566	1479836
二、就业							
年末全社会从业人员	人	940300	1348000	1557000	1685000	1614578	1604926
第一产业	〃	253000	231000	243000	258000	273856	276129
第二产业	〃	501000	753000	835000	872000	629559	601241
第三产业	〃	186300	364000	479000	555000	711163	727556
职工人数	〃	672000	989000	1111000	1124000	916622	884117
三、国民经济核算							
国内生产总值	万元	186758	437220	913794	2147429	3180000	3465305
第一产业	〃	11036	28885	58755	118405	145302	154936
第二产业	〃	140152	295782	520827	1092795	1539870	1692582
第三产业	〃	35570	112553	334212	936229	1494828	1617787
四、农业生产							
农林牧渔业总产值(1990年不变价格)	万元	44085	59829	75218	93527	114662	122531
年末实有耕地面积	千公顷	144.52	134.97	131.47	126.82	157.95	157.55
农业机械总动力	万千瓦	28.56	68.08	90.44	109.37	119.00	121.54
化肥施用量	吨	81565	35532	61565	74184	80464	82093
主要农产品产量							
粮食	吨	324515	304534	387806	334171	268039	294557
油料	〃	2035	16756	13882	6636	6562	10557

发展总量与速度指标

速度指标(%)								
指数(2000年比以下各年)					平均增长速度			
1978	1985	1990	1995	1999	1979—2000	1986—2000	1991—2000	1996—2000
153.5	131.7	118.2	109.2	102.9	1.97	1.85	1.69	1.77
115.3	114.0	107.4	105.3	101.7	0.65	0.88	0.72	1.05
184.9	143.1	124.6	111.3	103.6	2.83	2.42	2.23	2.16
148.4	127.8	116.1	107.9	102.6	1.81	1.65	1.50	1.53
159.3	136.2	120.6	110.6	103.3	2.14	2.08	1.89	2.04
170.7	119.1	103.1	95.2	99.4	2.46	1.17	0.30	−0.97
109.1	119.5	113.6	107.0	100.8	0.4	1.20	1.27	1.37
120.0	79.8	72.0	68.9	95.5	0.83	−1.49	−3.23	−7.17
390.5	199.9	151.9	131.1	102.3	6.39	4.73	4.27	5.56
131.6	89.4	79.6	78.7	96.5	1.25	−0.74	−1.51	−2.37
774.2	402.1	267.6	151.0	107.8	9.75	9.72	10.34	8.59
317.5	206.8	138.3	130.1	106.8	5.39	4.96	3.30	5.40
632.0	398.2	273.3	149.2	107.5	8.74	9.65	10.58	8.33
1206.2	464.4	276.5	156.4	108.2	11.98	10.78	10.71	9.36
277.9	204.8	162.9	131.0	106.9	4.76	4.89	5.00	5.55
109.0	116.7	119.8	124.2	99.7	0.39	1.03	1.82	4.43
425.6	178.5	134.4	111.1	102.1	6.80	3.94	3.00	2.13
100.6	231.0	133.3	110.7	102.0	0.03	5.74	2.92	2.05
90.8	96.7	76.0	88.1	109.9	−0.5	−0.2	−2.7	−2.5
518.8	63.0	76.0	159.1	160.9	7.8	−3.0	−2.7	9.7

1—05 续表1

指标	单位	总量指标					
		1978	1985	1990	1995	1999	2000
蔬菜	吨	270035	460486	592063	683582	1164807	1250852
肉类	〃	10970	12001	17109	33603	45511	47606
奶类	〃	6195	20131	35041	36890	45034	46020
大牲畜年末数	头	74080	73615	79725	90388	93135	91717
猪年末数	〃	288724	151100	176354	302953	327300	326700
羊年末数	只	354122	209500	347183	375530	461900	478600
五、工业生产							
工业企业单位数	个	1147	1560	1981	2033	401	383
工业总产值(1990年不变价格)	万元	556075	987104	1432174	1972592	2347144	2667101
轻工业	〃	129454	255206	358054	408076	424091	499317
重工业	〃	426621	731898	1074120	1564516	1923053	2167784
主要工业产品产量							
原煤	万吨	1100	2140	2840	3133	2644	2544
发电量	万千瓦小时	339100	347600	367800	873200	1069300	1135500
钢	万吨	103	153	190	239	232	250
成品钢材	〃	61	84	99	161	259	256
生铁	〃	82	111	160	241	263	292
焦炭	〃	126	153	386	893	1110	836
水泥	〃	42	76	74	149	176	170
化学纤维	吨	607	4863	9704	6888	8400	9500
棉布	万米	7281	7126	7735	2867	4419	4517
卷烟	万箱	15.50	13.70	19.01	20.01	18.15	24.50
六、运输邮电							
铁路货运量	万吨	1452	2398	4653	5198	5254	5603
铁路客运量	万人次	427	814	1270	1400	1139	1184

注:工业企业单位数、工业企业总产值1999年、2000年为全部国有、大中型企业和年产品销售收入500万元

速度指标(%)								
指数(2000年比以下各年)					平均增长速度			
1978	1985	1990	1995	1999	1979－2000	1986－2000	1991－2000	1996－2000
463.2	271.6	211.3	183.0	107.4	7.22	6.89	7.77	12.85
434.0	396.7	278.3	141.7	104.6	6.90	9.62	10.78	7.22
742.9	228.6	131.3	124.7	102.2	9.54	5.67	2.76	4.52
123.8	124.6	115.0	101.5	98.5	0.98	1.48	1.41	0.29
113.2	216.2	185.3	107.8	99.8	0.56	5.28	6.36	1.52
135.2	228.4	137.9	127.4	103.6	1.38	5.66	3.26	4.97
479.6	270.2	186.2	135.2	113.6	7.39	6.85	6.42	6.22
385.7	195.7	139.5	122.4	117.7	6.33	4.58	3.38	4.12
508.1	296.2	201.8	138.6	112.7	7.67	7.51	7.27	6.74
231.3	118.9	89.6	81.2	96.2	3.88	1.16	－1.09	－4.08
334.9	326.7	308.7	130.0	106.2	5.65	8.21	11.9	5.39
242.7	163.4	131.6	104.6	107.8	4.11	3.33	2.78	0.90
419.7	304.8	258.6	159.0	98.8	6.74	7.71	9.97	9.72
356.1	263.1	182.5	121.2	111.0	5.94	6.66	6.20	3.91
663.5	546.4	216.6	93.6	75.3	8.98	11.99	8.03	－1.31
404.8	223.7	229.7	114.1	96.6	6.56	5.51	8.67	2.67
1565.1	195.4	97.9	137.9	113.1	13.32	4.57	6.64	－0.21
62.0	62.6	58.4	157.6	102.2	－2.15	－3.07	－5.24	9.52
158.1	178.8	128.9	122.5	135.0	2.10	3.95	2.57	4.14
385.9	233.7	120.4	107.8	106.6	6.33	5.82	1.88	1.51
277.3	145.5	93.2	84.6	104.0	4.74	2.53	－0.70	－3.30

及以上非国有工业企业口径,以前年份为乡及乡以上口径。

1—05 续表 2

指标	单位	总量指标					
		1978	1985	1990	1995	1999	2000
公路货运量	万吨	1672	1852	4458	9249	7960	8600
邮电业务总量	万元	589	1470	3890	36723	180446	238105
七、固定资产投资							
全社会固定资产投资额	万元	38930	194510	262924	701894	917161	1047702
#国有单位	〃	38656	170776	232285	589344	761332	775038
#基本建设	〃	29919	115576	138515	293114	370419	395478
更新改造	〃	8677	50628	27105	247012	275877	288208
集体单位	〃	274	16430	17796	32212	28847	43074
#城镇	〃	274	7167	8992	13242	12231	22359
城乡个人	〃		7304	12843	29436	34393	40680
基本建设投资额	〃	30253	120423	141781	298810	395404	435923
第一产业	〃	664	345	908	362	1937	2812
第二产业	〃	14919	74523	105235	157957	178689	213198
第三产业	〃	14670	45555	35638	140491	214778	219913
八、国内贸易							
社会消费品零售总额	万元	60270	178923	355651	870120	1361741	1477516
九、旅游							
海外旅游	人次		9875	16133	23594	43521	47886
国内旅游	万人次			277	462	766	860
十、财政							
地方财政收入	万元	35883	50872	92130	134263	203277	214828
地方财政支出	〃	13737	32519	61055	146653	227313	245813
十一、金融							
金融机构存款余额	万元	120635	267546	822645	3216414	7479380	8662401

速度指标(%)								
指数(2000 年比以下各年)					平均增长速度			
1978	1985	1990	1995	1999	1979—2000	1986—2000	1991—2000	1996—2000
514.4	464.4	192.9	93.0	108.0	7.73	10.78	6.79	—1.44
40425.3	16197.6	6121.0	648.4	132.0	31.37	40.38	50.90	45.33
2691.2	538.6	398.5	149.3	114.2	16.14	11.88	14.83	8.34
2005.0	453.8	333.7	131.5	101.8	14.60	10.61	12.81	5.63
1319.2	342.2	285.5	134.9	106.8	12.44	8.55	11.06	6.17
3321.5	569.3	373.8	116.7	104.5	17.26	12.29	14.09	3.13
15720.4	262.2	242.0	133.7	149.3	25.85	6.64	9.24	5.98
8160.2	312.0	248.7	168.8	182.8	22.15	7.88	9.54	11.05
	557.0	316.7	138.2	118.3		12.13	12.22	6.68
1440.9	362.0	307.5	145.9	110.2	12.89	8.95	11.89	7.85
423.5	815.1	309.7	776.8	145.2	6.78	15.01	11.97	50.68
1429.0	286.1	202.6	135.0	119.3	12.85	7.26	7.32	6.18
1499.1	482.7	589.0	156.5	102.4	13.10	11.07	19.40	9.38
2451.5	825.8	415.4	169.8	108.5	15.65	15.11	15.31	11.17
	484.9	296.8	203.0	110.6		11.10	11.49	15.21
		310.5	186.1	112.3			12.00	13.23
598.7	422.3	233.2	160.0	105.7	8.47	10.08	8.84	9.86
1789.9	756.1	402.7	167.7	108.2	14.01	14.44	14.95	10.89
7180.7	3237.7	1053.0	269.3	115.8	21.44	26.09	26.54	21.91

1—05　续表 3

指　　　　标	单位	总　量　指　标					
		1978	1985	1990	1995	1999	2000
金融机构贷款余额	万元	106934	287349	899891	2904320	5200594	6313846
城乡居民储蓄存款余额	〃	16862	112847	487581	1975385	3943100	4196300
十二、物价指数(以上年为 100)							
商品零售价格总指数	%	100.0	112.0	100.7	114.5	97.3	96.0
居民消费价格总指数	%	100.0	112.0	101.7	116.8	100.2	103.6
十三、工资							
全部职工工资总额	万元	44210	115920	257007	609421	654023	724376
#国有单位职工	〃	38539	94900	220674	529353	397798	441159
全部职工平均工资	元	627	1199	2351	5538	7378	8394
#国有单位职工平均工资	〃	711	1279	2510	5788	7397	8460
十四、教育							
学校数	所	2048	2057	2009	1967	1907	1890
#高等学校	〃	8	9	12	13	11	12
在校学生数	人	513244	451732	442897	518546	618544	649236
#高等学校	〃	10230	26976	32463	44480	58577	72689
中等专业学校	〃	6270	17711	29323	43323	75728	83107
普通中学	〃	232214	151704	126591	131401	159603	173635
小学	〃	259109	241219	232653	269039	295623	295062
十五、卫生							
卫生机构数	个	825	932	998	972	1942	1459
卫生机构床位数	张	13198	18332	22944	24082	23046	24817
卫生技术人员	人	16388	24328	27780	30101	38911	37880
十六、科研							
科研机构数	个	31	68	108	115	109	109
科研机构人员	人	6479	11918	12249	12725	12413	11893

速　度　指　标(%)								
指数(2000年比以下各年)					平均增长速度			
1978	1985	1990	1995	1999	1979—2000	1986—2000	1991—2000	1996—2000
5904.4	2197.3	701.6	217.4	121.4	20.37	22.87	21.51	16.80
24886.1	3718.6	860.6	212.4	106.4	28.50	27.26	24.02	16.26
378.4	299.0	179.4	96.9	96.0	6.24	7.57	6.02	−0.63
514.0	405.3	243.2	114.9	103.6	7.73	9.78	9.29	2.82
1638.5	624.9	281.9	118.9	110.8	13.55	12.99	10.92	3.52
1144.7	464.9	199.9	83.3	110.9	11.72	10.79	7.17	−3.58
1338.8	700.1	357.0	151.6	113.8	12.52	13.85	13.57	8.67
1189.9	661.5	337.1	146.2	114.4	11.91	13.42	12.92	7.89
92.3	91.9	94.1	96.1	99.1	−0.36	−0.56	−0.61	−0.80
150.0	133.3	100.0	92.3	109.1	1.86	1.94	0	−1.59
126.5	143.7	146.6	125.2	105.0	1.06	2.45	3.90	4.60
710.5	269.5	223.9	163.4	124.1	9.32	6.83	8.39	10.32
1325.5	469.2	283.4	191.8	109.7	12.46	10.86	10.98	13.92
74.8	114.5	137.2	132.1	108.8	−1.31	0.90	3.21	5.73
113.9	122.3	126.8	109.7	99.8	0.59	1.35	2.38	1.86
176.8	156.5	146.2	150.1	75.1	2.63	3.03	3.87	8.46
188.0	135.4	108.2	103.1	107.7	2.91	2.04	0.79	0.60
231.1	155.7	136.4	125.8	97.4	3.88	3.00	3.15	4.70
351.6	160.3	100.9	94.8	100.0	5.88	3.20	0.09	−1.07
183.6	99.8	97.1	93.5	95.8	2.80	−0.01	−0.29	−1.34

1—06 社会经济主要指标人均水平

指标	单位	1978	1985	1990	1995	1999	2000
一、国内生产总值	元	937	1884	3549	7679	10678	11386
二、主要产品产量							
原煤	吨	5.52	9.22	11.03	11.20	8.88	8.36
发电量	千瓦小时	1701.46	1075.96	1428.63	3122.47	3590.54	3731.02
钢	公斤	516.81	659.31	738.01	854.64	779.02	821.45
成品钢材	〃	306.07	361.98	384.54	575.72	869.68	841.16
水泥	〃	210.74	327.50	287.43	532.81	590.98	558.59
布	米	36.53	30.71	30.04	10.25	14.84	14.84
粮食	公斤	162.83	131.23	150.63	119.50	90.00	96.79
蔬菜	〃	135.49	198.43	229.97	244.44	391.12	411.00
猪牛羊肉	〃	5.50	5.17	6.65	12.02	15.28	15.64
奶	〃	3.11	8.67	13.61	13.19	15.12	15.12
三、社会消费品零售总额	元	302	771	1381	3111	4573	4855
四、人民生活							
城镇居民可支配收入	元		637	1573	3939	5627	6019
城镇居民消费性支出	〃		585	1357	3409	4693	5341
#食品	〃		308	653	1588	1746	1750
衣着	〃		112	241	514	537	564
居住	〃			36	194	389	388
农民纯收入	〃	116	526	763	1444	2643	2581
城乡居民储蓄存款年末余额	〃	85	486	1894	7064	13240	13788

1—07 国民经济主要比例关系

单位：%

指标	1978	1985	1990	1995	1999	2000
一、国内生产总值三次产业比例						
第一产业	6.0	6.6	6.4	5.5	4.6	4.5
第二产业	75.0	67.7	57.0	50.9	48.4	48.8
第三产业	19.0	25.7	36.6	43.6	47.0	46.7
二、工业总产值轻重比例(1990年不变价格)						
轻工业	23.3	25.8	25.0	20.7	18.1	18.7
重工业	76.7	74.2	75.0	79.3	81.9	81.3
三、农林牧渔业总产值内部比例(1990年不变价格)						
农业产值	82.1	74.3	69.1	56.9	56.2	57.9
林业产值	5.9	6.2	2.7	3.6	2.3	2.2
牧业产值	12.0	19.3	27.5	38.7	40.8	39.2
渔业产值	…	0.2	0.7	0.8	0.7	0.7
四、基建投资三次产业比例						
第一产业	2.2	0.3	0.7	0.1	0.5	0.7
第二产业	49.3	61.9	74.2	52.9	45.2	48.9
第三产业	48.5	37.8	25.1	47.0	54.3	50.4
五、固定资产投资额占国内生产总值的比例	**20.8**	**44.5**	**28.8**	**32.7**	**28.8**	**30.2**
六、地方财政收入占国内生产总值比例	**19.2**	**11.6**	**10.1**	**6.3**	**6.4**	**6.2**

1—08　人民物质文化生活提高情况

指　　标	单位	1985	1990	1995	1999	2000
一、城乡居民收入						
农民人均纯收入	元	526	763	1444	2581	2643
城镇居民人均可支配收入	〃	637	1573	3939	5627	6019
职工平均工资	〃	1199	2351	5538	7378	8394
二、平均每人居住面积						
城市居民	平方米	5.63	7.07	8.15	9.72	10.13
三、每百户居民拥有耐用消费品(抽样)						
自行车						
城镇居民	辆	248	223	209	190	179
农民	〃	135	152	174	161	162
彩色电视机						
城镇居民	台	17	84	98	115	115
农民	〃	3	9	36	61	65
洗衣机						
城镇居民	台	64	95	88	98	94
农民	〃	12	33	50	59	59
每千人拥有卫生技术人员	〃	10.4	10.6	10.6	10.2	9.6
每千人拥有医疗卫生床位数	张	7.8	8.8	8.5	7.7	8.0
四、储蓄						
城乡居民储蓄存款年末余额	万元	112847	487581	1975385	3943100	4196300
城镇居民	〃	90753	402109	1714073	3535600	3758800
农村居民	〃	22094	85472	261312	407500	437500
平均每人储蓄存款余额	元	481	1894	7064	13240	13788

1—09 主要年份国内生产总值

（按当年价格计算）

单位:万元

年份	国内生产总值	第一产业	第二产业	#工业	第三产业	人均国内生产总值（元/人）
1952	23254	5462	8478	6693	9314	281
1957	56180	6503	31848	22952	17829	418
1962	57561	5693	32500	30383	19368	389
1965	90129	9243	63524	59517	17362	573
1970	112489	10879	83496	80874	18114	654
1975	143898	15360	102906	99874	25632	752
1978	186758	11036	140152	123482	35570	937
1980	222998	13961	156965	138361	52072	1075
1985	437220	28885	295782	239985	112553	1884
1990	913794	58755	520827	453958	334212	3549
1995	2147429	118405	1092795	916245	936229	7679
1996	2564493	155484	1287293	1036916	1121716	8995
1997	2936066	155584	1449583	1123811	1330899	10112
1998	3102141	162090	1522573	1185511	1417478	10534
1999	3180000	145302	1539870	1218172	1494828	10678
2000	3465305	154936	1692582	1356658	1617787	11386

1—10 主要年份国内生产总值构成

单位：%

年 份	国内生产总值	第一产业	第二产业	#工业	第三产业
1952	100.0	23.5	36.5	28.8	40.0
1957	100.0	11.6	56.7	40.9	31.7
1962	100.0	9.9	56.5	52.8	33.6
1965	100.0	10.2	70.5	66.0	19.3
1970	100.0	9.7	74.2	71.9	16.1
1975	100.0	10.7	71.5	69.4	17.8
1978	100.0	6.0	75.0	66.1	19.0
1980	100.0	6.4	70.4	62.0	23.2
1985	100.0	6.6	67.7	54.9	25.7
1990	100.0	6.4	57.0	49.7	36.6
1995	100.0	5.5	50.9	42.7	43.6
1996	100.0	6.1	50.2	40.4	43.7
1997	100.0	6.3	49.4	38.3	45.3
1998	100.0	5.2	49.1	38.2	45.7
1999	100.0	4.6	48.4	38.3	47.0
2000	100.0	4.5	48.8	39.1	46.7

1—11　主要年份国内生产总值指数

（以上年为100）

年　　份	国　　内 生产总值	第一产业	第二产业	#工业	第三产业
1957	106.7	98.1	111.3	119.1	102.7
1962	92.5	86.6	90.1	93.9	98.8
1965	120.4	97.9	132.9	135.1	98.8
1970	164.3	110.0	198.7	202.8	109.9
1975	116.5	105.5	121.4	117.2	106.6
1978	128.9	89.7	134.2	124.3	126.7
1980	106.5	112.0	102.5	100.6	118.9
1985	105.0	91.7	105.4	107.3	106.8
1990	108.9	126.8	108.0	102.2	108.5
1995	112.4	102.6	113.5	115.4	111.8
1996	111.6	115.9	112.3	111.7	110.1
1997	109.5	103.3	109.7	110.1	110.0
1998	107.7	105.0	106.6	107.1	109.8
1999	106.5	96.9	105.7	106.9	108.7
2000	107.8	106.8	107.5	108.0	108.2

1—12 主要核算指标一览表

指标	绝对额(万元)		比1999年增长(%)
	2000	1999	
一、总产出	10083293	9178065	8.1
第一产业	246156	236038	6.9
第二产业	5893967	5304267	7.6
#工业	5057930	4510352	8.2
第三产业	3943170	3637760	8.7
#交通运输、仓储及邮电通信业	719520	650209	13.8
批发和零售贸易、餐饮业	989876	948390	7.3
二、国内生产总值	3465305	3180000	7.8
第一产业	154936	145302	6.8
第二产业	1692582	1539870	7.5
#工业	1356658	1218172	8.0
第三产业	1617787	1494828	8.2
#交通运输、仓储及邮电通信业	270372	243088	13.4
批发和零售贸易、餐饮业	477622	464911	7.9
三、人均国内生产总值(元/人)	11386	10678	5.5
四、总消费	1747899	1498470	14.5
五、总投资	1535943	1329685	14.6
六、居民总消费水平(元/人)	4633	4107	8.9
农业居民	1943	1871	0.8
非农业居民	6029	5282	10.2

注:增长速度按可比价格计算。

1—13 国内生产总值及构成

指标	绝对额(万元)		构成(%)	
	2000	1999	2000	1999
国内生产总值	**3465305**	**3180000**	**100.0**	**100.0**
第一产业	**154936**	**145302**	**4.5**	**4.6**
农业	154936	145302	4.5	4.6
第二产业	**1692582**	**1539870**	**48.8**	**48.4**
工业	1356658	1218172	39.1	38.3
建筑业	335924	321698	9.7	10.1
第三产业	**1617787**	**1494828**	**46.7**	**47.0**
农林牧渔服务业	5919	4162	0.2	0.1
地质勘查业、水利管理业	37063	27823	1.1	0.9
交通运输、仓储及邮电通信业	270372	243088	7.8	7.7
批发和零售贸易、餐饮业	477622	464911	13.8	14.6
金融保险业	223633	226589	6.4	7.1
房地产业	67767	53784	2.0	1.7
社会服务业	114231	102341	3.3	3.2
卫生、体育和社会福利业	80736	58623	2.3	1.9
教育、文艺及广播电影电视业	142221	128276	4.1	4.0
科学研究和综合技术服务业	65438	57163	1.9	1.8
国家机关、政党机关和社会团体	108466	99018	3.1	3.1
其他行业	24319	29050	0.7	0.9

1—14　国内总支出数量及构成

指　　　　标	2000 年	1999 年
一、数量(万元)		
国内总支出	3465305	3084764
最终消费	1747899	1506470
居民消费	1410030	1223210
农村居民	202004	191771
城镇居民	1208026	1031439
政府消费	337869	283260
资本形成总额	1535943	1329685
固定资本形成总额	1090872	930602
存货增加	445071	399083
货物和服务净出口	181463	248609
二、构成(%)		
以最终消费为 100	100.0	100.0
居民消费	80.7	81.2
政府消费	19.3	18.8
以居民消费为 100	100.0	100.0
农村居民	14.3	15.7
城镇居民	85.7	84.3
以资本形成总额为 100	100.0	100.0
固定资本形成总额	71.0	70.0
存货增加	29.0	30.0
三、最终消费率(%)	**50.4**	**48.8**

1—15 最终消费

指标	数量（万元）	构成（%）
最终消费	**1747899**	**100.0**
一、居民消费	**1410030**	**80.7**
1.农村居民	202004	11.6
自给性消费	2421	0.2
商品性消费	124895	7.1
文化生活服务性消费	34120	2.0
住房及水电消费	40568	2.3
# 住房消费	24327	1.4
2.城镇居民	1208026	69.1
商品性消费	836650	47.9
文化生活服务性消费	285234	16.3
住房及水电消费	86142	4.9
# 住房消费	33882	1.9
二、政府消费	**337869**	**19.3**

1—16 资本形成总额

指　　标	数　量 （万元）	构　成 （%）
资本形成总额	**1535943**	**100.0**
一、固定资本形成总额	**1090872**	**71.0**
第一产业	13065	0.9
第二产业	460014	29.9
第三产业	617793	40.2
二、存货增加	**445071**	**29.0**
第一产业	5659	0.4
第二产业	242826	15.8
第三产业	196586	12.8

1—17 太原市主要年份国民经济主要指标

指　　标	1978 年	1985 年	1990 年	1995 年	1999 年	2000 年
年末总人口(人)	2011691	2344452	2612087	2827710	2999211	3087491
按性别分						
男　性	1083011	1258322	1384876	1490281	1566645	1607655
女　性	928680	1086130	1227211	1337429	1432566	1479836
按农业、非农业分						
农业人口	908821	919217	975743	995113	1030788	1048251
非农业人口	1102870	1425235	1636344	1832597	1968423	2039240
社会从业人员(人)	940300	1348000	1557000	1685000	1614578	1604926
按三次产业分						
第一产业	253000	231000	243000	258000	273856	276129
第二产业	501000	753000	835000	872000	629559	601241
第三产业	186300	364000	479000	555000	711163	727556
按职工、非职工分						
职　工	672000	989000	1111000	1124000	916622	884117
# 国　有	553000	756000	892000	919000	556616	533148
集　体	119000	233000	219000	205000	128022	119411
城镇私营企业和个体从业人员	300	8000	61000	127000	200295	217056
农村从业人员	268000	351000	385000	434000	497661	503753
其他从业人员						
全部职工工资总额(万元)	44210	115920	257007	609421	654023	724376
# 国有单位职工	38539	94900	220674	529353	397798	441159
城镇集体单位职工	5671	21020	35909	67586	55996	60029
全部职工平均工资(元)	627	1199	2351	5538	7378	8394
国有单位职工平均工资(元)	711	1279	2510	5788	7897	8460
城镇集体单位职工平均工资(元)	509	938	1696	3371	4583	5285
城镇居民人均可支配收入(元)		637	1573	3939	5627	6019
城镇居民人均消费性支出(元)		585	1357	3409	4693	5341
# 食　品		308	653	1588	1746	1750
衣　着		112	241	514	537	564

注:1. 本表指数类指标保留一位小数。

2. 工业企业单位数、工业企业总产值 1999 年、2000 年为全部国有、大中型企业和年产品销售收入 500 万元及以上非国有工业企业口径,以前年份为乡及乡以上口径。

1—17 续表 1

指 标	1978 年	1985 年	1990 年	1995 年	1999 年	2000 年
居 住			36	194	389	388
农民人均纯收入(元)	116	526	763	1444	2581	2643
农民人均生活消费支出(元)						1490
# 食 品						560
衣 着						197
居 住						225
总产出(万元)	470433	1064401	2277418	6665765	9178065	10083293
第一产业	14588	38744	73925	193432	236038	246156
第二产业	365879	772936	1580911	4139375	5304267	5893967
工 业	326710	656525	1423933	3667156	4510352	5057930
建筑业	39169	116411	156978	472219	793915	836037
第三产业	89996	252721	622582	2332958	3637760	3943170
# 交通运输仓储邮电业	13673	38529	105328	383147	650209	719520
批发零售贸易餐饮业	26501	78733	174834	582331	948390	989876
国内生产总值(万元)	186758	437220	913794	2147429	3180000	3465305
第一产业	11036	28885	58755	118405	145302	154936
第二产业	140152	295782	520827	1092795	1539870	1692582
工 业	123482	239985	453958	916245	1218172	1356658
建筑业	16670	55797	66869	176550	321698	335924
第三产业	35570	112553	334212	936229	1494828	1617787
# 交通运输仓储邮电业	6061	14385	38641	132075	243088	270372
批发零售贸易餐饮业	14142	42587	96870	283106	464911	477622
人均国内生产总值(元/人)	937	1884	3549	7679	10678	11386
居民消费总水平(元/人)	394	851	1589	3656	4107	4633
农村居民	222	504	873	1550	1871	1943
城镇居民	536	1077	2017	4816	5282	6029
总产出指数(以上年为 100)	131.5	111.5	104.6	115.1	105.8	108.1
第一产业	89.3	99.6	108.0	112.2	97.3	106.9
第二产业	135.2	112.6	105.5	115.6	104.9	107.8
工 业	127.4	111.6	106.1	117.4	105.8	108.2
建筑业	291.8	118.7	99.6	101.3	98.5	104.4
第三产业	126.9	109.6	102.2	115.1	107.7	108.7

1—17 续表 2

指　　标	1978 年	1985 年	1990 年	1995 年	1999 年	2000 年
# 交通运输仓储邮电业	109.4	106.1	114.7	103.7	113.4	113.8
批发零售贸易餐饮业	126.2	123.2	94.6	118.7	105.0	107.3
国内生总值指数(以上年为 100)	128.9	105.0	108.9	112.4	106.5	107.8
第一产业	89.7	91.7	126.8	102.6	96.9	106.8
第二产业	134.2	105.4	108.0	113.5	105.7	107.5
工　业	124.3	107.3	102.2	115.4	106.9	108.0
建筑业	356.1	104.9	109.8	99.3	98.6	104.3
第三产业	126.7	106.8	108.5	111.8	108.7	108.2
# 交通运输仓储邮电业	111.3	106.7	116.6	100.2	111.8	113.4
批发零售贸易餐饮业	121.8	121.7	95.8	117.2	107.1	107.9
全社会固定资产投资额(万元)	38930	194510	262924	701894	917161	1047702
# 国有单位	38656	170776	232285	589344	761332	775038
# 基本建设	29979	115576	138515	293114	370419	395478
更新改造	8677	50628	77105	247012	275877	288208
集体单位	274	16430	17796	32212	28847	43074
# 城　镇	274	7167	8992	13242	12231	22359
城乡个人		7304	12843	29436	34393	40680
全社会竣工房屋面积(平方米)	839256	3585900	2870100	2848000	3377500	4420700
# 国有单位	823079					
# 基本建设	628747					
更新改造	194332					
集体单位	16177					
城乡个人						
全社会新增固定资产(万元)	30061	126292	212335	517719	703996	876782
# 国有单位	29890	111282	187948	453290	572258	636628
# 基本建设	24455	69639	101627	273915	325536	344324
更新改造	5435	38565	64787	150341	175342	213466
集体单位	171	7706	11544	18238	25435	37975
基本建设投资额(万元)	30253	120423	141781	298810	395404	435923
按构成分						
建筑安装工程	21402	82390	93329	204661	332805	357791
建设工器具购置	6687	23234	33592	48597	29066	47170

1—17 续表 3

指　　标	1978 年	1985 年	1990 年	1995 年	1999 年	2000 年
其他费用	2164	14799	14860	45552	33533	30962
按建设性质分						
# 新　建	18470	50841	62842	89070	131689	124220
扩　建	9726	40549	62169	159976	137236	153309
改　建	2057	15222	6765	9121	32731	33770
按三次产业分						
第一产业	664	345	908	362	1937	2812
第二产业	14919	74523	105235	157957	178689	213198
# 工　业	13116	70153	101312	143663	149628	190209
轻工业	533	8684	635	3885	23693	42623
重工业	12583	61469	100677	139778	125935	147586
第三产业	14670	45555	35638	140491	214778	219916
基本建设新增固定资产(万元)	24626	72912	105453	278733	332887	393291
第一产业	49	106	1119	480	1999	2306
第二产业	17753	45178	61236	186515	163841	202897
第三产业	6824	27628	43098	91738	167047	188089
更新改造投资额(万元)	8677	52948	82831	262714	301104	328381
按构成分						
建筑安装工程	3873	23118	36805	112219	173080	167309
设备工器具购置	4692	26346	38588	108404	94623	125501
其他费用	112	3484	7438	42091	33401	35571
按建设性质分						
# 新　建		252	143	1010	3119	17911
扩　建		1735	14683	45804	101016	65527
改　建		49429	66079	209029	180304	226368
按三次产业分						
第一产业	43	92		100	188	173
第二产业	7684	41493	71134	219333	153883	215995
# 工　业	7571	40260	68573	210341	145355	205911
轻工业	648	7435	10475	12357	11714	13195
重工业	6923	32825	58098	197984	133641	192716
第三产业	950	11363	11697	43281	147033	112213

1—17 续表 4

指　　标	1978 年	1985 年	1990 年	1995 年	1999 年	2000 年
商品零售价格总指数(以上年价格为 100)	100.0	112.0	100.7	114.5	97.3	96.0
食品类				124.2	95.3	93.8
服装鞋帽类				119.1	99.4	100.6
纺织品类				120.1	100.0	94.9
中西药品类				114.3	108.8	101.3
文化和体育用品类				104.0	102.9	99.3
日用品类				109.0	99.0	98.0
家用电器类				102.2	93.7	95.6
燃料类				105.9	92.6	107.6
建筑装璜材料类				102.8	99.2	99.4
居民消费品价格总指数(以上年价格为 100)	100.0	112.0	101.7	116.8	100.2	103.6
食品类				123.4	95.3	93.2
衣着类				116.8	99.3	99.6
家庭设备及用品类				106.5	98.3	98.6
医疗保健类				113.5	109.0	101.1
交通和通讯类				94.9	100.6	97.8
娱乐教育文化类				112.3	92.2	96.4
居住类				111.9	100.0	107.0
服务项目类				107.3	131.0	162.1
农林牧渔业总产值(万元,按 1990 年不变价格计算)	44085	59829	75218	93527	114662	122531
农业产值	36185	44441	51964	53218	64460	70950
林业产值	2592	3696	1990	3401	2632	2694
牧业产值	5288	11581	20720	36109	46795	48083
渔业产值	20	111	544	799	775	804
农林牧渔业总产值(万元,按当年价格计算)	18845	38744	73925	193432	236038	246156
农业产值	15394	28489	49305	120504	153336	163107
林业产值	1223	2266	1877	4382	3939	4020
牧业产值	2222	7942	22081	66859	77121	77344
渔业产值	6	47	662	1687	1642	1685
农林牧渔业总产值指数(以上年为 100)	113.1	100.6	108.3	102.2	97.3	106.9
农业产值	122.7	100.3	107.9	95.9	93.5	110.1
林业产值	87.2	99.1	93.0	106.8	117.2	102.4

1—17 续表 5

指　　标	1978 年	1985 年	1990 年	1995 年	1999 年	2000 年
牧业产值	81.5	102.0	110.8	112.8	102.0	102.8
渔业产值	74.1	127.6	116.5	103.6	106.0	103.7
年末实有耕地面积(千公顷,保留两位小数)	144.52	134.97	131.47	126.82	157.95	157.55
水　田	5.76	5.88	5.67	4.34	2.50	2.64
旱　地	138.76	129.09	125.80	122.48	155.45	154.91
# 水浇地	52.12	49.19	48.09	51.78	51.97	51.38
主要农作物播种面积(千公顷,保留两位小数)	159.80	145.34	145.72	139.23	138.00	136.82
粮　食	137.04	107.61	116.25	107.93	104.37	100.35
棉　花	0.92	0.23	0.12	0.86	0.86	0.83
油　料	3.55	22.70	13.52	13.90	10.25	11.05
主要农产品产量						
粮　食(吨)	324515	304534	387806	334171	268039	294557
棉　花(吨)	204	133	96	849	955	998
油　料(吨)	2035	16756	13882	6636	6562	10557
肉　类(吨)	10970	12001	17109	33603	45511	47606
禽　蛋(吨)	2675	7428	20003	35272	45309	44361
乡镇企业单位数(个)	3991	3490	31536	50429	3920	3863
集　体	3991	3490	3035	3194	1751	1681
私　有			28501	47235	2169	2182
乡镇企业总产值(万元)	14356	57301	263420	1702710	1896301	2002888
集　体	14356	57301	170940	854338	949888	778613
私　有			92480	1531770	946413	1224275
乡镇企业营业收入(万元)	13172	46730	248820	1523708	1300531	1474420
集　体	13172	46730	156547	739172	677370	603568
私　有			92273	784536	623161	870852
工业企业单位数(个)	1147	1560	1981	2033	401	383
按经济类型分						
国有经济	305	289	331	335	232	218
集体经济	842	1270	1638	1601	88	89
其　他		1	12	97	81	76
按轻重工业分	1147	1560	1981	2033	401	383
轻工业	651	713	877	727	133	128

1—17 续表 6

指　　　　标	1978 年	1985 年	1990 年	1995 年	1999 年	2000 年
重工业	496	847	1104	1306	268	255
工业企业总产值(万元,按 1990 年不变价格计算)	556075	987104	1432174	1972592	2347144	2667101
按经济类型分						
国有经济	495236	847947	1204713	1426480	1776945	2137999
集体经济	60794	135472	216042	423522	153025	191852
其　　他	45	3685	11419	122590	417174	337250
按轻重工业分						
轻工业	129454	255206	358054	408076	424091	499317
以农产品为原料	93629	149588	214453	199119	165904	177332
以非农产品为原料	35825	105618	143601	208957	258187	321985
重工业	426621	731898	1074120	1564516	1923053	2167784
采掘工业	40302	76476	138634	211461	171040	175835
原料工业	187267	367692	567683	887234	1233345	1390606
制造工业	199052	287730	367803	465821	518668	601343
主要工业产品产量						
原　煤(万吨)	1100	2140	2840	3133	2644	2544
发电量(万千瓦时)	339100	347600	367800	873200	1069300	1135500
钢　　(吨)	1030900	1527300	1902400	2388200	2321800	2500000
生　铁(吨)	816700	1109700	1599300	2406300	2632100	2920000
焦　炭(吨)	1257200	1525600	3863300	8932400	11096500	8360000
水　泥(吨)	418800	762400	739400	1486600	1764100	1700000
化　肥(折纯,吨)	123831	99621	120150	103767	87271	89662
棉　布(万米)	7281	7126	7735	2867	4419	4517
饮料酒(吨)			23788	46501	46000	37000
社会消费品零售总额(万元)	60270	178923	355651	870120	1361741	1477516
市的零售额	54205	155371	308835	801453	1262840	1372973
县的零售额	2975	14611	29042	32212	31404	31270
县以下的零售额	3090	8941	17774	36455	67497	73273
实际利用外资额(万美元)	15	43	141	4500	15448	7280
# 外商直接投资	15	43	141	4500	15448	7280
接待旅游人总数(人次)		9875	13519	23594	571788	926918
# 外国人		8248	7165	17426	43521	37042

1—17　续表 7

指　　　　标	1978 年	1985 年	1990 年	1995 年	1999 年	2000 年
地方财政收入(万元)	35883	50872	92130	134263	203277	214828
# 各项税收	30182	53693	93968	95757	173741	183728
# 工商税	29905	42467	92737	93925		
农业税	275	474	1231	1832	1144	1290
地方财政支出(万元)	13737	32519	61055	146653	227313	245873
# 基本建设支出	2972	4657	4674	11529	8363	5392
支援农业生产及农业事业费支出	1334	1717	4618	6633	11775	12740
文教科卫支出	2619	7645	15259	35510	48732	53994
# 教育事业费支出					30883	35688
学校数(所)	2048	2057	2009	1967	1907	1890
# 中等专业学校	14	41	46	48	49	47
普通中学	549	278	223	235	235	237
小　学	1449	1664	1646	1575	1514	1503
在校学生数(人)	513244	451732	442897	518546	618544	649236
# 中等专业学校	6270	17711	29323	43323	75728	83107
普通中学	232214	151704	126591	131401	159603	173635
小　学	259109	241219	232653	269039	295623	295062
专任教师数(人)	26909	31419	36427	39028	49790	43109
# 中等专业学校	925	2369	3221	3543	3508	3373
普通中学	11765	10159	11203	11663	13289	13775
小　学	10876	12526	13415	14747	16014	16637
毕业生数(人)	130753	96239	102370	111805	126246	131606
# 中等专业学校	2093	4956	10037	11635	14773	15027
普通中学	73860	36732	40519	32638	44827	44537
小　学	50371	45648	37058	45576	44663	48260
卫生机构数(个)	825	932	998	972	1942	1459
# 医　院	76	104	122	128	132	131
卫生机构床位数(张)	13198	18332	22944	24082	23046	24817
# 医　院	12773	16721	21248	22174	19496	19327
卫生技术人员(人)	16388	24328	27780	30101	38911	37880
# 医　院		15732	19429	21594	21826	21855

第二篇

人口、计划生育和社会治安

资料整理

涂向远　吴义芳　刘利祯　陈效萍

审　　核

涂向远　吴义芳　刘利祯

2—01 总 人 口

指 标	年末人口（人）	为上年（%）	比 重（%）
总 计	**3344392**	**98.97**	**100**
常住人口	3087491	102.94	92.32
按性别分			
男	1607655	102.62	52.07
女	1479836	103.30	47.93
按农业、非农业分			
农业人口	1048253	101.69	33.95
非农业人口	2039238	103.60	66.05
按地区分			
市辖区	2332022	102.87	75.53
县(市)	755469	103.18	24.47
临时流动及暂住其他人口	256901	67.62	7.68
临时流动及暂住人口	206901	62.71	80.54
其他人口	50000	100	19.46

2—02 常 住

指 标	合 计	按农业、非农业分		农非比
		农业人口	非农业人口	
总 计	**3087491**	**1048253**	**2039238**	**0.51**
市辖区合计	**2332022**	**480868**	**1851154**	**0.26**
小店区	414560	144658	269902	0.53
迎泽区	454642	26695	427947	0.06
杏花岭区	513359	30500	482859	0.06
尖草坪区	302959	100623	202336	0.48
万柏林区	472049	68133	403916	0.17
晋源区	174453	110257	64196	1.72
县(市)合计	**755469**	**567385**	**188084**	**3.02**
古交市	203971	84951	119020	0.71
清徐县	297637	262951	34686	7.58
阳曲县	143596	125916	17680	7.12
娄烦县	110265	93567	16698	5.60

人　　口

单位:人、户

按性别分		性比例（女=100）	总户数
男性人口	女性人口		
1607655	**1479836**	**108.64**	**830247**
1213570	**1118452**	**108.50**	**607212**
210728	203832	103.38	104343
228067	226575	100.66	118221
264593	248766	106.36	142252
162428	140531	115.58	81794
258502	213547	121.05	113676
89252	85201	104.75	46926
394085	**361384**	**109.25**	**223035**
109145	94825	115.10	63329
150113	147524	101.75	84550
75672	67924	111.41	44892
59155	51110	115.74	30264

2—03 非 农 业

指标	总计	市辖区合计	小店区	迎泽区	杏花岭区
非农业人口合计	**2039238**	**1851154**	**269902**	**427947**	**482859**
年内增加的非农业人口	116649	100148	29146	17092	13773
1.出生	39599	30887	4245	6371	7651
2.非农业人口迁入	38278	34794	11965	5100	2008
3.农业人口转非农业人口	35042	31276	12469	4828	3290
(1)招生	25136	25136	11443	3771	1911
(2)招工	282	212	6	1	56
(3)征用土地	2935				
(4)随军家属	91	69	33	8	11
(5)科技干部家属	200	36	3	1	3
(6)职工干部家属	5559	5202	974	1028	1221
(7)落实政策	13	10	7	1	
(8)煤矿井下工人家属	656	500			81
(9)其他	170	111	3	18	7
4.由港、澳、台和国外迁入	17	17	1	4	7
5.复员转业	2539	2486	439	689	728
6.刑满释放解除劳教	310	301	27	53	82
7.自理口粮常住户口	125	125			
8.其他	739	262		47	7
年内减少的非农业人口	40694	37638	7979	9042	7685
1.死亡人口	12331	11735	1119	3214	4182
2.迁出人口	25795	23619	6589	5230	2876
3.迁往港、澳、台和国外	401	401	86	144	76
4.服兵役	1334	1313	138	328	427
5.逮捕劳动教养	378	376	47	54	111
6.其他	455	194		72	13

人　口　状　况

单位：人

尖草坪区	万柏林区	晋源区	县（市）合计	古交市	清徐县	阳曲县	娄烦县
202336	**403916**	**64196**	**567385**	**119020**	**34686**	**17680**	**16698**
14832	21914	3391	16501	11612	2586	1164	1139
3440	7606	1574	8712	6442	1180	550	540
5091	10015	615	3484	1716	946	447	375
5689	3849	1151	3766	3414	100	147	105
4687	2351	973					
19	121	9	70	48		8	14
			2935	2935			
17			22	22			
14	13	2	164	42	17	54	51
893	922	164	357	194	82	41	40
1	1		3	3			
	419		156	156			
58	22	3	59	14	1	44	
2	3						
213	371	46	53	33	3	16	1
64	70	5	9	6		3	
125							
208			477	1	357	1	118
4948	5645	2339	3056	1754	833	323	146
1079	1756	385	596	371	161	40	24
3593	3438	1893	2176	1336	440	281	119
16	71	8					
164	221	35	21	15	2	1	3
51	108	5	2	1		1	
45	51	13	261	31	230		

2—04 人 口 自 然

指 标	年平均人数	出生人口合计	男	女	出生婴儿性别比（女＝100）
合 计	**3171802**	**35321**	**18199**	**17122**	**106.29**
市辖区合计	**2412702**	**24867**	**12722**	**12145**	**104.75**
小店区	442082	4987	2563	2424	105.73
迎泽区	457400	4127	2151	1976	108.86
杏花岭区	515516	4654	2381	2273	104.75
尖草坪区	316922	3678	1880	1798	104.56
万柏林区	502992	5336	2732	2604	104.92
晋源区	177942	2085	1015	1070	94.86
县(市)合计	**759100**	**10454**	**5477**	**4977**	**110.05**
古交市	199080	2829	1539	1290	119.30
清徐县	310551	4136	2088	2048	101.95
阳曲县	141266	1757	904	853	105.98
娄烦县	109021	1732	946	786	120.36

变动情况

单位：人、‰

出生率	死亡人口合计	男	女	死亡率	自然增加人数	自然增长率
11.14	**14161**	**8440**	**5721**	**4.46**	**21160**	**6.68**
10.31	**10232**	**6207**	**4025**	**4.24**	**14635**	**6.07**
11.28	1649	976	673	3.73	3338	7.55
9.02	1686	978	708	3.69	2441	5.33
9.03	2455	1529	926	4.76	2199	4.27
11.61	1571	968	603	4.96	2107	6.65
10.61	2087	1312	775	4.15	3249	6.46
11.72	784	444	340	4.41	1301	7.31
13.77	**3929**	**2233**	**1696**	**5.18**	**6525**	**8.59**
14.21	801	478	323	4.02	2028	10.19
13.32	1619	870	749	5.21	2517	8.11
12.43	938	559	379	6.64	819	5.79
15.88	571	326	245	5.24	1161	10.64

2—05 人口机械变动情况

单位：人

指标	迁入人口合计	省内迁入	省外迁入	迁出人口合计	迁往省内	迁往省外	净增(＋)净减(－)
总计	**75843**	**50088**	**25755**	**39105**	**25190**	**13915**	**＋36738**
市辖区合计	**65670**	**40987**	**24683**	**29425**	**16583**	**12842**	**＋36245**
小店区	22070	16985	5085	7949	5178	2771	＋14121
迎泽区	10766	5689	5077	5928	3511	2417	＋4838
杏花岭区	6394	4636	1758	3826	1890	1936	＋2568
尖草坪区	9716	5057	4659	4676	2567	2109	＋5040
万柏林区	14748	7941	6807	4513	2201	2312	＋10235
晋源区	1976	679	1297	2533	1236	1297	－557
县(市)合计	**10173**	**9101**	**1072**	**9680**	**8607**	**1073**	**＋493**
古交市	5853	5253	600	3634	3192	442	＋2219
清徐县	1855	1558	297	3210	2847	363	－1355
阳曲县	2204	2073	131	2280	2211	69	－76
娄烦县	261	217	44	556	357	199	－295

2—06 无户口人员分布情况

单位：人

指标	合计	按性别分		按未落常住户口人员分布分					
		男	女	超计划生育的婴儿	夫妻投靠	投靠其他亲属	投靠人员携带子女	流入谋生定居	其他
总计	**47594**	**27312**	**20282**	**3466**	**600**	**213**	**145**	**180**	**42990**
市辖区合计	**44312**	**25619**	**18693**	**1772**	**409**	**208**	**92**	**175**	**41656**
小店区	6610	3184	3426	230	46	5	1		6328
迎泽区	10097	5585	4512	36	2	4	15		10040
杏花岭区	6704	3700	3004	122	83	77	31	42	6349
尖草坪区	4148	2646	1502	271	130	75	26	133	3513
万柏林区	15313	9797	5516	585	86	43	19		14580
晋源区	1440	707	733	528	62	4			846
县(市)合计	**3282**	**1693**	**1589**	**1694**	**191**	**5**	**53**	**5**	**1334**
古交市	486	239	247	483	3				
清徐县	127	43	84	61	21		2		43
阳曲县	58	27	31	1	39		1	4	13
娄烦县	2611	1384	1227	1149	128	5	50	1	1278

2—07 计 划 生 育

指 标	育龄妇女人数(15—49)周岁	已婚育龄妇女人数合计	已婚未育	现有一孩	现有二孩
总 计	**746951**	**569487**	**24519**	**331547**	**158279**
市辖区合计	**574169**	**429309**	**19328**	**292839**	**97215**
小店区	102482	69294	3198	38596	22207
迎泽区	101697	74786	3702	60771	9235
杏花岭区	115829	90462	4361	73055	11407
尖草坪区	73270	58737	2743	37769	15294
万柏林区	135970	99064	3985	68125	23012
晋源区	44921	36966	1339	14523	16060
县(市)合计	**172782**	**140178**	**5191**	**38708**	**61064**
古交市	44959	34900	1515	13076	11059
清徐县	74819	62715	1839	15471	33114
阳曲县	31361	25499	971	6751	11536
娄烦县	21643	17064	866	3410	5355

综　合　情　况

单位：人、%

现有三孩以上	女性初婚人数合计	# 23岁以上	晚婚率	领取独生子女证	
				人数	领证率
55142	**11998**	**9418**	**78.50**	**207929**	**36.51**
19927	**8667**	**7180**	**82.84**	**195168**	**45.46**
5293	1525	1105	72.46	25569	36.90
1078	969	891	91.95	52339	69.99
1639	2279	2067	90.70	53603	59.25
2931	1382	1225	88.64	26503	45.12
3942	1792	1298	72.43	37154	37.51
5044	720	594	82.50		
35215	**3331**	**2238**	**67.19**	**12761**	**9.10**
9250	767	645	84.09	7603	21.79
12291	1533	918	59.88	2465	3.93
6241	623	462	74.16	2007	7.87
7433	408	213	52.21	686	4.02

2—08 节　　育

指　　标	采取节育手术例数合计	男性绝育	女性绝育
总　　计	**23158**	**91**	**5348**
市辖区合计	**12903**	**2**	**1288**
小 店 区	2203		432
迎 泽 区	1401	1	52
杏花岭区	2404		86
尖草坪区	2414	1	320
万柏林区	2798		230
晋 源 区	1683		468
县(市)合计	**10255**	**89**	**4060**
古 交 市	1823	63	587
清 徐 县	4117	1	1259
阳 曲 县	1998	2	662
娄 烦 县	2317	23	1252

情　　况

单位:例

宫内节育器	皮下埋植	人　流	引　产	取　环
16142	**1481**	**96**	**2**	**1030**
10686	**578**	**49**	**2**	**558**
1681	80	10		19
1289	50	9	1	37
2268	47	3	1	25
1932	153	8		190
2430	124	14		183
1086	124	5		104
5456	**903**	**47**		**472**
1078	92	3		30
2485	352	20		364
1074	252	8		16
819	207	16		62

2—08 续表

指　　标	已婚育龄妇女人　　数	采取节育措施人数合计	男性绝育	女性绝育	官内节育器
总　　计	**569487**	**526597**	**3636**	**158807**	**334708**
市辖区合计	**429309**	**400853**	**264**	**84917**	**291483**
小店区	69294	63445	39	21537	39287
迎泽区	74786	69217	23	5831	56542
杏花岭区	90462	85550	83	7367	71726
尖草坪区	58737	55104	22	14207	38438
万柏林区	99064	93940	84	18549	70185
晋源区	36966	33597	13	17426	15305
县(市)合计	**140178**	**125744**	**3372**	**73890**	**43225**
古交市	34900	30555	2208	15159	12235
清徐县	62715	58316	90	35771	20405
阳曲县	25499	22799	45	15508	6692
娄烦县	17064	14074	1029	7452	3893

单位：人、%

小　　计	口　服　及 注射避孕药	避孕套	外用药	其　　他	综合节育率
29446	**10838**	**10258**	**1553**	**6797**	**92.47**
24189	**7841**	**8450**	**1205**	**6693**	**93.37**
2582	607	1568	124	283	91.56
6821	2002	3071	464	1284	92.55
6374	2282	1745	193	2154	94.57
2437	987	573	22	855	93.81
5122	1689	1065	379	1989	94.83
853	274	428	23	128	90.89
29446	**2997**	**1808**	**348**	**104**	**89.70**
953	597	200	59	97	87.55
2050	905	902	239	4	92.99
554	341	191	21	1	89.41
1700	1154	515	29	2	82.48

2—09 生　育

指　标	年内出生人数合计	计划内出生人数小计			
			一　孩	二　孩	三孩及以上
总　计	**22224**	**20239**	**17445**	**2741**	**53**
市辖区合计	**14250**	**13632**	**12255**	**1364**	**13**
小店区	2674	2437	2129	305	3
迎泽区	2072	2048	1953	95	
杏花岭区	2682	2659	2532	127	
尖草坪区	2017	1944	1664	277	3
万柏林区	3283	3164	2917	244	4
晋源区	1522	1379	1060	316	3
县(市)合计	**7974**	**6607**	**5190**	**1377**	**40**
古交市	1755	1481	1308	169	4
清徐县	3871	3249	2479	742	28
阳曲县	1234	1042	798	242	2
娄烦县	1114	835	605	224	6

情　　况

单位:人、%

计划生育率	计划外出生人数小计	一孩	二孩	多孩
91.07	**1985**	**34**	**1726**	**225**
95.66	**1018**	**1**	**590**	**27**
91.14	237	1	227	9
98.84	24		21	3
99.14	23		22	1
96.38	73		72	1
96.41	118		114	4
90.60	143		134	9
82.86	**967**	**33**	**1136**	**198**
84.39	274	32	214	28
83.93	622		565	57
84.44	192	1	167	24
74.96	279		190	89

2—10 社 会 治 安

指 标	单 位	2000年	1999年
刑事案件发生数	件	15053	12684
刑事案件侦破数	件	7210	6346
破案率	%	47.9	50.0
火灾次数	起	1277	987
火灾死伤人数	人	10	16
火灾损失	万元	206	174
交通事故次数	起	3323	1342
交通事故死伤人数	人	2109	1357
# 死亡人数	人	256	271
交通事故经济损失	万元	803	494

第三篇

农业

资料整理

纪知明　李建华　武卫东　马亚晓　姜　颖

李　琰　朱凤琴　冀晓洁　车晓华

审　核

张太生　纪知明　马亚晓　朱凤琴

3—01 农村基本情况

指　　标	单　位	1990年	1995年	1999年	2000年
农村基础组织					
乡镇政府	个	83	83	83	83
# 镇政府	个	22	22	22	24
村民委员会	个	1282	1285	1288	1287
乡村户数、人口、劳动力					
乡村户数	户	260340	267535	284792	289188
乡村人口	人	975511	1004788	1039602	1056552
乡村实有劳动力	人	419808	454648	474941	481186
# 男劳动力	人	236767	250465	263736	266935
女劳动力	人	183041	204183	211205	214251
1.农林牧渔业	人	242586	251582	269498	271173
2.工　　业	人	77264	92130	80006	78455
3.建 筑 业	人	10760	12394	14458	15903
4.交通运输、仓储业及邮电通讯业	人	30178	39266	41959	42795
5.批发零售贸易餐饮业	人	12450	18125	26875	29092
6.其他行业	人	46570	41151	42145	43768
耕地面积					
年初实有耕地面积	千公顷	131.85	128.28	156.80	157.95
年内增加耕地面积	千公顷	0.25	0.10	1.86	0.65
年内减少耕地面积	千公顷	0.64	1.56	0.71	1.05
年末实有耕地面积	千公顷	131.46	126.82	157.95	157.55
1.水　　田	千公顷	5.66	4.34	2.50	2.64
2.旱　　地	千公顷	125.80	122.48	155.45	154.91
# 水浇地	千公顷	48.09	51.78	51.97	51.38
水田水浇地合计	**千公顷**	**53.76**	**56.12**	**54.47**	**54.02**

3—02 农村基础

指标	单位	全市	小店区	迎泽区	杏花岭区
一、农村基层组织情况					
(一)乡镇政府个数	个	83	6	2	3
1.乡政府	个	59	4	2	3
2.镇政府	个	24	2		
(二)村民委员会个数	个	1287	98	29	50
二、农村社会基础设施					
1.自来水受益村数	个	898	98	18	46
2.通汽车村数	个	1281	98	29	50
3.通电话村数	个	1103	98	29	40
4.通电村数	个	1287	98	29	50
5.通公路村数	个	1240	97	29	45
6.通公路乡数	个	83	6	2	3
三、乡村户数	**户**	**289188**	**39007**	**5594**	**10270**
四、乡村人口数	**人**	**1056552**	**143474**	**17689**	**31259**
农村居民新建房屋	间数	34010	6500	815	367
新建房屋造价	万元	25980	4857	695	288

设施及人口

尖草坪区	万柏林区	晋源区	清徐县	阳曲县	娄烦县	古交市
8	5	4	13	15	12	15
4	5		9	11	9	12
4		4	4	4	3	3
90	67	96	195	245	217	200
85	54	96	191	105	78	127
90	67	96	193	245	213	200
90	63	96	171	199	125	192
90	67	96	195	245	217	200
90	67	96	173	245	198	200
8	5	4	13	15	12	15
27985	**19942**	**29370**	**68872**	**36123**	**23380**	**28645**
99653	**72411**	**112498**	**263244**	**124563**	**94721**	**97040**
3645	5546	3925	9645	1424	867	1276
3533	3920	2849	7729	878	535	696

指 标	全 市	小 店 区	迎 泽 区	杏 花 岭 区
一、乡村劳动力资源数	**517978**	**75980**	**10550**	**16065**
# 劳动年龄内	487431	70501	10038	15490
二、乡村从业人员数	**481186**	**72506**	**10172**	**15687**
# 劳动年龄内	460161	69599	9593	15406
(一)按性别分组:				
1.男	266935	37187	5525	8558
2.女	214251	35319	4647	7129
(二)按国民经济行业分:				
1.农林牧渔业	271173	43220	2644	5208
①农 业	246451	37846	2179	4318
②林 业	8969	1469	53	196
③牧 业	15450	3858	412	694
④渔 业	303	47		
2.农村工业	78455	8718	2958	3747
3.建筑业	15903	2429	431	385
4.交通运输仓储业和邮电通讯业	42795	6256	1049	2540
5.批发、零售贸易业、餐饮业	29092	4973	1511	1640
6.其他行业	43768	6910	1579	2167
附:在乡村从业人员中:				
1.省内县外从业人员	10895	1303	617	175
2.省外从业人员	3330	245	266	186

劳　动　力

单位：人

尖草坪区	万柏林区	晋源区	清徐县	阳曲县	娄烦县	古交市
54939	**42836**	**56861**	**118719**	**52916**	**47656**	**41456**
51090	40407	54598	110608	49388	46192	39119
52196	**37954**	**52534**	**106414**	**49797**	**44408**	**39518**
50058	36277	48940	101706	47434	43171	37977
27293	22192	28816	57471	28715	26147	25031
24903	15762	23718	48943	21082	18261	14487
24427	10681	25916	70759	34935	31412	21971
21480	9506	22744	65711	32446	30374	19847
1876	674	1375	1681	647	358	640
1057	471	1625	3332	1839	678	1484
14	30	172	35	3	2	0
9521	9471	10267	16097	3024	5486	9166
2719	674	1959	3912	1575	1555	264
5828	5012	7192	7695	2839	1514	2870
3137	5434	2692	3590	2434	1222	2459
6564	6682	4508	4361	4990	3219	2788
354	1315	112	3019	2514	1283	203
237	690	127	895	250	203	231

3—04 农 村 耕

指 标	全 市	小 店 区	迎 泽 区	杏花岭区
一、年初实有耕地面积	**157954**	**15817**	**1548**	**2560**
二、年内增加耕地面积	**650**	**29**	**5**	**18**
# 新开荒地面积	167	29	5	15
三、当年减少耕地面积	**1050**	**28**	**3**	**14**
# 国家基建占地	147		1	
乡村集体基建占地	31		2	
农村居民个人建房占地	5			
四、年末实有耕地面积	**157554**	**15818**	**1550**	**2564**
(一)水 田	2644	380		
(二)旱 地	154910	15438	1550	2564
# 水浇地	51380	12420	400	187
水田水浇地合计	54024	12800	400	187
附:年末耕地中全民所有制的耕地	**800**	**508**		
坡度25度以上的耕地	**3668**		**177**	
泵 站(个)	**460**	**68**	**15**	**2**
节水灌溉机械(套)	**92**	**18**	**2**	**5**

地　　面　　积

单位:公顷

尖草坪区	万柏林区	晋源区	清徐县	阳曲县	娄烦县	古交市
7974	**4148**	**8375**	**30054**	**33770**	**28933**	**24775**
2	**22**	**38**	**81**	**38**	**417**	
2	22	38	56			
2	**22**	**37**	**214**	**225**	**484**	**21**
			146			
2	15		12			
	4		1			
7974	**4148**	**8376**	**29921**	**33583**	**28866**	**24754**
150	60	1949	95		10	
7824	4088	6427	29826	33583	28856	24754
4974	1290	3041	24545	2203	1290	1030
5124	1350	4990	24640	2203	1300	1030
47	**131**			**114**		
8	**24**		**254**	**935**	**403**	**1867**
93	**56**	**48**	**177**			**1**
4	**30**	**8**	**21**			**4**

3—05 农 业 现

指 标	单 位	全 市	市 辖 区	小 店 区	迎 泽 区
一、农村电气化情况					
(一)乡、村办水电站数	**处**				
装机容量	千瓦				
发电量	万千瓦小时				
(二)农村用电量(注)	**万千瓦小时**	**38904**	**30**	**3154**	**1549**
二、农用化肥施用量					
(一)按实物量计算	**吨**	**82093**	**198**	**11342**	**25**
氮 肥	吨	41442	176	4924	23
磷 肥	吨	26876	18	4064	1
钾 肥	吨	2589	4	142	
复合肥	吨	11186		2212	1
(二)按折纯法计算	**吨**	**23546**	**54**	**3170**	**7**
氮 肥	吨	11516	49	1384	6
磷 肥	吨	4595	3	680	
钾 肥	吨	1276	2	65	
复合肥	吨	6159		1041	1
三、农用塑料薄膜使用量	**吨**	**2293**	**6**	**215**	**3**
# 地膜使用量	吨	1259	2	117	1
地膜覆盖面积	公顷	16603	13	1299	8
四、农业用柴油	**吨**	**10496**	**36**	**1491**	**40**
五、农药使用量	**吨**	**576**		**96**	**5**

注:农村用电量不包括县办工业、城镇生活用电。

代 化 情 况

杏花岭区	尖草坪区	万柏林区	晋源区	清徐县	阳曲县	娄烦县	古交市
1439	**2980**	**4064**	**3747**	**16274**	**1752**	**840**	**3075**
111	**4043**	**390**	**3778**	**40502**	**14207**	**3972**	**3525**
89	2903	251	1782	17969	8115	2517	2693
18	576	73	975	15205	4499	759	688
	79	2	196	1626	356	143	41
4	485	64	825	5702	1237	553	103
29	**1219**	**118**	**1309**	**11808**	**3939**	**980**	**913**
23	812	72	624	5031	2286	515	714
4	99	13	175	2598	756	141	126
	39	1	98	816	177	58	20
2	269	32	412	3363	720	266	53
	140	**57**	**128**	**1255**	**164**	**131**	**194**
	78	50	65	500	158	101	187
	946	322	709	5451	3466	1891	2498
58	**402**	**125**	**540**	**4907**	**1259**	**336**	**1302**
15	**52**	**15**	**29**	**263**	**60**	**7**	**34**

3—06 主 要 农 业

指 标	单 位	全 市	小 店 区	迎 泽 区	杏 花 岭 区
一、农业机械总动力	**千瓦**	**1215366**	**157828**	**34284**	**21537**
1.柴油发动机	千瓦	888268	109369	16595	7076
2.汽油发动机	千瓦	169029	25565	13720	7638
3.电动机	千瓦	158050	22894	3969	6823
二、耕作机械					
1.大中型拖拉机	台	1275	266	8	8
动 力	千瓦	50025	9152	335	412
2.小型拖拉机	台	8066	2213	316	127
动 力	千瓦	77695	21135	3077	1804
3.水田耕作机械	台	3	2		
动 力	千瓦	5	3		
三、机引农具					
1.大中型配套农具	台	2298	284	38	28
2.小型配套农具	台	4991	748	112	93
四、收获机械					
1.联合收割机	台	190	32		
2.机动收割机	台	153	78		
3.脱 粒 机	台	1712	450	7	2
五、运输机械					
1.农用汽车	辆	7565	611	255	110
2.农用运输车	辆	16965	4490	113	414
3.机动三轮运输车	辆	13897	3798	65	396
六、农田基本建设机械	**台**	**392**	**34**	**3**	**5**

机　械　拥　有　量

尖草坪区	万柏林区	晋源区	清徐县	阳曲县	娄烦县	古交市	其他
108403	**111080**	**189675**	**334482**	**107422**	**41886**	**104963**	**3806**
79202	67785	140796	279326	80604	28041	77561	1913
12683	33206	20738	15156	10541	7217	21565	1000
16518	10089	28122	40000	16277	6628	5837	893
65	24	41	459	260	52	55	37
2911	1031	1719	18858	9357	2438	2622	1190
844	476	1226	812	1445	418	164	25
6766	4478	11959	7790	14824	3945	1607	310
		1					
		2					
202	58	107	1001	376	83	81	40
556	47	432	1356	1281	251	89	26
		3	145	2			8
		19	56				
63	3	337	793	57			
791	995	1409	2221	328	163	660	22
902	745	1149	4040	3491	547	1074	
717	644	785	3341	3320	319	512	
20	**9**	**68**	**86**	**31**	**97**	**37**	**2**

3—07 农　　作　　物

指　　　　标	全　　市	小　店　区	迎　泽　区	杏花岭区
农作物总播种面积	**136.82**	**16.99**	**0.57**	**1.45**
一、粮食作物播种面积	**100.35**	**12.51**	**0.54**	**1.42**
（一）夏收粮食	**11.62**	**3.86**		
1.小　　麦	11.62	3.86		
（二）秋收粮食	**88.73**	**8.65**	**0.54**	**1.42**
1.稻　　谷	1.55	0.10		
# 杂交稻	0.36	0.01		
2.玉　　米	22.66	4.74	0.02	0.11
# 杂交玉米	19.83	4.21		0.02
3.谷　　子	16.01	0.13	0.17	0.25
4.高　　粱	6.38	0.77		
5.其他谷物	15.32	0.15	0.24	0.77
# 莜麦	2.71		0.01	0.02
荞麦	3.46	0.02	0.11	0.31
糜黍	8.12	0.03	0.12	0.44
6.豆　　类	14.60	2.75	0.05	0.13
（1）大　　豆	8.97	0.24		0.11
（2）杂　　豆	5.63	2.51	0.05	0.02
# 绿　豆	0.49	0.03	0.03	
红小豆	0.32		0.01	
7.薯　　类	12.21	0.01	0.06	0.16
（1）马铃薯	11.59	0.01	0.05	0.14
（2）红　薯	0.62		0.01	0.02

播　　种　　面　　积

单位：千公顷

尖草坪区	万柏林区	晋源区	清徐县	阳曲县	娄烦县	古交市	其他
6.28	**2.64**	**7.40**	**35.58**	**33.56**	**16.50**	**15.41**	**0.44**
4.48	**1.43**	**4.99**	**22.10**	**27.53**	**12.81**	**12.15**	**0.39**
		1.02	**6.74**				
		1.02	6.74				
4.48	**1.43**	**3.97**	**15.36**	**27.53**	**12.81**	**12.15**	**0.39**
0.10	0.05	1.20	0.10				
0.09		0.26					
1.66	0.30	1.16	7.11	4.32	1.44	1.58	0.22
1.65		1.04	6.13	4.08	1.11	1.38	0.21
0.88	0.23	0.08	0.15	8.74	2.64	2.72	0.02
0.05	0.03	0.50	3.18	1.38	0.29	0.04	0.14
1.06	0.53	0.01	0.74	6.10	3.22	2.50	
	0.08			0.59	0.87	1.14	
0.28	0.19			2.05	0.27	0.23	
0.77	0.26	0.01	0.35	3.46	1.90	0.78	
0.50	0.11	0.90	3.61	4.31	1.19	1.04	0.01
0.40	0.04	0.87	2.53	3.25	0.97	0.55	0.01
0.10	0.07	0.03	1.08	1.06	0.22	0.49	
0.02	0.01	0.01	0.02	0.28	0.09		
	0.01			0.30			
0.23	0.18	0.12	0.47	2.68	4.03	4.27	
0.11	0.16	0.09	0.18	2.55	4.03	4.27	
0.12	0.02	0.03	0.29	0.13			

3—07 续表

指标	全市	小店区	迎泽区	杏花岭区
二、油料合计	**11.05**	**0.04**		**0.01**
1.花生	0.20			
2.油菜籽				
3.芝麻	0.04			
4.胡麻籽	1.86			
5.向日葵籽	8.04	0.20		0.01
6.蓖麻籽	0.25	0.01		
7.其他油料	0.66			
三、棉花	**0.83**			
四、甜菜	**0.23**			
五、药材	**0.04**			
六、蔬菜、瓜类	**23.83**	**4.27**		**0.02**
1.蔬菜(含菜用瓜)	23.11	4.21		0.02
# 大棚蔬菜	1.12	0.15		
2.瓜类(果用瓜)	0.72	0.06		
# 西瓜	0.58	0.05		
甜瓜	0.12	0.01		
七、其他农作物	**0.49**		**0.03**	
# 青饲料	0.27		0.03	
附:粮食占用耕地面积	**91.20**	**10.13**	**0.54**	**0.04**
农作物回茬面积	**16.32**	**4.32**		
# 粮食作物回茬	7.45	2.39		

单位:千公顷

尖草坪区	万柏林区	晋源区	清徐县	阳曲县	娄烦县	古交市	其他
0.18	**0.02**	**0.07**	**1.99**	**4.00**	**2.55**	**1.98**	**0.04**
			0.11	0.09			
			0.04				
				0.44	0.59	0.83	
0.17		0.05	1.67	3.24	1.76	0.90	0.04
0.01		0.02	0.17	0.04			
	0.02			0.19	0.20	0.25	
			0.83				
			0.23				
			0.04				
1.60	**1.16**	**2.31**	**10.26**	**1.81**	**1.14**	**1.25**	**0.01**
1.54	1.16	2.31	9.89	1.73	0.99	1.25	0.01
0.18	0.02	0.14	0.52	0.03	0.03	0.05	
0.06			0.37	0.08	0.15		
0.01			0.36	0.04	0.12		
0.04			0.01	0.03	0.03		
0.02	**0.03**	**0.03**	**0.13**	**0.22**		**0.03**	
	0.03	0.03		0.15		0.03	
4.19	**1.43**	**4.10**	**18.70**	**27.12**	**12.81**	**12.14**	
0.51	**0.47**	**1.69**	**8.52**	**0.50**		**0.31**	
		0.78	3.86	0.42			

3—08 农　作　物

指　　标	全　市	小店区	迎泽区	杏花岭区
一、粮食总产量	**294557**	**63644**	**152**	**886**
(一)夏收粮食	**50053**	**18427**		
1.小　麦				
(二)秋收粮食	**244504**	**45217**	**152**	**886**
1.稻　谷	11141	735		
# 杂交稻	2675	32		
2.玉　米	121505	33795		55
# 杂交玉米	112419	32547		15
3.谷　子	18567	110	59	181
4.高　粱	37090	5360		
5.其他谷物	12985	65	72	559
# 莜麦	1852		2	9
荞麦	1832	4	23	149
糜黍	8103	6	47	301
6.豆　类	18315	5092	13	20
(1)大　豆	10598	512		14
(2)杂　豆	7717	4580	13	6
# 绿　豆	260	20	8	
红小豆	91		5	
7.薯　类	24901	60	8	71
(1)马铃薯	22281	48	7	66
(2)红　薯	2620	12	1	5

总　　产　　量

单位：吨

尖草坪区	万柏林区	晋源区	清徐县	阳曲县	娄烦县	古交市	其他
13101	**1457**	**29051**	**115659**	**27279**	**24043**	**17494**	**1791**
		4535	**27091**				
13101	**1457**	**24516**	**88568**	**27279**	**24043**	**17494**	**1791**
633	218	8959	596				
610		2033					
8397	561	8718	52468	7457	5521	3447	1086
8300		8239	47221	7286	4571	3182	1058
1381	152	194	433	8412	4288	3309	48
146	63	3618	23925	2604	682	38	654
1099	303	15	1536	3675	3548	2113	
	13			198	626	1004	
191	104			945	283	133	
908	186	15	986	2532	2428	694	
772	47	1756	6880	1785	1282	665	3
661	3	1669	4711	1487	1126	412	3
111	44	87	2169	298	156	253	
15	5	7	40	89	73	3	
7	3			76			
673	113	1256	2730	3346	8722	7922	
322	83	1036	826	3249	8722	7922	
351	30	220	1904	97			

3—08 续表

指　　标	全　市	小店区	迎泽区	杏花岭区
二、油料合计	**10557**	**322**		**2**
1.花　　生	294			
2.油 菜 籽				
3.芝　　麻	35			
4.胡 麻 籽	1053			
5.向日葵籽	8279	312		2
6.蓖 麻 籽	392	10		
7.其他油料	504			
三、棉　　花	**998**			
四、甜　　菜	**9513**			
五、药　　材(万元)	**53**			
六、蔬菜、瓜类				
1.蔬菜(含菜用瓜)	1250852	225000		1949
# 大棚蔬菜	68897	5331		
2.瓜类(果用瓜)	21530	1574		
# 西瓜	15278	1341		
甜瓜	1861	233		
附:蔬菜上市量	**1034708**	**204000**		**1828**

单位:吨

尖草坪区	万柏林区	晋源区	清徐县	阳曲县	娄烦县	古交市	其他
184	**15**	**101**	**3842**	**2764**	**1921**	**1376**	**30**
12			220	62			
			35				
				223	259	571	
134	4	76	3268	2288	1539	626	30
16	1	25	312	28			
22	10		7	163	123	179	
			998				
			9513				
			50	**3**			
70055	67844	153205	623449	45129	15050	48986	185
12422	305	14838	30859	1575	704	2841	22
1403			14262	664	3627		
260			10024	468	3185		
853			168	165	442		
6500	**57844**	**110245**	**515997**	**32356**	**10535**	**36740**	**163**

3—09 农 作 物

指标	全市	小店区	迎泽区	杏花岭区
一、粮食作物	**2935**	**5087**	**281**	**624**
(一)夏收粮食	**4307**	**4774**		
1.小麦	4307	4774		
(二)秋收粮食	**2756**	**5227**	**281**	**624**
1.稻谷	7188	7350		
# 杂交稻	7431	3200		
2.玉米	5362	7130		500
# 杂交玉米	5669	7731		750
3.谷子	1160	846	347	724
4.高粱	5813	6961		
5.其他谷物	848	433	300	726
# 莜麦	683		200	450
荞麦	529	200	209	481
糜黍	998	200	392	684
6.豆类	1254	1852	260	154
(1)大豆	1181	2133		127
(2)杂豆	1371	1825	260	300
# 绿豆	531	667	267	
红小豆	284		500	
7.薯类	2039	6000	133	444
(1)马铃薯	1922	4800	140	471
(2)红薯	4226		100	250

单　产　量

单位:公斤/公顷

尖草坪区	万柏林区	晋源区	清徐县	阳曲县	娄烦县	古交市	其他
2924	**1019**	**5822**	**5233**	**991**	**1877**	**1440**	**4592**
		4446	**4019**				
		4446	4019				
2924	**1019**	**6175**	**5766**	**991**	**1877**	**1440**	**4592**
6330	4360	7466	5960				
6778		7819					
5058	1870	7516	7379	1726	3834	2182	4936
5030		7922	7703	1786	4118	2306	5038
1569	661	2425	2887	962	1624	1217	2400
2920	2100	7236	7524	1887	2352	950	4671
1037	572	1500	2076	602	1102	845	
	163			336	720	881	
682	547			461	1048	578	
1179	715	1500	2817	732	1278	890	
1544	427	1951	1906	414	1077	639	300
1653	75	1918	1862	458	1161	749	300
1110	629	2900	2008	281	709	516	
750	500	700	2000	318	811		
	300			253			
2926	628	10467	5809	1249	2164	1855	
2927	519	11511	4589	1274	2164	1855	
2925	1500	7333	6566	746			

3—09 续表

指　　标	全　市	小店区	迎泽区	杏花岭区
二、油料	**955**	**1533**		**200**
1.花　生	1470			
2.油菜籽				
3.芝　麻	875			
4.胡麻籽	566			
5.向日葵籽	1030	1560		200
6.蓖麻籽	1568	1000		
7.其他油料	764			
三、棉　花	**1202**			
四、甜　菜	**41361**			
五、药　材(元/公顷)	**13250**			
六、蔬菜、瓜类				
1.蔬菜(含菜用瓜)	54126	53444		97450
# 大棚蔬菜	61515	35540		
2.瓜类(果用瓜)	29903	26233		
# 西瓜	26341	26820		
甜瓜	15508	23300		

单位:公斤/公顷

尖草坪区	万柏林区	晋源区	清徐县	阳曲县	娄烦县	古交市	其他
1022	**750**	**1443**	**1931**	**691**	**753**	**695**	**750**
			2000	689			
			875				
				507	439	688	
788		1520	1957	706	874	696	750
1600		1250	1835	700			
	500			858	615	716	
			1202				
			41361				
			12500				
45490	58486	66323	63038	26086	15202	39189	18500
69011	15250	105986	59344	52500	23467	56820	
23383			38546	8300	24180		
26000			27844	11700	26542		
21325			16800	5500	14733		

3—10 水　果　生

指　标	单　位	太原市	市辖区	小店区	迎泽区
一、水果产量合计	**吨**	**30074**	**100**	**1237**	**105**
1.苹　果	吨	7969	45	262	50
2.梨	吨	2578	40	642	26
3.葡　萄	吨	13730	3	172	16
4.红　枣(鲜枣)	吨	1791		58	5
5.柿　子(鲜柿)	吨	7			
6.沙　果	吨	382			
7.桃	吨	2504	5	80	7
8.杏	吨	542		5	
9.其　他	吨	571	7	18	1
二、年末果园面积合计	**公顷**	**16869**	**1023**	**571**	**424**
1.苹果园	公顷	10295	580	174	271
2.梨　园	公顷	1974	210	239	96
3.葡萄园	公顷	2348	53	44	12
4.其他园	公顷	2252	180	114	45
三、零星苹果树	**万株**	**87.78**		**1.07**	**1.36**
零星梨树	万株	34.14		0.45	1.04
四、桑园面积	**公顷**				
柞坡面积	公顷				

产　　情　　况

杏花岭区	尖草坪区	万柏林区	晋源区	清徐县	阳曲县	娄烦县	古交市
1019	**10369**	**449**	**1740**	**10402**	**3221**	**553**	**879**
571	3087	66	493	1169	1454	241	531
57	157	42	114	821	468	101	110
37	6376	266	575	5901	329	37	18
156	199	48	41	694	424	85	81
				7			
149	23				186	2	22
49	294	5	442	1343	167	41	71
	14	1	27	309	100	42	44
	219	21	48	158	93	4	2
814	**2477**	**644**	**678**	**1628**	**5099**	**1235**	**2276**
565	1071	476	305	237	3836	819	1961
67	110	90	75	163	580	217	127
23	1128	51	87	675	234	28	13
159	168	27	211	553	449	171	175
2.25	**3.89**	**1.24**	**5.6**	**2.81**	**23.9**	**11.7**	**33.96**
0.49	2.91	0.16	0.76	0.95	10.55	5.66	11.17

3—11 畜禽饲

指标	单位	全市	市辖区	小店区	迎泽区
一、大牲畜年末总头数	头	**91717**	**1329**	**4678**	**211**
# 年末从事农事劳役的	头	52648		1539	199
1.牛年末数	头	56446	1329	3310	97
能繁殖的母畜	头	27692	900	2222	18
当年生仔畜	头	10260	110	307	2
(1)黄牛年末数	头	45237		691	97
能繁殖的母畜	头	18974		245	18
当年生仔畜	头	8787		124	2
# 年末肉用改良牛	头	17031		57	
能繁殖的母畜	头	6279		20	
当年生仔畜	头	4596		13	
(2)年末良种及改良种乳牛	头	11209	1329	2619	
能繁殖的母畜	头	8718	900	1977	
当年生仔畜	头	1473	110	183	
2.马年末数	匹	1279		145	1
能繁殖的母畜	匹	535		80	
当年生仔畜	匹	131		44	
3.驴年末数	头	19602		321	9
能繁殖的母畜	头	7525		130	
当年生仔畜	头	1595		51	
4.骡年末数	头	14385		902	104
当年生仔畜	头	460		23	
5.骆驼年末数	峰	5			
能繁殖的母畜	峰	2			
当年生仔畜	峰				
二、猪年末数	头	**326695**	**13763**	**38384**	**3732**
能繁殖的母畜	头	22832	1098	1407	139
三、羊年末数	只	**478601**		**22283**	**2975**
能繁殖的母畜	只	241962		10184	1459
1.山羊年末数	只	179528		277	
能繁殖的母畜	只	85472		100	
# 奶山羊年末数	只	566		14	
能繁殖的母畜	只	388		10	
2.绵羊年末数	只	299073		22006	2975
能繁殖的母畜	只	156490		10084	1459
# 细毛羊及改良羊年末数	只	438		80	
能繁殖的母畜	只	215			
# 半细毛羊及改良羊年末数	只	16048		659	
能繁殖的母畜	只	9619		414	
四、家禽年末数	只	**4703509**	**187501**	**1142770**	**10702**
五、养兔年末数	只	**143708**		**7350**	**75**
六、年末养蜂箱数	箱	**3753**			

养情况

杏花岭区	尖草坪区	万柏林区	晋源区	清徐县	阳曲县	娄烦县	古交市
578	**1995**	**895**	**2135**	**23536**	**26703**	**15303**	**14354**
376	1140	410	241	7238	20105	10746	10654
163	998	619	1941	21092	11826	8084	6987
76	730	303	1331	9296	5135	4093	3588
14	85	64	438	5750	1393	984	1113
101	206	278	145	18110	10567	8069	6973
28	33	74	15	6858	4051	4078	3574
7	1	18		5272	1266	984	1113
7	61		75	15507	144	1180	
	13		15	5575	36	620	
	1			4449	6	127	
62	792	341	1796	2982	1259	15	14
48	697	229	1316	2438	1084	15	14
7	84	46	438	478	127		
1	44		19	127	763	126	53
	15			53	316	52	19
				10	56	17	4
67	347	52	38	1006	8961	5068	3733
24	59	3		446	3347	2036	1480
2	4	1		176	797	264	300
347	606	224	134	1311	5153	2025	3579
				113	182	104	38
			3				2
							2
6978	**16082**	**5326**	**18822**	**109943**	**71519**	**11609**	**30537**
545	1206	407	1645	9738	3915	793	1939
5562	**18123**	**5901**	**10078**	**81844**	**118506**	**111766**	**101563**
3146	10685	2358	5379	42235	65403	59036	42077
	1119	1026	890	9509	33960	70124	62623
	549	515	360	4721	16579	36085	26563
		30	65	457			
		2	35	341			
5562	17004	4875	9188	72335	84546	41642	38940
3146	10136	1843	5019	37514	48824	22951	15514
					358		
					215		
	2578				12811		
	1402				7803		
38475	**181257**	**53613**	**778368**	**992729**	**882875**	**94838**	**340381**
286	**3061**	**560**	**300**	**98566**	**19152**		**14358**
55	**243**	**140**		**1061**	**1828**	**303**	**123**

3—12 畜 牧 业

指 标	单 位	全 市	市辖区	小店区	迎泽区
一、当年出栏的肉牛	头	**17139**	**50**	**60**	
牛肉产量	吨	2507	6	9	
当年出栏的马	匹	36			
马肉产量	吨	3			
当年出栏的驴	头	530			
驴肉产量	吨	58			
当年出栏的骡	头	298			
骡肉产量	吨	32			
当年出栏的骆驼	峰				
骆驼肉产量	吨				
当年出栏的肉猪	头	481822	25950	47872	3515
猪肉产量	吨	35923	1947	3729	238
当年出栏的肉用羊	只	227222		18429	1103
羊肉产量	吨	3363		318	16
当年出栏的山羊	只	68915			
山羊肉产量	吨	907			
当年出栏的绵羊	只	158307		18429	1103
绵羊肉产量	吨	2456		318	16
当年出栏的家禽	只	3264274	12113	1219830	7527
禽肉产量	吨	5168	155	2182	9
当年出栏的家兔	只	347636		22538	
兔肉产量	吨	552		38	
二、当年肉类总产量	吨	**47606**	**2108**	**6276**	**263**
奶类产量	吨	**46020**	**6505**	**12393**	
# 牛奶产量	吨	45939	6505	12393	
山羊毛产量	吨	**55**			
绵羊毛产量	吨	**263**		**6**	**1**
# 细羊毛	吨	2			
半细羊毛	吨	35			
羊绒产量	吨	**16**			
蜂蜜产量	吨	**87**			
禽蛋产量	吨	**44361**	**1574**	**10654**	**115**
蚕茧产量	吨				
# 桑蚕茧	吨				
柞蚕茧	吨				

生　产　情　况

杏花岭区	尖草坪区	万柏林区	晋源区	清徐县	阳曲县	娄烦县	古交市
50	**9**	**15**	**41**	**13037**	**1905**	**1339**	**633**
6	1	2	6	1982	236	169	90
2				9	23	2	
					3		
24	2			18	200	158	128
2				2	22	16	16
54				32	78	65	69
6				3	8	7	8
8634	24870	8899	29985	194916	88354	13879	34948
622	1873	651	2221	14531	6246	1038	2827
2163	7276	2204	7488	63193	42832	44101	38433
30	106	32	106	1072	580	544	559
	238	385	550	6366	8589	28572	24215
	2	5	7	102	110	344	337
2163	7038	1819	6938	56827	34243	15529	14218
30	104	27	99	970	470	200	222
18830	100274	36290	431149	836308	439341	40945	121667
20	115	49	641	1284	537	48	128
2020	5158	550	918	239487	58171	685	18109
3	9	1	1	386	89	1	24
689	**2104**	**735**	**2975**	**19260**	**7721**	**1823**	**3652**
195	**2548**	**1386**	**5822**	**15400**	**1636**	**38**	**97**
195	2548	1385	5822	15320	1636	38	97
				3	**12**	**21**	**19**
4	**21**	**4**	**8**	**71**	**95**	**31**	**22**
					2		
	4				31		
		1		**1**	**3**	**7**	**4**
	5	**3**		**25**	**45**	**6**	**3**
272	**1566**	**430**	**7970**	**12400**	**6762**	**364**	**2254**

3—13 农　林　牧　渔

指　标	全市		市辖区	
	按1990年不变价格计算	按现行价格计算	按1990年不变价格计算	按现行价格计算
农林牧渔业总产值	**122531**	**246156**	**2520**	**4344**
一、农业产值	**70950**	**163107**	**123**	**202**
(一)种植业	65322	156977	123	202
1.主产品产值	62541	148771	99	155
(1)粮食作物总计	15891	35430	76	112
①谷物	12385	27108	76	112
②豆类	2114	3679		
③薯类	1392	4643		
(2)油料	1293	2957	4	8
(3)棉花	773	2076		
(4)麻类				
(5)糖类	145	416		
(6)烟叶				
(7)药材类	53	53		
(8)蔬菜、瓜类	39638	101853	6	15
# 蔬菜	38777	100118	6	15
(9)桑叶、水果	4694	5923	13	20
(10)其他种植业	54	63		
# 饲料作物	10	15		
2.副产品产值	2781	8206	24	47
(1)粮食作物副产品	2711	8058	24	47
# 谷物副产品	2369	7207		
(2)其他副产品	70	148		
(二)其他农业	5628	6130		

业　总　产　值(一)

单位:万元

小店区		迎泽区		杏花岭区		尖草坪区	
按1990年不变价格计算	按现行价格计算	按1990年不变价格计算	按现行价格计算	按1990年不变价格计算	按现行价格计算	按1990年不变价格计算	按现行价格计算
20431	**41792**	**336**	**491**	**850**	**1396**	**7119**	**13966**
11875	**29276**	**108**	**109**	**316**	**455**	**4919**	**10062**
11175	28256	28	39	269	419	4747	9890
10632	26702	26	37	250	388	4661	9563
3398	6814	13	22	74	116	663	1742
2778	5999	11	18	67	104	544	1458
617	807	2	3	3	5	87	160
3	8		1	4	7	32	124
38	96				1	24	55
7038	19574			60	156	2228	5719
6978	19440			60	156	2172	5604
158	218	13	15	116	115	1745	2046
						1	1
543	1554	2	2	19	31	86	327
541	1550	2	2	19	31	85	325
507	1437	2	2	5	9	76	298
2	4					1	2
700	1020	80	70	47	36	172	172

3—13 续表 1

指　　标	全　　市		市　辖　区	
	按 1990 年不变价格计算	按现行价格计算	按 1990 年不变价格计算	按现行价格计算
(1)采集野生植物	1332	1375		
(2)农民家庭兼营商品性工业	4296	4755		
二、林业产值	**2694**	**4020**	**55**	**62**
(一)营　林	2481	3564	55	62
(二)林产品	100	200		
(三)村及村以下竹木采伐	113	256		
三、牧业产值	**48083**	**77344**	**2194**	**3774**
(一)牲　畜	21633	44940	1013	1812
1. 大牲畜的繁殖、增长、增重	1009	2095	27	44
(1)牛	892	1877	27	44
(2)马	9	15		
(3)驴	72	145		
(4)骡	36	58		
(5)骆驼				
2. 猪	18997	35753	986	1768
3. 羊	1627	7092		
4. 其　他				
(二)家禽的饲养	2083	4298	8	16
(三)活的畜禽产品	23968	27245	1173	1946
(四)捕　猎	150	155		
(五)其他动物饲养	249	706		
四、渔业产值	**804**	**1685**	**148**	**306**
1. 养　殖	804	1685	148	306
2. 捕　捞				

小店区		迎泽区		杏花岭区		尖草坪区	
按1990年不变价格计算	按现行价格计算	按1990年不变价格计算	按现行价格计算	按1990年不变价格计算	按现行价格计算	按1990年不变价格计算	按现行价格计算
100	120					35	35
600	900	80	70	47	36	137	137
107	**257**	**27**	**34**	**31**	**43**	**151**	**254**
84	205	26	32	31	43	142	237
		1	2			5	8
23	52					4	9
8398	**12149**	**201**	**348**	**503**	**898**	**2014**	**3573**
1919	4270	143	290	348	715	1024	2151
59	112			2	4	20	33
52	99			2	4	20	33
3	5						
2	5						
2	3						
1709	3495	134	257	328	633	945	1865
151	663	9	33	18	78	59	253
778	1586	5	10	12	28	64	140
5688	6257	53	48	141	152	911	1256
				1	1	10	10
13	36			1	2	5	16
51	**110**					**35**	**77**
51	110					35	77

3—13 农　林　牧　渔

指　　标	万柏林区		晋源区	
	按1990年不变价格计算	按现行价格计算	按1990年不变价格计算	按现行价格计算
农林牧渔业总产值	**3250**	**6975**	**13143**	**26939**
一、农业产值	**2417**	**5485**	**7255**	**18558**
(一)种植业	2269	5150	6839	18142
1.主产品产值	2258	5123	6603	17139
(1)粮食作物总计	78	207	1565	4264
①谷物	67	150	1301	3596
②豆类	6	12	195	356
③薯类	5	45	69	312
(2)油料	2	4	14	28
(3)棉花				
(4)麻类				
(5)糖类				
(6)烟叶				
(7)药材类				
(8)蔬菜、瓜类	2103	4820	4749	12486
# 蔬菜	2103	4820	4749	12486
(9)桑叶、水果	74	90	271	354
(10)其他种植业	1	2	4	7
# 饲料作物	1	2	1	2
2.副产品产值	11	27	236	1003
(1)粮食作物副产品	11	27	236	1002
# 谷物副产品	10	25	218	947
(2)其他副产品				1
(二)其他农业	148	335	416	416

业　总　产　值(二)

单位:万元

清徐县		阳曲县		娄烦县		古交市	
按1990年不变价格计算	按现行价格计算	按1990年不变价格计算	按现行价格计算	按1990年不变价格计算	按现行价格计算	按1990年不变价格计算	按现行价格计算
48355	**101855**	**13363**	**24325**	**4669**	**9018**	**8495**	**15055**
31122	**73767**	**4807**	**10494**	**2910**	**5496**	**5098**	**9203**
30263	72908	4029	9680	2540	5146	3040	7145
29010	69867	3744	8619	2348	4541	2910	6637
5883	12742	1587	3574	1443	3299	1111	2538
4956	10614	1198	2501	803	1340	584	1216
785	1616	200	372	143	232	76	116
142	512	189	701	497	1727	451	1206
490	1231	329	824	227	315	165	395
773	2076						
145	416						
50	50	3	3				
19897	51150	1426	3576	612	820	1519	3537
19327	49938	1399	3520	467	602	1519	3537
1743	2173	390	630	66	107	105	155
29	29	9	12			10	12
		7	9			1	2
1253	3041	285	1061	192	605	130	508
1222	2978	269	1025	181	584	121	487
1158	2843	236	951	78	319	79	376
31	63	16	36	11	21	9	21
859	859	778	814	370	350	2058	2058

3—13 续表 2

指　　标	万柏林区		晋源区	
	按1990年不变价格计算	按现行价格计算	按1990年不变价格计算	按现行价格计算
(1)采集野生植物	13	20	16	16
(2)农民家庭兼营商品性工业	135	315	400	400
二、林业产值	**113**	**212**	**144**	**198**
(一)营　林	110	207	133	176
(二)林产品	2	3	7	14
(三)村及村以下竹木采伐	1	2	4	8
三、牧业产值	**712**	**1268**	**5593**	**7863**
(一)牲　畜	367	762	1305	2682
1.大牲畜的繁殖、增长、增重	12	22	106	173
(1)牛	12	22	106	173
(2)马				
(3)驴				
(4)骡				
(5)骆驼				
2.猪	338	667	1139	2240
3.羊	17	73	60	269
4.其　他				
(二)家禽的饲养	23	47	275	536
(三)活的畜禽产品	321	455	4012	4644
(四)捕　猎				
(五)其他动物饲养	1	4	1	1
四、渔业产值	**8**	**10**	**151**	**320**
1.养　殖	8	10	151	320
2.捕　捞				

清徐县		阳曲县		娄烦县		古交市	
按1990年不变价格计算	按现行价格计算	按1990年不变价格计算	按现行价格计算	按1990年不变价格计算	按现行价格计算	按1990年不变价格计算	按现行价格计算
230	230	378	394	110	110	450	450
629	629	400	420	260	240	1608	1608
226	**365**	**982**	**1368**	**460**	**777**	**398**	**450**
169	252	920	1219	445	736	366	395
31	44	39	89	13	36	2	4
26	69	23	60	2	5	30	51
16677	**27023**	**7555**	**12424**	**1278**	**2710**	**2958**	**5314**
9157	17849	3841	8378	872	2233	1644	3798
454	965	162	346	82	188	85	208
436	933	108	245	61	148	68	176
1	1	4	7	1	2		
8	16	36	71	12	26	14	27
9	15	14	23	8	12	3	5
8206	14610	3357	6627	527	983	1328	2608
497	2274	322	1405	263	1062	231	982
534	1147	280	571	26	51	78	166
6792	7539	3349	3284	378	418	1150	1246
51	51	13	18			75	75
143	437	72	173	2	8	11	29
330	**700**	**19**	**39**	**21**	**35**	**41**	**88**
330	700	19	39	21	35	41	88

3—14 农 林 牧 渔

指 标	全 市	市 辖 区	小 店 区	迎 泽 区
农林牧渔业中间消耗合计	**91220**	**1314**	**13406**	**307**
一、农业中间消耗合计	**46533**	**51**	**5600**	**87**
(一)种植业中间消耗	44333	51	5060	45
1. 中间物质消耗	39013	49	4010	45
(1)用种量	3784	5	490	7
(2)饲料、饲草	4284		214	13
(3)肥料	15408	28	1280	3
(4)燃料	4368	5	606	5
(5)农药或兽药	1131		172	9
(6)农用塑料薄膜	2755	1	215	4
(7)用电量	4421	1	513	4
(8)小农机具购置费	101		30	
(9)办公用品购置费	319		50	
(10)对物质生产部门劳务支出	1078	3	250	
(11)其他	1364	6	190	
2. 对非物质生产部门劳务支出	5320	2	1050	
(二)其它农业中间消耗	2200		540	42
1. 中间物质消耗	2027		525	42
(1)原材料	1472		410	35
(2)燃料	118		20	
(3)用电量	102		25	7
(4)对物质生产部门劳务支出	120		20	
(5)其它	215		50	
2. 对非物质生产部门劳务支出	173		15	
二、林业中间消耗合计	**1816**	**38**	**206**	**18**
(一)中间物质消耗	1678	28	196	18
1. 用种量	1066	14	39	10
2. 肥料	71	1	21	2

业中间消耗(一)

单位:万元

杏花岭区	尖草坪区	万柏林区	晋源区	清徐县	阳曲县	娄烦县	古交市
576	**4966**	**2392**	**8538**	**36764**	**12588**	**4235**	**6134**
156	**3048**	**1576**	**3252**	**21868**	**5610**	**2427**	**2858**
141	2892	1290	2957	21526	5421	2300	2650
111	1692	1020	2196	19876	5311	2220	2483
18	178	115	379	1546	382	421	243
29	121	31	29	504	1762	737	844
28	772	260	554	9109	2338	506	530
18	230	120	420	1971	458	109	426
7	101	30	58	567	114	9	64
	153	88	154	1604	197	118	221
2	102	162	151	3150	22	210	104
2	2	1	12	25	4	24	1
1	5	4	18	225	5	10	1
5	3	50	146	525	14	51	31
1	25	159	275	650	15	25	18
30	1200	270	761	1650	110	80	167
15	156	286	295	342	189	127	208
15	147	278	263	310	143	117	187
15	80	196	234	250	120	85	47
	30	9	5	20	12	5	17
	6	37	4		3	2	18
	3	15	18	23	4	15	22
	28	21	2	17	4	10	83
	9	8	32	32	46	10	21
18	**131**	**66**	**140**	**242**	**303**	**348**	**306**
18	126	63	104	229	278	336	282
18	91	42	73	121	244	228	186
0	21	1		10	5	6	4

3—14 续表

指 标	全 市	市 辖 区	小 店 区	迎 泽 区
3.燃料	116	6	49	
4.农药	47		18	
5.用电量	201	1	13	5
6.林业小农机具购置费	6		2	
7.办公用品购置费	13		1	1
8.对物质生产部门劳务支出	110	6	38	
9.其他	48		15	
(二)对非物质生产部门劳务支出	138	10	10	
三、牧业中间消耗合计	**42125**	**1152**	**7563**	**202**
(一)中间物质消耗	40351	1137	7363	200
1.用种量	219	1	42	
2.饲料、饲草	37850	1092	6890	116
3.燃料	212	19	86	9
4.用电量	1144	2	238	54
5.畜牧用药品	305	2	65	15
6.对物质生产部门劳务支出	272	5	10	1
7.其他	349	16	32	5
(二)对非物质生产部门劳务支出	1774	15	200	2
四、渔业中间消耗合计	**746**	**73**	**37**	
(一)中间物质消耗	672	57	33	
1.饲 料	398	31	10	
2.燃 料	55	2	3	
3.用电量	151	5	11	
4.办公用品购置	16	2	5	
5.对物质生产部门劳务支出	25	3	1	
6.其他	27	14	3	
(二)对非物质生产部门劳务支出	74	16	4	

杏花岭区	尖草坪区	万柏林区	晋源区	清徐县	阳曲县	娄烦县	古交市
		6	3	3	3	13	33
	8	1	2	7	6	2	4
	6	1	3	81	3	84	4
		1	2			1	
		1	1	3		1	5
		6	15	4	12	1	28
		5	5		5		18
	5	3	36	13	25	12	24
402	**1758**	**744**	**4976**	**14268**	**6667**	**1454**	**2939**
386	1428	730	4481	13705	6619	1436	2866
1	10	9	40	72	34	2	8
382	1343	682	4033	12868	6480	1352	2612
	5	2	34	30	4	10	13
	63	20	146	606	3	5	7
2	1	1	127	18	30	5	39
		14	53	63	40	32	54
1	6	2	48	48	28	30	133
16	330	14	495	563	48	18	73
	29	**6**	**170**	**386**	**8**	**6**	**31**
	24	5	139	372	7	6	29
	14	3	111	200	6	6	17
	6		5	35			4
		2	9	122			2
			1	7			1
			10	8	1		2
	4		3				3
	5	1	31	14	1		2

3—15 农 村 非 农

指 标	全 市	小 店 区	迎 泽 区	杏花岭区
农村非农行业总产值合计	**1939276**	**256082**	**96254**	**85936**
一、农村工业总产值	**1293754**	**150001**	**39362**	**61111**
1.乡(镇)办工业产值	332878	11200	5196	10095
2.村办工业产值	295017	31560	10218	15906
3.村以下办工业产值	665859	107241	23948	35110
二、农村建筑业总产值	**73583**	**15433**	**5178**	**13008**
1.建筑安装工程产值	73025	15413	5178	13008
(1)兴建房屋产值	61610	14515	695	12076
农村集体新建房屋产值	29782	8290		10306
农村居民新建房屋产值	31828	6225	695	1770
(2)农田水利工程产值	3094	298	15	109
(3)其它建筑安装工程产值	8321	600	4468	823
2.其他基本建设产值	558	20		
# 开垦荒地产值	10	10		
三、农村运输业总产值	**254128**	**29694**	**1775**	**6289**
1.乡(镇)办运输企业货运产值	9509	1810	59	
2.村办运输企业货运产值	18669	3400		1240
3.村以下办运输企业货运产值	225950	24484	1716	5049
四、农村批发零售贸易业、饮食业总产值	**317811**	**60954**	**49939**	**5528**
1.批发零售贸易业总产值	249970	46375	49679	3287
(1)农村供销社产值	10362	3022	230	400
(2)乡(镇)办产值	23787	12918	3000	
(3)村办产值	83120	21800	15592	1190
(4)村以下办产值	132701	8635	30857	1697
2.饮食业产值	67841	14579	260	2241
(1)农村供销社产值	281	117	50	
(2)乡(镇)办产值	2163	816		
(3)村办产值	8088	2154	190	120
(4)村以下办产值	57309	11492	20	2121
附记:农民在城里(含县城)办非农行业全部产值	**17582**	**80**	**7800**	
(1)农民在城里办工业产值	1184	5		
(2)农民在城里办建筑业产值	4769	5	3000	
(3)农民在城里办运输业产值	2050	40		
(4)农民在城里办批发零售贸易业产值	7860	10	4800	
(5)农民在城里办饮食业产值	1719	20		

行　业　总　产　值

单位:万元

尖草坪区	万柏林区	晋源区	清徐县	阳曲县	娄烦县	古交市
210556	**238186**	**213306**	**413431**	**81415**	**20874**	**323236**
136525	**111781**	**126200**	**320000**	**62309**	**17900**	**268565**
98325	2528	20826	109455	14772	2500	57981
18200	71416	62497	34545	6537	1477	42661
20000	37837	42877	176000	41000	13923	167923
7741	**12642**	**5652**	**9537**	**1738**	**636**	**2018**
7741	12642	5652	8999	1738	636	2018
7701	11550	4577	8232	1198	370	696
4168	6165		503	320	30	
3533	5385	4577	7729	878	340	696
	932	250	622	510	58	300
40	160	825	145	30	208	1022
			538			
26140	**34800**	**38880**	**70765**	**10352**	**1790**	**33643**
4200	2760		565	115		
4800	2700	1035	5494			
17140	29340	37845	64706	10237	1790	33643
40150	**78963**	**42574**	**13129**	**7016**	**548**	**19010**
31480	56258	29802	10503	6446	390	15750
320	479	240	2625	66	272	2708
7520	200	149				
12901	30958	656		23		
10739	24621	28757	7878	6357	118	13042
8670	22705	12772	2626	570	158	3260
10		104				
1130	13	64		10		130
1500	3906	218				
6030	18786	12386	2626	560	158	3130
852	**1132**	**455**	**2384**	**1312**	**1096**	**2471**
150	195	5	80	70	281	398
160	100	45	734	560	110	55
264	53	40	799	106	350	398
115	656	210	586	450	310	723
163	128	155	185	126	45	897

3—16 林 业 渔 业

指 标	单 位	全 市	小店区	迎泽区	杏花岭区
林业生产情况					
一、当年造林面积	**公顷**	**16265**	**116**	**107**	**200**
# 国营造林	〃	959			
集体造林	〃	13624	26	14	200
工程造林	〃	4446	26		
退耕造林	〃				
(一)按造林方式分					
1. 人工造林	〃	10598	116	107	200
2. 飞播造林	〃	5667			
(二)按林种用途分					
1. 用材林	〃	715			
2. 经济林	〃	2334	90	93	67
3. 防护林	〃	13112	26	14	133
4. 特种用途林	〃	104			
二、零星植树	**万株**	**742.43**	**48.80**	**2.00**	**10.00**
三、育苗面积	**公顷**	**1105.0**	**148.7**	**13.3**	**13.3**
# 本年新育	公顷	704.8	67.3	6.7	6.7
四、村及村以下木材采伐量	**立方米**	**2473**	**513**		
渔业生产情况					
1. 养殖面积	**公顷**	**3123**	**24**		
2. 水产品产量	**吨**	**1950**	**123**		

注:水产品产量及养殖面积按在地原则统计。

生　产　情　况

尖草坪区	万柏林区	晋源区	清徐县	阳曲县	娄烦县	古交市	其他
2533	**667**	**667**	**788**	**4897**	**3719**	**2400**	**171**
				253	352	183	171
2200	333	667	400	4644	3257	1883	
	667		400	1868	312	1173	
533	667	667	788	2897	3052	1400	171
2000				2000	667	1000	
				253	462		
333	333	280	353	302	150	333	
2200	334	387	435	4342	3107	2067	67
							104
35.20	**25.00**	**20.0**	**77.10**	**218.33**	**100.00**	**206.00**	
101.3	**70.0**	**120.8**	**100.0**	**262.0**	**126.0**	**120.0**	**29.6**
66.7	36.7	66.7	66.7	176.0	92.0	107.0	12.3
79		**105**	**576**	**500**	**44**	**656**	
18	**13**	**590**	**357**	**37**	**2022**	**15**	**47**
86	**20**	**366**	**800**	**45**	**50**	**100**	**360**

3—17 农　民　主　要

指　　标	单　位	全　市	小 店 区	迎 泽 区	杏花岭区
家庭轿车	辆	5292	805	113	313
摩托车	辆	48261	8866	872	1844
自行车	辆	439538	81944	6650	13572
电　脑	台	1514	241	61	55
组合音响	套	33526	6568	689	1485
VCD 类	台	33464	6597	1187	1574
电视机	台	269168	43634	5384	8829
#彩　电	台	188006	34121	4580	8006
摄像机	部	773	153	22	37
照像机	架	26635	4832	1124	2019
空　调	台	3495	909	144	183
电风扇	台	140063	28465	2333	5238
电冰箱	台	77299	14263	2135	4389
家庭电话	台	58774	10781	2131	3152
#手　机	台	15678	3568	520	690
洗衣机	台	170957	32906	3541	6573
缝纫机	台	183294	29638	2731	5253
太阳能、电热淋浴器	台	7492	1856	357	574

生　　活　　用　　品

尖草坪区	万柏林区	晋源区	清徐县	阳曲县	娄烦县	古交市
677	418	751	1065	228	162	760
4691	4389	7011	16392	2752	747	697
51271	28703	50290	126288	51536	11794	17490
501	406	98	89	13	2	48
4945	4344	4871	6821	2074	490	1239
3097	4503	4580	6451	1818	857	2800
29763	22002	30943	65406	31068	13867	18272
22274	19023	23990	47413	12637	5342	10620
76	246	74	77	23	30	35
3626	3257	4171	4405	1121	396	1684
338	962	315	497	49	13	85
15708	14749	19723	39034	7528	1929	5356
9409	11770	13275	15183	2349	1308	3218
7686	9060	6927	13519	2445	635	2438
2137	2724	2075	2865	383	80	636
19550	17536	22786	43446	13766	2204	8649
18508	11966	22179	44322	24026	8777	15894
457	2129	248	1804	36	10	21

3—18 农村经济收益分

指标	全市	小店区	迎泽区	杏花岭区
一、农村经济总收入	**2083272**	**315700**	**68869**	**53882**
(一)按经营形式分				
1.乡镇办企业收入	222187	11696	13539	3406
2.村组集体经营收入	449590	41293	20708	15884
3.农民家庭经营收入	1254048	213707	27403	29811
4.其他经营收入	157447	49004	7219	4781
(二)按行业划分				
1.农业收入	119165	27658	48	361
2.林业收入	3527	310	9	1
3.牧业收入	64175	13142	339	710
4.渔业收入	633	2		
5.工业收入	1102282	135888	25919	33632
6.建筑业收入	82933	14708	3451	4114
7.运输业收入	288061	34934	2151	6293
8.商饮业收入	277294	57845	25393	2904
9.服务业收入	67867	12095	9908	2069
10.其他收入	77335	19118	1651	3798
二、总费用	**1716122**	**257863**	**61083**	**42814**
三、净收入	**367150**	**57837**	**7786**	**11068**
四、投资收益	**2539**	**72**	**50**	**6**
五、农民外出劳务收入	**15042**	**1434**	**398**	**152**
六、可分配净收入总额	**384731**	**59343**	**8234**	**11226**
# 国家税金	42144	5853	928	601
乡村提留统筹	17714	2656	415	254
农民所得总额	274970	47881	5617	10317
七、农民人均纯收入(元)	**2626**	**3339**	**3175**	**3304**

配及农民纯收入

单位:万元

尖草坪区	万柏林区	晋源区	清徐县	阳曲县	娄烦县	古交市
186364	**255824**	**288718**	**545172**	**73091**	**21926**	**273726**
31117	6721	26787	43929	20432	1884	62676
77066	129129	46083	63873	1212	1730	52612
76533	82445	213092	420624	51091	16605	122737
1648	37529	2756	16746	356	1707	35701
9413	5976	15380	42607	7192	4275	6255
318	99	693	871	280	334	612
3597	1207	6639	26083	6795	1483	4180
25	10	429	124	37	6	
85375	94799	131113	352113	28757	10298	204388
7741	11870	15396	15246	6380	1137	2890
26489	29212	59893	79616	11058	1847	36568
40202	69268	42574	13129	7526	531	17922
7395	20358	6232	5681	3029	509	591
5809	23025	10369	9702	2037	1506	320
155738	**215988**	**240951**	**441688**	**57752**	**14466**	**227779**
30626	**39836**	**47767**	**103484**	**15339**	**7460**	**45947**
139	**1518**		**754**			
958	**1780**	**1092**	**4663**	**2529**	**1283**	**753**
31723	**43134**	**48859**	**108901**	**17868**	**8743**	**46700**
3699	7866	3724	13256	2116	500	3601
3080	6850	1526	1893	456	168	416
21277	23932	32076	85977	13043	7741	27109
2152	**3305**	**2881**	**3308**	**1061**	**819**	**2809**

3—19 乡镇企业基本情况

单位:万元

指　　标	合　计	农业	工业	建筑业	交通运输业	批发零售贸易业	旅游饮食服务业	其他
一、企业个数(个)	**25289**	**15**	**4777**	**465**	**10509**	**6218**	**2647**	**658**
1.集体	1681	15	1310	50	27	131	58	90
2.私营	2182		1327	115	318	251	151	20
3.个体	21426		2140	300	10164	5836	2438	548
二、年末职工(人)	**212883**	**298**	**140107**	**10049**	**28448**	**19093**	**12170**	**2718**
1.集体	85342	298	73772	3304	900	3928	2427	713
2.私营	74986		60103	3823	5361	3383	2088	228
3.个体	52555		6232	2922	22187	11782	7655	1777
三、现价增加值	**464647**	**331**	**310469**	**20658**	**58688**	**50050**	**21670**	**2781**
1.集体	170066	331	135026	8332	4149	14943	5427	1858
2.私营	212307		154391	10395	20210	19854	7053	404
3.个体	82274		21052	1931	34329	15253	9190	519
四、现价总产值	**2002888**	**1580**	**1274196**	**89430**	**247418**	**288263**	**87910**	**14091**
1.集体	778613	1580	575159	42710	20060	106856	25286	6962
2.私营	921733		632961	38123	98403	121556	25113	5577
3.个体	302542		66076	8597	128955	59851	37511	1552
五、劳动者报酬	**189316**	**133**	**127048**	**10684**	**25655**	**16359**	**8504**	**933**
1.集体	72872	133	59842	4207	1248	5128	1804	510
2.私营	84082		57191	5747	11525	5751	3657	211
3.个体	32362		10015	730	12882	5480	3043	212
六、固定资产折旧	**119989**	**115**	**80713**	**4407**	**9761**	**17505**	**7114**	**374**
1.集体	44202	115	31954	2178	669	6118	2894	274
2.私营	57682		42939	1910	2305	8270	2175	83
3.个体	18105		5820	319	6787	3117	2045	17
七、生产税净额	**51698**	**16**	**37483**	**1645**	**5850**	**4742**	**1712**	**250**
1.集体	18159	16	15709	569	190	1289	243	143
2.私营	24342		20679	841	1090	1268	379	85
3.个体	9197		1095	235	4570	2185	1090	22
八、营业盈余	**103644**	**67**	**65231**	**3927**	**17413**	**11442**	**4340**	**1224**
1.集体	34833	67	27521	1378	2042	2408	486	931
2.私营	46201		33582	1897	5290	4565	842	25
3.个体	22610		4128	652	10081	4469	3012	268

第四篇

工业、能源
交通、运输、邮电

资料整理

俞静燕　安立诚　李春宝

李仙英　侯紫薇　王　平　王亮萍

审　　核

俞静燕　安立诚　李春宝

4—01　全市工业企业单位数

单位：个

指　　标	2000年	1999年	比1999年增减数
总　　计	**6919**	**8558**	**－1639**
按隶属关系分			
中央企业	34	35	－1
省属企业	58	67	－9
市属企业	364	288	76
县及县以下	6463	8168	－1705
按生产性质分			
轻工业	3175	3419	－244
重工业	3744	5139	－1395
按企业规模分			
大型企业	43	44	－1
中型企业	53	53	
小型企业	6823	8461	－1638
按经济类型分			
国有控股企业	218	232	－14
集体企业	2142	2399	－257
# 乡属企业	393	352	41
其他企业	4559	5927	－1368
# 三资企业	28	46	－18
私营企业	1980	1396	584

4—02　全市国有及500万元以上工业总产值及构成

单位：千元

指　　标	企业数（个）	2000年		
		现　价	90年不变价	比去年增长（%）
工业总产值	**383**	**31051838**	**26671009**	**13.63**
（一）按轻、重工业分				
轻工业	128	5288105	4993165	17.74
重工业	255	25763733	21677844	12.73
（二）按登记注册类型分				
国有企业	173	6976088	5027845	5.85
集体企业	89	1979700	1918519	25.37
私营企业	26	1102778	1099272	19.44
联营企业	6	263180	264616	48.65
股份合作制企业	10	406628	397306	－26.28
股份有限公司	8	234409	198305	37.52
有限责任公司	44	17440954	14988161	14.51
外商投资企业	8	432416	402650	－5.13
港澳台商投资企业	19	2215685	2374335	25.25
在总计中：国有及国有控股企业	218	25564377	21379990	20.32
（三）按企业规模分				
大型企业	43	22378453	18637574	13.67
中型企业	53	1897213	1755914	4.69
小型企业	287	6776172	6277521	16.29

4—03 全社会主要工业产品产量

指　　标	计 量 单 位	2000 年
原煤	万吨	2544
炼焦用洗精煤	万吨	1436
天然汽	万立方米	
发电量	万千瓦小时	1135524
钢	万吨	250
生铁	万吨	292
成品钢材	万吨	256
焦炭	万吨	836
机焦	万吨	450
铜	吨	1296
铝	吨	31848
水泥	万吨	170
平板玻璃	万重量箱	357
硫酸	吨	74222
烧碱	吨	92655
纯碱	吨	21132
化学肥料	吨	89662
金属切削机床	台	573
化学纤维	吨	9481
纱	吨	9170
布	万米	4517
机制纸及纸板	万吨	2
家用洗衣机	台	
卷烟	箱	245000
白酒	万吨	1
啤酒	万吨	3

4—04 规模以上工业企业主要工业产品生产量

指　　标	计量单位	2000年	为1999年(%)
原煤	万吨	2231	84.4
洗煤	万吨	1006	72.2
卷烟	万箱	24.5	134.6
纱	吨	9170	103.5
布	万米	4514	102.1
印染布	万米	571	50.4
呢绒	万米	105	95.5
饮料酒	万吨	3.7	80.4
小麦粉	万吨	2.6	74.3
食用植物油	吨	11713	240
肥皂	吨	5872	111.4
合成洗涤剂	吨	6390	28.1
家具	件	134088	240.3
机制纸	吨	7076	421.2
焦炭	万吨	394	35.5
合成氨(折纯量)	万吨	13.3	88.7
农用化肥(折纯量)	万吨	7.6	87.4

4—04 续表

指标	计量单位	2000年	为1999年(%)
油漆	吨	4329	150.8
轮胎外胎	万条	154	103.4
水泥	万吨	163	92.6
平板玻璃	万重量箱	357	126.6
生铁	万吨	253	96.2
钢	万吨	250	107.8
成品钢材	万吨	256	98.8
铜	吨	1296	25.8
铝	吨	31848	106.1
金属切削机床	台	573	132.9
工业锅炉	蒸发量吨	1635	184.7
汽车	辆	503	97.6
起重设备	吨	8280	156.6
矿山设备	吨	5129	83
铁合金	吨	19534	130
发电量	亿千瓦小时	114	106.5
自来水	万吨	17864	96.4

4—05 全市规模以上工业

指标	企业单位数（个）	# 亏损企业	工业总产值（不变价）
总计	**383**	**125**	**26671009**
一、按登记注册类型分组			
内资企业	356	115	23894024
国有企业	173	76	5027845
中央企业	29	14	3052837
地方企业	144	62	1975008
集体企业	89	18	1918519
股份合作企业	10	3	397306
联营企业	6	1	264616
集体联营企业	4		232998
其他联营企业	2	1	31618
有限责任公司	44	9	14988161
国有独资公司	7		12868291
其他有限责任公司	37	9	2119870
股份有限公司	8	1	198305
私营企业	26	7	1099272
私营独资企业	11	1	143312
私营合伙企业	1		54400
私营有限责任公司	10	2	710681
私营股份有限公司	4	4	190879
港、澳、台商投资企业	19	6	2374335
合资经营企业(港或澳、台资）	16	4	2181691
港澳台商独资企业	2	1	181016
港澳台商投资股份有限公司	1	1	11628
外商投资企业	8	4	402650
中外合资经营企业	5	3	289271
外资企业	3	1	113379
二、按经济组织类型分组			
独资企业	278	97	7384071
国有企业	173	76	5027845
集体企业	89	18	1918519
私营独资企业	11	1	143312
港澳台商独资经营企业	2	1	181016
外资企业	3	1	113379

企 业 主 要 经 济 指 标 （一）

单位：千元

工业 总产值 （当年价）	# 新产品产值	工业 销售产值 （当年价）	# 出口交货值	工业 中间投入 合计
31051838	**1010382**	**30220940**	**1017862**	**23940158**
28403737	827345	27912329	874155	21960655
6976088	396207	6786108	118736	5189694
4520389	242618	4486047	93440	3362564
2455699	153589	2300061	25296	1827130
1979700	5825	1873081	22559	1484659
406628		389450		299211
263180		314685		212949
234100		274259		191579
29080		40426		21370
17440954	367061	17319425	732860	13748280
14742272	145473	14679057	594986	11783919
2698682	221588	2640368	137874	1964361
234409	23107	239775		168661
1102778	35145	989805		857201
169860		164235		127325
45076		38805		35462
649715		594440		510667
238127	35145	192325		183747
2215685	182537	1885009	142461	1613313
2029788	182537	1731059	142461	1504453
178016		146478		102687
7881		7472		6173
432416	500	423602	1246	366190
337508	500	328343		287868
94908		95259	1246	78322
9398572	402032	9065161	142541	6982687
6976088	396207	6786108	118736	5189694
1979700	5825	1873081	22559	1484659
169860		164235		127325
178016		146478		102687
94908		95259	1246	78322

指标	企业单位数（个）	# 亏损企业	工业总产值（不变价）
合作、合伙企业	17	4	716322
股份合作企业	10	3	397306
集体联营企业	4		232998
其他联营企业	2	1	31618
私营合伙企业	1		54400
股份有限公司	13	6	400812
股份有限公司(内资)	8	1	198305
私营股份有限公司	4	4	190879
港澳台商投资股份有限公司	1	1	11628
有限责任公司	75	18	18169804
国有独资公司	7		12868291
私营有限责任公司	10	2	710681
港澳台合资经营企业	16	4	2181691
中外合资经营企业	5	3	289271
其他有限责任公司	37	9	2119870
三、在总计中:亏损企业	**125**	**125**	**2628694**
在总计中:国有控股企业	218	84	21379990
在总计中:农村工业	82	15	2812234
在总计中:轻工业	128	43	4993165
以农产品为原料	70	25	1773313
以非农产品为原料	58	18	3219852
重工业	255	82	21677844
采掘工业	24	7	1758353
原料工业	83	18	13906060
加工工业	148	57	6013431
在总计中:特大型企业	5		12328597
大一型企业	17	6	3664357
大二型企业	21	8	2644620
中一型企业	18	3	1095304
中二型企业	35	13	660610
小型企业	287	95	6277521

单位：千元

工业总产值（当年价）	# 新产品产值	工业销售产值（当年价）	# 出口交货值	工业中间投入合计
714884		742940		547622
406628		389450		299211
234100		274259		191579
29080		40426		21370
45076		38805		35462
480417	58252	439572		358581
234409	23107	239775		168661
238127	35145	192325		183747
7881		7472		6173
20457965	550098	19973267	875321	16051268
14742272	145473	14679057	594986	11783919
649715		594440		510667
2029788	182537	1731059	142461	1504453
337508	500	328343		287868
2698682	221588	2640368	137874	1964361
3331570	**152096**	**3193667**	**38457**	**2779533**
25564377	939630	25105929	987888	19789432
2779313	23107	2581408	22559	2185116
5288105	232761	4842574	83072	3850811
1976705	85896	1902857	75634	1462559
3311400	146865	2939717	7438	2388252
25763733	777621	25378366	934790	20089347
3166308		3023407	282221	2475624
16511166	71733	16508110	317789	12858723
6086259	705888	5846849	334780	4755000
14482307	119782	14440267	563019	11739664
5240005	197911	5129931	237320	3692747
2656141	453054	2479622	158456	2016090
1169653	53707	1122357		802367
727560	56769	704663	29093	489670
6776172	129159	6344100	29974	5199620

4—05 续表1—2

指标	企业单位数（个）	#亏损企业	工业总产值（不变价）
按行业分			
采掘业			
煤炭采选业	28	7	1793273
黑色金属矿采选业	1		24735
有色金属矿采选业	1		30300
非金属矿采选业	2	1	7969
制造业			
食品加工业	17	7	300661
食品制造业	16	6	149627
饮料制造业	5	2	192292
烟草加工业	1		481169
纺织业	12	3	551832
服装及其他纤维制造业	3	2	34830
皮革、毛皮、羽绒及其制品业	1		7001
家具制造业	6	3	112766
造纸及纸制品业	5	3	93217
印刷业	10	4	81867
文教体育用品制造业	1		3309
石油加工及炼焦业	22	3	945444

单位：千元

工业总产值（当年价）	# 新产品产值	工业销售产值（当年价）	# 出口交货值	工业中间投入合计
3210067		3077605	282221	2510847
29813		25697		22160
35930		34578		26947
11858		11827		6406
400726		391797		353187
173171	12041	158160	1070	133289
248227	23107	237723		205993
489295		474209		313721
569039	46158	529067	72163	419827
40604		35052	2401	30964
8800	700	8000		7800
120750		89811		85400
74257		73363		56370
84845		85642		49561
3771	620	3644		2236
1457471		1484419	50239	1015790

4—05　续表1—3

指　　　标	企　业 单位数 （个）	# 亏损企业	工　业 总产值 （不变价）
化学原料及化学制品制造业	23	6	1773087
医药制造业	13	5	768698
化学纤维制造业	5	1	346079
橡胶制造业	2		1014164
塑料制品业	7	5	85391
非金属矿物制品业	27	3	975760
黑色金属冶炼及压延加工业	20	3	9286105
有色金属冶炼及压延加工业	17	8	940320
金属制品业	25	6	1341434
普通机械制造业	29	12	371405
专用设备制造业	19	11	1117392
交通运输设备制造业	15	3	626181
武器弹药制造业	7	5	1099290
电气机械及器材制造业	11	4	401873
电子及通信设备制造业	11	4	399895
仪器仪表及文化、办公用机械制造业	6	2	68761
其他制造业	4	2	61946
电力、煤气及水的生产和供应业			
电力、蒸汽、热水的生产和供应业	9	4	1145282
自来水的生产和供应业	2		37654

单位:千元

工业总产值(当年价)	#新产品产值	工业销售产值(当年价)	#出口交货值	工业中间投入合计
1776125	4460	1747422	10272	1470866
892638	112127	660406	4740	536922
227418		224098	2698	199416
655503	98612	566060	134250	491133
70421	5825	65488		64973
1180268	23399	1170125	34850	876829
9814963	35145	9828236	267490	7749010
1027860	36518	1020575		848089
1236135	34333	1138461		942165
401366	45548	384385	13473	310298
1132697	138264	1116073	25396	967454
772443	102195	754312	5506	560421
1210230	60530	1179090	87640	982850
396622	16225	369230	3797	267189
373795	171980	348564		305953
60358	33595	59154	19656	40753
60354		65038		48495
2607299		2607299		1937395
196719		196330		99449

4—05 全市规模以上工业

指　　标	工　业 增加值 （当年价）	资产合计	# 流动资产 小　计
总　　计	**9050633**	**95267008**	**37700824**
一、按登记注册类型分组			
内资企业	8261765	91906122	36088444
国有企业	2372039	32872444	11954866
中央企业	1648012	20080907	7116660
地方企业	724027	12791537	4838206
集体企业	573698	2102791	1214230
股份合作企业	122644	427087	273062
联营企业	60924	293858	190033
集体联营企业	51610	265336	162383
其他联营企业	9314	28522	27650
有限责任公司	4764742	54460143	21597401
国有独资公司	3866671	44746298	18256628
其他有限责任公司	898071	9713845	3340773
股份有限公司	82339	483539	217616
私营企业	285379	1266260	641236
私营独资企业	46413	58020	21503
私营合伙企业	11719	24140	12095
私营有限责任公司	165887	580450	316838
私营股份有限公司	61360	603650	290800
港、澳、台商投资企业	708147	2871409	1260580
合资经营企业(港或澳、台资)	611787	2585262	1026164
港澳台商独资企业	94548	274509	229147
港澳台商投资股份有限公司	1812	11638	5269
外商投资企业	80721	489477	351800
中外合资经营企业	62753	373388	280336
外资企业	17968	116089	71464
二、按经济组织类型分组			
独资企业	3104666	35423853	13491210
国有企业	2372039	32872444	11954866
集体企业	573698	2102791	1214230
私营独资企业	46413	58020	21503
港澳台商独资经营企业	94548	274509	229147
外资企业	17968	116089	71464

企业主要经济指标（二）

单位：千元

# 应收帐款	存货	# 产成品	流动资产年平均余额	固定资产原价
8765303	**10509210**	**2955340**	**35365741**	**59448747**
8165619	9940961	2628122	33795091	58070074
1723567	2749367	1027068	11870210	17833462
967372	1050356	308771	7035760	10477117
756195	1699011	718297	4834450	7356345
281222	360366	183415	959689	994456
145917	80682	51631	174433	183447
75356	38846	13142	161780	125801
65103	30177	10040	134170	125590
10253	8669	3102	27610	211
5744617	6415546	1221122	19885605	38172848
4704811	5652949	840147	16815609	31159628
1039806	762597	380975	3069996	7013220
69082	61289	28584	202789	263815
125858	234865	103160	540585	496245
3407	9073	5382	19009	44823
1470	4507		10500	13253
84255	78504	47504	280424	158172
36726	142781	50274	230652	279997
491442	493489	308118	1224284	1188689
450290	389244	264643	1001444	1158428
41152	99266	42525	219679	23755
	4979	950	3161	6506
108242	74760	19100	346366	189984
86126	53745	16128	276352	131968
22116	21015	2972	70014	58016
2071464	3239087	1261362	13138601	18954512
1723567	2749367	1027068	11870210	17833462
281222	360366	183415	959689	994456
3407	9073	5382	19009	44823
41152	99266	42525	219679	23755
22116	21015	2972	70014	58016

4—05 续表2—1

指标	工业增加值（当年价）	资产合计	#流动资产小计
合作、合伙企业	195287	745085	475190
股份合作企业	122644	427087	273062
集体联营企业	51610	265336	162383
其他联营企业	9314	28522	27650
私营合伙企业	11719	24140	12095
股份有限公司	145511	1098827	513585
股份有限公司(内资)	82339	483539	217616
私营股份有限公司	61360	603650	290800
港澳台商投资股份有限公司	1812	11638	5269
有限责任公司	5605169	57999243	23220739
国有独资公司	3866671	44746298	18256628
私营有限责任公司	165887	580450	316838
港澳台合资经营企业	611787	2585262	1026164
中外合资经营企业	62753	373388	280336
其他有限责任公司	898071	9713845	3340773
三、在总计中：亏损企业	**688637**	**13385865**	**4368495**
在总计中：国有控股企业	7488643	89481923	34471811
在总计中：农村工业	692776	2126173	1207084
在总计中：轻工业	1665974	10254978	4577809
以农产品为原料	598790	5057725	1887635
以非农产品为原料	1067184	5197253	2690174
重工业	7384659	85012030	33123015
采掘工业	974610	12516757	6202153
原料工业	4861314	53092231	18063366
加工工业	1548735	19403042	8857496
在总计中：特大型企业	3901607	49705342	19863323
大一型企业	1819772	18829011	6988291
大二型企业	717476	7113053	2744796
中一型企业	453248	3072898	1547741
中二型企业	288010	2382825	1164226
小型企业	1870520	14163879	5392447

单位：千元

#应收帐款	存　货	#产成品	流动资产年平均余额	固定资产原价
222743	124035	64773	346713	322501
145917	80682	51631	174433	183447
65103	30177	10040	134170	125590
10253	8669	3102	27610	211
1470	4507		10500	18253
105808	209049	79808	436602	550318
69082	61289	28584	202789	263815
36726	142781	50274	230652	279997
	4979	950	3161	6506
6365288	6937039	1549397	21443825	39621416
4704811	5652949	840147	16815609	31159628
84255	78504	47504	280424	158172
450290	389244	264643	1001444	1158428
86126	53745	16128	276352	131968
1039806	762597	380975	3069996	7013220
1014696	**1582981**	**634331**	**4209597**	**10498585**
7912225	9468273	2454268	32606686	56872665
399826	378070	220009	1051256	1012544
960242	1368644	657910	4154137	5379634
365564	645006	284219	1888217	2769312
594678	723638	373691	2265920	2610322
7805061	9140566	2297430	31211604	54069113
2182268	1303728	252977	5697053	7877099
3321332	4662619	742096	17372379	34949068
2301461	3174219	1302357	8142172	11242946
4377966	5232441	701806	18349417	29792909
1796039	1666508	487058	6740135	14189937
681485	1021470	483029	2708096	3801421
308347	586115	254359	1519431	1674330
259544	485362	269743	1149345	1350210
1341922	1517314	759345	4899317	8639940

4—05 续表 2—2

指　　　标	工业增加值（当年价）	资产合计	# 流动资产小计
按行业分			
采掘业			
煤炭采选业	990260	12476345	6205935
黑色金属矿采选业	8320	36293	18048
有色金属矿采选业	9983	14076	2418
非金属矿采选业	5722	86342	38269
制造业			
食品加工业	48005	874437	379114
食品制造业	44431	370292	149635
饮料制造业	58553	544781	139968
烟草加工业	225228	667942	395710
纺织业	162333	1999201	576208
服装及其他纤维制造业	11280	139671	55853
皮革、毛皮、羽绒及其制品业	1000	44365	31290
家具制造业	38446	83727	42847
造纸及纸制品业	18680	187327	59386
印刷业	43457	230786	95055
文教体育用品制造业	1766	7084	2455
石油加工及炼焦业	528763	4393770	2253901

单位:千元

#应收帐款	存　货	#产成品	流动资产年平均余额	固定资产原　价
2161179	1314449	261026	5695154	7826993
11948	6100	5672	34972	17803
1600			2297	15746
27919	4597	2981	30896	57190
74868	130521	30223	377597	436557
20813	57325	44523	144681	228603
26740	63967	21877	156851	387542
71120	96417	14880	426330	329887
108711	213065	117606	555100	1042895
19062	26743	23060	63432	68833
1290	9158	7069	31569	13895
4867	22609	16689	42490	55135
12241	11423	4826	58394	108993
11945	43512	13668	85402	202197
558	1710	1570	2455	4828
754111	293503	157088	1934627	2657517

4—05 续表 2－3

指　　标	工　业 增加值 （当年价）	资产合计	# 流动资产 小　计
化学原料及化学制品制造业	396559	6344906	2957499
医药制造业	406635	1214803	587351
化学纤维制造业	32403	148122	55243
橡胶制造业	185127	864480	444898
塑料制品业	6021	198777	62054
非金属矿物制品业	382270	5029136	1927750
黑色金属冶炼及压延加工业	2592423	22759967	7100158
有色金属冶炼及压延加工业	215082	2623874	1147360
金属制品业	331902	1631898	925079
普通机械制造业	112220	1396714	672865
专用设备制造业	216102	4815208	2631727
交通运输设备制造业	252824	2141169	774537
武器弹药制造业	237160	3939326	1516761
电气机械及器材制造业	146860	981004	538887
电子及通信设备制造业	70903	1174314	789953
仪器仪表及文化、办公用机械制造业	23038	259236	103315
其他制造业	14004	102295	47987
电力、煤气及水的生产和供应业			
电力、蒸汽、热水的生产和供应业	1122657	16832665	4732751
自来水的生产和供应业	110216	652675	238557

单位:千元

# 应收帐款	存货	# 产成品	流动资产年平均余额	固定资产原价
920508	579914	265216	2539301	4051884
143749	209697	97901	579329	498176
4135	27735	12834	53937	68095
179005	202491	161838	407219	180138
14870	21401	11050	67366	115027
444843	483856	189728	1708846	3201379
1144790	3225863	258834	6964771	17308339
120464	498163	112201	1199423	1265784
235790	410981	195513	770223	835790
158054	304161	139496	606914	781275
772516	899555	282858	2444622	2833943
224573	311785	98112	741729	1039182
373394	546202	219200	1375127	3003639
88468	154778	92136	295015	523392
166697	176811	60814	796520	384766
17270	40157	27509	103349	109447
17435	11938	7142	45169	37762
413592	106752		4785163	9251064
16178	1862		239471	505051

4—05 全市规模以上工业

指标	累计折旧	# 本年折旧	固定资产净值
总计	**29888066**	**2131766**	**29560681**
一、按登记注册类型分组			
内资企业	29631810	2070856	28438264
国有企业	6046882	590074	11786580
中央企业	4073337	416598	6403780
地方企业	1973545	173476	5382800
集体企业	333947	44572	660509
股份合作企业	34320	5965	149127
联营企业	23650	9787	102151
集体联营企业	23640	9782	101950
其他联营企业	10	5	201
有限责任公司	23042632	1343986	15130216
国有独资公司	21251048	1005965	9908580
其他有限责任公司	1791584	338021	5221636
股份有限公司	88047	56637	175768
私营企业	62332	19835	433913
私营独资企业	11333	2713	33490
私营合伙企业	1208		12045
私营有限责任公司	26906	4458	131266
私营股份有限公司	22885	12664	257112
港、澳、台商投资企业	187846	46998	1000843
合资经营企业(港或澳、台资)	179338	45684	979090
港澳台商独资企业	8240	1217	15515
港澳台商投资股份有限公司	268	97	6238
外商投资企业	68410	13912	121574
中外合资经营企业	48896	9382	83072
外资企业	19514	4530	38502
二、按经济组织类型分组			
独资企业	6419916	643106	12534596
国有企业	6046882	590074	11786580
集体企业	333947	44572	660509
私营独资企业	11333	2713	33490
港澳台商独资经营企业	8240	1217	15515
外资企业	19514	4530	38502

企 业 主 要 经 济 指 标 （三）

单位：千元

固定资产净值年平均余额	负债合计	流动负债小计	长期负债小计	所有者权益合计
39623398	**51249543**	**38161548**	**13087995**	**41548672**
38504716	49329848	36605501	12724347	40107481
11451013	15655724	15333292	322432	17216720
6312840	6113986	8457350	－2343364	13966921
5138173	9541738	6875942	2665796	3249799
614010	1415544	1092416	323128	687247
154063	209410	196017	13393	217677
98711	139143	126539	12604	154715
97846	116634	104030	12604	148702
865	22509	22509		6013
25618271	30862145	18991166	11870979	21129205
20499715	24865020	15791666	9073354	17852960
5118556	5997125	3199500	2797625	3276245
175175	239561	200561	39000	243978
393473	808321	665510	142811	457939
39331	12976	11506	1470	45044
12000	7128	7128		17012
137946	275115	272503	2612	305335
204196	513102	374373	138729	90548
994026	1657176	1294716	362460	1214233
971402	1477878	1115565	362313	1107384
16181	174036	173889	147	100473
6443	5262	5262		6376
124656	262519	261331	1188	226958
83400	194252	194252		179136
41256	68267	67079	1188	47822
12161791	17326547	16678182	648365	18097306
11451013	15655724	15333292	322432	17216720
614010	1415544	1092416	323128	687247
39331	12976	11506	1470	45044
16181	174036	173889	147	100473
41256	68267	67079	1188	47822

4—05 续表 3—1

指 标	累计折旧	# 本年折旧	固定资产净 值
合作、合伙企业	59178	15752	263323
股份合作企业	34320	5965	149127
集体联营企业	23640	9782	101950
其他联营企业	10	5	201
私营合伙企业	1208		12045
股份有限公司	111200	69398	439118
股份有限公司(内资)	88047	56637	175768
私营股份有限公司	22885	12664	257112
港澳台商投资股份有限公司	268	97	6238
有限责任公司	23297772	1403510	16323644
国有独资公司	21251048	1005965	9908580
私营有限责任公司	26906	4458	131266
港澳台合资经营企业	179338	45684	979090
中外合资经营企业	48896	9382	83072
其他有限责任公司	1791584	338021	5221636
三、在总计中:亏损企业	**2860897**	**428031**	**7637688**
在总计中:国有控股企业	29213212	1966289	27659453
在总计中:农村工业	275506	90697	737038
在总计中:轻工业	1546813	182464	3832821
以农产品为原料	707145	103981	2062167
以非农产品为原料	839668	78483	1770654
重工业	28341253	1949302	25727860
采掘工业	2960252	290998	4916847
原料工业	22298571	1403962	12650497
加工工业	3082430	254342	8160516
在总计中:特大型企业	20951494	977306	8841415
大一型企业	5149463	518601	9040474
大二型企业	1169475	113432	2631946
中一型企业	508857	55914	1165473
中二型企业	390702	33998	959508
小型企业	1718075	432515	6921865

单位：千元

固定资产净值年平均余额	负债合计	流动负债小计	长期负债小计	所有者权益合计
264774	355681	329684	25997	389404
154063	209410	196017	13393	217677
97846	116634	104030	12604	148702
865	22509	22509		6013
12000	7128	7128		17012
385814	757925	580196	177729	340902
175175	239561	200561	39000	243978
204196	513102	374373	138729	90548
6443	5262	5262		6376
26811019	32809390	20573486	12235904	22721060
20499715	24865020	15791666	9073354	17852960
137946	275115	272503	2612	305335
971402	1477878	1115565	362313	1107384
83400	194252	194252		179136
5118556	5997125	3199500	2797625	3276245
7492116	**11071625**	**6237352**	**4834273**	**2314240**
37803969	47659157	35253513	12405644	39353973
737759	1256621	1115779	140842	869552
3662924	6699662	5495836	1203826	3555316
1967996	3530322	3067730	462592	1527403
1694928	3169340	2428106	741234	2027913
35960474	44549881	32665712	11884169	37993356
4980397	6361501	4379925	1981576	6155256
23055445	26208398	18628676	7579722	25475112
7924632	11979982	9657111	2322871	6362988
19458594	19568214	19072698	495516	28745905
8940461	12881392	6150730	6730662	4870049
2445701	4085313	3377335	707978	3027740
1203760	2015726	1604149	411577	1057172
940788	1688580	1117530	571050	694245
6634094	11010318	6839106	4171212	3153561

4—05 续表 3—2

指 标	累计折旧	# 本年折旧	固定资产净值
按行业分			
采掘业			
煤炭采选业	2958147	291038	4868846
黑色金属矿采选业	484	484	17319
有色金属矿采选业	4300	1200	11446
非金属矿采选业	14699	1512	42491
制造业			
食品加工业	90637	8744	345920
食品制造业	72915	5426	155688
饮料制造业	98483	63638	289059
烟草加工业	77348	10702	252539
纺织业	282076	15820	160819
服装及其他纤维制造业	12563	836	56270
皮革、毛皮、羽绒及其制品业	4346		9549
家具制造业	14669	2343	40466
造纸及纸制品业	22060	1583	86933
印刷业	83409	11928	118788
文教体育用品制造业	1200	79	3628
石油加工及炼焦业	860674	108843	1796843

单位:千元

固定资产净值年平均余额	负债合计	流动负债小计	长期负债小计	所有者权益合计
4925349	6367820	4405240	1962580	6108525
24821	21836	7216	14620	14457
17722	8680	8680		5396
42010	40017	32229	7788	46325
326530	611757	537282	74475	262680
157147	247204	168091	79113	123088
299009	380336	252968	127368	164445
263132	432633	359350	73283	235309
670815	1510485	1343108	167377	488716
81302	88902	84504	4398	50769
9170	35724	25521	10203	8641
45063	49713	46121	3592	34014
85997	165184	159442	5742	22143
97969	168168	132995	35173	62618
3627	2671	2546	125	4413
1684448	2240155	1779977	460178	1713140

4—05 续表3—3

指　　标	累计折旧	# 本年折旧	固定资产净　值
化学原料及化学制品制造业	11956190	90931	－7904306
医药制造业	146422	12246	351754
化学纤维制造业	8836	195	59259
橡胶制造业	62226	9259	117912
塑料制品业	32528	3591	82499
非金属矿物制品业	614266	81034	2587113
黑色金属冶炼及压延加工业	5647708	588989	11660631
有色金属冶炼及压延加工业	270689	43877	995095
金属制品业	234009	17117	601781
普通机械制造业	240243	22646	541032
专用设备制造业	980304	59877	1853639
交通运输设备制造业	295406	24787	743776
武器弹药制造业	906128	43318	2097511
电气机械及器材制造业	159900	10518	363492
电子及通信设备制造业	77769	11460	306997
仪器仪表及文化、办公用机械制造业	25523	1924	83924
其他制造业	8459	1028	29303
电力、煤气及水的生产和供应业			
电力、蒸汽、热水的生产和供应业	3348383	562267	5902681
自来水的生产和供应业	275067	22526	229984

单位：千元

固定资产净值年平均余额	负债合计	流动负债小计	长期负债小计	所有者权益合计
2615490	3893492	2941877	951615	2451414
343648	764698	537420	227278	450105
59534	109252	88129	21128	38870
108360	521647	464261	57386	342833
76078	155560	102504	53056	43217
2492625	2881418	2038922	842496	1513485
11731695	13175293	7085569	6089724	8675939
925354	1951582	1338098	613484	672292
599366	996467	802560	193907	635431
532114	936795	725733	211062	459919
1819724	2917800	2582999	334801	1412058
734370	957896	869416	88480	1183273
2036520	2678860	2200847	478013	1260466
348053	725548	481122	244426	255456
296691	1019435	845769	173666	154879
83766	214551	107438	107113	44685
29847	72800	70678	2122	29495
5831854	4808184	5455183	-646999	12024481
224198	96980	77753	19227	555695

4—05 全市规模以上工业

指标	产品销售收入	产品销售成本	产品销售费用
总计	**32216790**	**26099441**	**1210787**
一、按登记注册类型分组			
内资企业	30144845	24553553	1026126
国有企业	10102318	8479258	140045
中央企业	8066941	6915088	45665
地方企业	2035377	1564170	94380
集体企业	1556157	1299305	59089
股份合作企业	396898	339767	13555
联营企业	321136	243078	43625
集体联营企业	280356	205768	43439
其他联营企业	40780	37310	186
有限责任公司	16655348	13272542	680922
国有独资公司	14316230	11264687	589196
其他有限责任公司	2339118	2007855	91726
股份有限公司	259722	184046	30499
私营企业	853266	735557	58391
私营独资企业	143539	112553	9363
私营合伙企业	41280	36005	1250
私营有限责任公司	523502	476988	5776
私营股份有限公司	144945	110011	42002
港、澳、台商投资企业	1640095	1185378	170172
合资经营企业(港或澳、台资)	1490831	1146672	129826
港澳台商独资企业	141793	31997	39953
港澳台商投资股份有限公司	7471	6709	393
外商投资企业	431850	360510	14489
中外合资经营企业	341803	280559	12497
外资企业	90047	79951	1992
二、按经济组织类型分组			
独资企业	12033854	10003064	250442
国有企业	10102318	8479258	140045
集体企业	1556157	1299305	59089
私营独资企业	143539	112553	9363
港澳台商独资经营企业	141793	31997	39953
外资企业	90047	79951	1992

企业主要经济指标（四）

单位：千元

产品销售税金及附加	产品销售利润	管理费用	财务费用	利润总额
474570	**4431992**	**3223814**	**1741076**	**373584**
436939	4128227	3102017	1695833	243191
243326	1239689	940539	860310	－49803
224038	882150	525956	785981	14214
19288	357539	414583	74329	－64017
61541	136222	95533	38366	28358
10609	32967	9485	5290	19546
3406	31027	9236	8696	12957
1825	29324	8581	7724	12881
1581	1703	655	972	76
95415	2606469	1990081	752026	235400
72844	2389503	1709528	535763	368121
22571	216966	280553	216263	－132721
12540	32637	19113	10223	10553
10102	49216	38030	20922	－13820
4943	16680	4221	2427	5642
1820	2205	18	48	2154
2775	37963	28041	5573	6142
564	－7632	5750	12874	－27758
37631	246914	91029	44963	104256
37631	176702	79196	41828	48655
	69843	11587	2924	55688
	369	246	211	－87
	56851	30768	280	26137
	48747	24745	406	21297
	8104	6023	－126	4840
309810	1470538	1057903	903901	44725
243326	1239689	940539	860310	－49803
61541	136222	95533	38366	28358
4943	16680	4221	2427	5642
	69843	11587	2924	55688
	8104	6023	－126	4840

指　　　标	产品销售收　入	产品销售成　本	产品销售费　用
合作、合伙企业	759314	618850	58430
股份合作企业	396898	339767	13555
集体联营企业	280356	205768	43439
其他联营企业	40780	37310	186
私营合伙企业	41280	36005	1250
股份有限公司	412138	300766	72894
股份有限公司(内资)	259722	184046	30499
私营股份有限公司	144945	110011	42002
港澳台商投资股份有限公司	7471	6709	393
有限责任公司	19011484	15176761	829021
国有独资公司	14316230	11264687	589196
私营有限责任公司	523502	476988	5776
港澳台合资经营企业	1490831	1146672	129826
中外合资经营企业	341803	280559	12497
其他有限责任公司	2339118	2007855	91726
三、在总计中:亏损企业	**2869221**	**2527418**	**156921**
在总计中:国有控股企业	27722795	22480672	902370
在总计中:农村工业	2277109	1959094	73639
在总计中:轻工业	4260127	3219657	222696
以农产品为原料	1595844	1237280	43853
以非农产品为原料	2664283	1982377	178843
重工业	27956663	22879784	988091
采掘工业	2670819	1520746	501886
原料工业	19524626	16621849	210486
加工工业	5761218	4737189	275719
在总计中:特大型企业	17510912	14363543	551627
大一型企业	5020710	4048186	116914
大二型企业	2335480	1867505	111127
中一型企业	1104239	744593	31538
中二型企业	642480	380376	80633
小型企业	5602969	4695238	318948

单位：千元

产品销售税金及附加	产品销售利　润	管理费用	财务费用	利润总额
15835	66199	18739	14034	34657
10609	32967	9485	5290	19546
1825	29324	8581	7724	12881
1581	1703	655	972	76
1820	2205	18	48	2154
13104	25374	25109	23308	−17292
12540	32637	19113	10223	10553
564	−7632	5750	12874	−27758
	369	246	211	−87
135821	2869881	2122063	799833	311494
72844	2389503	1709528	535763	368121
2775	37963	28041	5573	6142
37631	176702	79196	41828	48655
	48747	24745	406	21297
22571	216966	280553	216263	−132721
18643	**166239**	**502741**	**323114**	**−549897**
373941	3965812	2963856	1646188	232934
43508	200868	83155	45900	86060
244707	573067	447030	71678	164463
185003	129708	169855	25055	−6283
59704	443359	277175	46623	170746
229863	3858925	2776784	1669398	209121
28937	619250	506349	116115	36754
142384	2549907	1433222	1310482	327327
58542	689768	837213	242801	−154960
107626	2488116	1612911	1107895	313810
28008	827602	607718	264407	130130
41021	315827	373760	60666	−8191
176168	151940	119783	15867	28702
7368	174103	127877	27756	32540
114379	474404	381765	264485	−123407

4—05 续表 4—2

指　　　　标	产品销售收　　入	产品销售成　　本	产品销售费　　用
按行业分			
采掘业			
煤炭采选业	2751725	1581991	512921
黑色金属矿采选业	25697	11392	4378
有色金属矿采选业	22108	21482	65
非金属矿采选业	12385	7524	3898
制造业			
食品加工业	308764	282481	14957
食品制造业	145299	119043	9932
饮料制造业	234067	177610	27671
烟草加工业	487375	293196	
纺织业	341451	300999	6104
服装及其他纤维制造业	44286	39869	1574
皮革、毛皮、羽绒及其制品业	1789	1664	109
家具制造业	54518	43295	5108
造纸及纸制品业	27347	24044	820
印刷业	95068	77193	427
文教体育用品制造业	3355	2709	27
石油加工及炼焦业	1123680	903540	136205

单位：千元

产品销售税金及附加	产品销售利润	管理费用	财务费用	利润总额
31085	625728	508522	114527	40006
1910	8017	2074	1498	4445
56	505	463	766	
391	572	2050	1124	－578
775	10551	25929	6372	－5577
1071	15253	17029	4440	－634
11266	17520	30350	4995	－17134
168197	25982	17641	1625	15030
1286	33062	38575	5341	－3507
703	2200	8358	1283	－982
	16	982	29	2
369	5746	7415	1117	－1302
134	2349	2707	2640	－2952
1970	15478	21713	3198	－5551
34	540	611	77	23
16400	67535	101033	64144	19849

指　　　　标	产品销售收　　入	产品销售成　　本	产品销售费　　用
化学原料及化学制品制造业	1635655	1349859	39870
医药制造业	476859	199478	115936
化学纤维制造业	187465	164922	1839
橡胶制造业	564177	496241	28203
塑料制品业	70125	66624	1320
非金属矿物制品业	1304369	971469	61404
黑色金属冶炼及压延加工业	9613267	7988475	66947
有色金属冶炼及压延加工业	1039652	959924	18265
金属制品业	1076827	938155	20328
普通机械制造业	347906	273435	14320
专用设备制造业	1127272	963034	48846
交通运输设备制造业	749857	598609	16001
武器弹药制造业	1090988	957959	29166
电气机械及器材制造业	351575	265222	8570
电子及通信设备制造业	336997	289979	4370
仪器仪表及文化、办公用机械制造业	49367	28447	3364
其他制造业	64902	55822	1492
电力、煤气及水的生产和供应业			
电力、蒸汽、热水的生产和供应业	6254306	5560297	1395
自来水的生产和供应业	196310	83458	4970

单位：千元

产品销售税金及附加	产品销售利润	管理费用	财务费用	利润总额
8328	237598	234767	42534	40423
825	160610	68727	7869	87298
488	20216	13613	1131	7593
36254	3479	58901	116581	55
82	2099	8511	1788	－5921
10030	261466	138553	61677	61986
49268	1508577	889226	338381	300267
4721	56742	53484	16396	－12843
15847	102497	72078	28885	31031
3626	56525	80360	13643	－12611
4886	110506	179380	56119	－49750
4141	131106	127674	11302	6254
993	102870	239921	70692	－103970
41102	36681	30565	11378	－9574
80	42568	41189	5700	－3102
497	17059	15888	4239	－1756
890	6698	5610	1889	－61
55945	636669	144364	843790	－41105
910	106972	88560	－1171	38232

4—05 全 市 规 模 以 上 工 业

指　　　标	亏损企业亏损总额	利税总额	本年应付工资总额
总　　计	**549897**	**2787107**	**3619800**
一、按登记注册类型分组			
内资企业	517030	2498813	3504896
国有企业	283402	779168	848622
中央企业	152725	728439	511668
地方企业	130677	50729	336954
集体企业	17637	168556	135404
股份合作企业	1028	45382	62606
联营企业	1624	27056	15333
集体联营企业		23795	14770
其他联营企业	1624	3261	563
有限责任公司	182357	1402883	2386227
国有独资公司		1349288	2035258
其他有限责任公司	182357	53600	350969
股份有限公司	1778	39684	18135
私营企业	29204	36084	38569
私营独资企业	930	14463	10658
私营合伙企业		6079	7125
私营有限责任公司	516	35756	10810
私营股份有限公司	27758	—20214	9976
港、澳、台商投资企业	18999	247662	99292
合资经营企业(港或澳、台资)	18869	172738	89862
港澳台商独资企业	43	74907	8556
港澳台商投资股份有限公司	87	17	874
外商投资企业	13868	40632	15612
中外合资经营企业	12681	34410	9717
外资企业	1187	6222	5895
二、按经济组织类型分组			
独资企业	303199	1043316	1009135
国有企业	283402	779168	848622
集体企业	17637	168556	135404
私营独资企业	930	14463	10658
港澳台商独资经营企业	43	74907	8556
外资企业	1187	6222	5895

企 业 主 要 经 济 指 标 （五）

单位：千元

本年应付福利费总额	本年应交增值税	进项税额	销项税额	全部从业人员年平均人数（人）
479613	**1938953**	**4231385**	**6092244**	**388048**
464352	1818683	4031583	5770320	378414
105638	585645	1119640	1699394	116442
65686	490187	909150	1396862	55609
39952	95458	210490	302532	60833
13236	78657	142198	215840	24038
2380	15227	49954	63980	8817
2314	10693	45373	54663	2651
2303	9089	38642	47731	2576
11	1604	6731	6932	75
336462	1072068	2577442	3589073	212374
293565	908318	2330120	3177927	169696
42897	163750	247322	411146	42678
1383	16591	25339	41930	3424
2939	39802	71637	105440	10668
842	3878	16754	20562	1228
	2105	5280	7385	810
	26839	25901	52821	7104
817	6980	23702	24672	1526
1280	105775	164874	272530	7844
12905	86452	155993	242616	6972
12250	19219	7715	28644	587
595	104	1166	1270	285
60	14495	34928	49394	1790
2356	13113	23490	35288	1053
1591	1382	11438	14106	737
765	688781	1297745	1978546	143032
121076	585645	1119640	1699394	116442
105638	78657	142198	215840	24038
13236	3878	16754	20562	1228
842	19219	7715	28644	587
595	1382	11438	14106	737

4—05 续表 5—1

指　　标	亏损企业亏损总额	利税总额	本年应付工资总额
合作、合伙企业	2652	78517	85064
股份合作企业	1028	45382	62606
集体联营企业		23795	14770
其他联营企业	1624	3261	563
私营合伙企业		6079	7125
股份有限公司	29628	19487	28985
股份有限公司(内资)	1778	39684	18135
私营股份有限公司	27758	—20214	9976
港澳台商投资股份有限公司	87	17	874
有限责任公司	214423	1645787	2496616
国有独资公司		1349283	2035258
私营有限责任公司	516	35756	10810
港澳台合资经营企业	18869	172738	89862
中外合资经营企业	12681	34410	9717
其他有限责任公司	182357	53600	350969
三、在总计中:亏损企业	**549897**	**—394654**	**362297**
在总计中:国有控股企业	463601	2320573	3301564
在总计中:农村工业	11525	228147	165031
在总计中:轻工业	95763	637850	371079
以农产品为原料	47841	263364	140385
以非农产品为原料	47922	374486	230694
重工业	454134	2149257	3248721
采掘工业	3043	349617	746154
原料工业	227465	1678582	1713748
加工工业	223626	121058	788819
在总计中:特大型企业		1580400	2044644
大一型企业	87012	430652	599915
大二型企业	80623	110255	274059
中一型企业	23131	290832	144700
中二型企业	37687	90028	114003
小型企业	321444	284940	442479

单位：千元

本年应付福利费总额	本年应交增值税	进项税额	销项税额	全部从业人员年平均人数（人）
765	28025	100607	126028	12278
4694	15227	49954	63980	8817
2380	9089	38642	47731	2576
3303	1604	6731	6932	75
11	2105	5280	7385	810
2723	23675	50207	67872	5235
1383	16591	25339	41930	3424
1280	6980	23702	24672	1526
60	104	1166	1270	285
351120	1198472	2782826	3919798	227503
293565	908318	2330120	3177927	169696
817	26839	25901	52821	7104
12250	86452	155993	242616	6972
1591	13113	23490	35288	1053
42897	163750	247322	411146	42678
45224	**136600**	**261307**	**381819**	**68142**
449804	1713698	3791913	5438483	331867
9971	98579	200045	294235	31442
39854	228680	379544	611171	64545
18314	84644	139791	226859	27164
21540	144036	239753	384312	37381
439759	1710273	3851841	5481073	323503
96113	283926	288134	554166	76980
241375	1208871	2920284	4086152	129385
102271	217476	643423	840755	117138
287679	1158964	2856103	4010437	160884
85168	272514	459709	672751	74938
37058	77425	214535	288611	30184
13644	85962	101829	187876	18920
10616	50120	53298	106134	20156
45448	293968	545911	826435	82966

4—05　续表 5—2

指　　　　标	亏损企业亏损总额	利税总额	本年应付工资总额
按行业分			
采掘业			
煤炭采选业	2119	362131	744118
黑色金属矿采选业		7022	820
有色金属矿采选业		1056	1708
非金属矿采选业	605	88	4364
制造业			
食品加工业	10292	—4336	15521
食品制造业	3804	4986	16584
饮料制造业	19107	10451	14627
烟草加工业		232881	20000
纺织业	17585	10900	44741
服装及其他纤维制造业	1631	1361	5949
皮革、毛皮、羽绒及其制品业		2	2675
家具制造业	2081	2163	8339
造纸及纸制品业	3701	—2025	3259
印刷业	6029	4592	24911
文教体育用品制造业		288	956
石油加工及炼焦业	16588	123331	156346

单位:千元

本年应付福利费总额	本年应交增值税	进项税额	销项税额	全部从业人员年平均人数（人）
95196	291040	294092	566677	76551
	667	2673	3340	210
221	1000	2264	2473	223
1137	270	1356	1594	566
2262	466	16208	19021	3851
2303	4549	21443	25517	3569
3399	16319	21454	47746	1712
2800	49654	34020	83674	1469
6687	13121	40309	54229	9470
556	1640	2625	4676	2422
133		666	305	895
1112	3096	6185	9217	1415
389	793	2227	3020	893
3000	8173	7225	14923	3706
124	231	354	570	174
21407	87082	130504	217566	16789

4—05　续表 5—3

指　　　　标	亏损企业亏损总额	利税总额	本年应付工资总额
化学原料及化学制品制造业	8959	140051	203582
医药制造业	15785	139052	32642
化学纤维制造业	594	12482	7152
橡胶制造业		57066	46857
塑料制品业	5930	—5266	4237
非金属矿物制品业	3336	150847	91686
黑色金属冶炼及压延加工业	11840	876005	1108602
有色金属冶炼及压延加工业	20923	27189	65766
金属制品业	4033	84810	140349
普通机械制造业	16724	12167	88887
专用设备制造业	51214	5995	147881
交通运输设备制造业	1211	51197	143771
武器弹药制造业	105157	—93197	198294
电气机械及器材制造业	14173	48955	26920
电子及通信设备制造业	15919	39	18122
仪器仪表及文化、办公用机械制造业	2942	2174	9303
其他制造业	126	2974	2541
电力、煤气及水的生产和供应业			
电力、蒸汽、热水的生产和供应业	187489	467593	187356
自来水的生产和供应业		52088	30934

单位:千元

本年应付福利费总额	本年应交增值税	进项税额	销项税额	全部从业人员年平均人数(人)
23209	91300	251668	333330	26238
3087	50919	40988	91335	4381
1002	4401	32149	37729	1213
5684	20757	65141	85878	2571
489	573	7444	7713	1882
16012	78831	146686	221297	17314
161459	526470	1669724	2156352	64708
6449	35311	149069	180687	8716
9948	37932	73553	111009	27127
8718	21152	41712	62741	14151
21110	50859	169959	222754	24217
20730	40822	62708	98938	14655
24421	9780	99982	97114	31748
3767	17427	38461	56653	4886
2944	3061	28795	31722	3903
1096	3433	4866	8299	2429
334	2145	9691	11048	828
24495	452753	745184	1210151	11306
3933	12946		12946	1860

4—06 全市国有控股工业

指　　标	企业单位数（个）	# 亏损企业	工业总产值（不变价）
总　　计	**218**	**84**	**21379990**
在总计中：			
亏损企业	84	84	1629392
在总计中：			
中央企业	33	15	3943349
地方企业	185	69	17436641
在总计中：			
轻工业	85	34	2182081
以农产品为原料	52	21	1230485
以非农产品为原料	33	13	951596
重工业	133	50	19197909
采掘工业	19	6	1677518
原料工业	30	7	12461136
加工工业	84	37	5059255
在总计中：			
特大型企业	5		12328597
大一型企业	17	6	3664357
大二型企业	20	7	2533509
中一型企业	16	2	1014101
中二型企业	29	11	446183
小型企业	131	58	1393243

企业主要经济指标(一)

单位:千元

工业总产值(当年价)	# 新产品产值	工业销售产值(当年价)	# 出口交货值	工业中间投入合计
25564377	**939630**	**25105929**	**987888**	**19789432**
2208918	116951	2151119	34810	1845554
6018498	301761	6000642	149185	4428503
19545879	637869	19105287	888703	15360929
2461777	202979	2295499	76903	1767327
1347429	56114	1296540	72163	953786
1114348	146865	998959	4740	813541
23102600	736651	22810430	910985	18022105
3061018		2920291	282221	2397482
14997495	36588	15050309	317729	11654951
5044087	700063	4839830	311035	3969672
14482307	119782	14440267	563019	11739664
5240005	197911	5129931	237320	3692747
2518101	453054	2344030	158456	1879645
1100872	53707	1049526		746235
505328	50944	512857	29093	346974
1717764	64232	1629318		1384167

4—06 续表1—1

指　　标	企业单位数（个）	# 亏损企业	工业总产值（不变价）
按行业分			
采掘业			
煤炭采选业	16	5	1644814
黑色金属矿采选业	1		24735
非金属矿采选业	2	1	7969
制造业			
食品加工业	14	6	134158
食品制造业	10	6	21540
饮料制造业	2		44270
烟草加工业	1		481169
纺织业	9	2	398249
服装及其他纤维制造业	1		6302
皮革、毛皮、羽绒及其制品业	1		7001
家具制造业	2	1	8250
造纸及纸制品业	3	2	12062
印刷业	9	4	72037
文教体育用品制造业	1		3309
石油加工及炼焦业	5	1	559828

单位:千元

工业总产值(当年价)	# 新产品产值	工业销售产值(当年价)	# 出口交货值	工业中间投入合计
3019437		2882767	282221	2368916
29813		25697		22160
11858		11827		6406
182518		180490		154577
27841	5366	24014		21884
56802		41964		39328
489295		474209		313721
418455	46158	406124	72163	303555
6492		6492		3894
8800	700	8000		7800
8250		7748		6839
13339		12652		8876
75015		75812		43441
3771	620	3644		2236
986820		1002504	50239	657723

4—06 续表1—2

指标	企业单位数（个）	#亏损企业	工业总产值（不变价）
化学原料及化学制品制造业	9	4	1385304
医药制造业	6	3	267951
化学纤维制造业	4	1	105584
橡胶制品业	1		1001634
塑料制品业	3	2	36773
非金属矿物制品业	21	2	875296
黑色金属冶炼及压延加工业	6	2	8939443
有色金属冶炼及压延加工业	4	1	479976
金属制品业	7	3	209538
普通机械制造业	13	8	197914
专用设备制造业	16	10	1071680
交通运输设备制造业	9	2	531693
武器弹药制造业	7	5	1099290
电气机械及器材制造业	8	3	159746
电子及通信设备制造业	10	3	391495
仪器仪表及文化、办公用机械制造业	6	2	68761
其他制造业	2	2	877
电力、煤气及水的生产和供应业			
电力、蒸汽、热水的生产和供应业	7	3	1093688
自来水的生产和供应业	2		37654

单位:千元

工业 总产值 (当年价)	# 新产品产值	工业 销售产值 (当年价)	# 出口交货值	工业 中间投入 合计
1396273	4460	1388832		1157528
248512	112127	186875	4740	180262
93898		91612		78805
642973	98612	559611	134250	481736
32602		26399		31088
1080664	23399	1044989	34790	800883
9433815		9490250	267490	7440079
624185	36518	604251		520809
215325	34333	186857		138356
219320	45548	214633		173381
1085700	138264	1074898	25396	932041
677004	102195	660777	5506	490251
1210230	69530	1179090	87640	982850
153878	16225	146459	3797	130016
365295	171980	341564		298849
60358	33595	59154	19656	40753
933		1127		840
2488277		2488277		1850100
196719		196330		99449

4—06 全市国有控股工业

指　　　　标	工　业 增加值 （当年价）	资产合计	# 流动资产 小　计
总　　计	**7488643**	**89481923**	**34471811**
在总计中：			
亏损企业	451249	11519371	3435557
在总计中：			
中央企业	2202026	26847463	9347268
地方企业	5286617	62634460	25124543
在总计中：			
轻工业	818186	7629611	3055872
以农产品为原料	466020	4355065	1601018
以非农产品为原料	352166	3274546	1454854
重工业	6670457	81852312	31415939
采掘工业	944258	12418909	6146494
原料工业	4471134	51666022	17247803
加工工业	1255065	17767381	8021642
在总计中：			
特大型企业	3901607	49705342	19863323
大一型企业	1819772	18829011	6988291
大二型企业	715881	7027199	2713929
中一型企业	438642	2981556	1518136
中二型企业	187629	1960912	874186
小型企业	425112	8977903	2513946

企业主要经济指标(二)

单位:千元

# 应收帐款	存货	# 产成品	流动资产年平均余额	固定资产原价
7912225	**9468273**	**2454268**	**32606686**	**56872665**
752840	1188806	453672	3320328	9569817
1773702	1286371	421842	9067127	15732597
6138523	8181902	2032426	23539559	41140068
585244	912748	422184	3006424	4272270
304879	537114	229141	1618221	2367205
280365	375634	193043	1388203	1905065
7326981	8555525	2032084	29600262	52600395
2159553	1290788	249962	5632928	7841869
3117912	4373816	621574	16575786	34261744
2049516	2890921	1160548	7391548	10496782
4377966	5232441	701806	18349417	29792909
1796039	1666508	487058	6740135	14189937
680431	1003962	481659	2677404	3733165
302082	574876	248342	1487339	1637759
210174	360179	213948	868624	1234416
545533	630307	321455	2483767	6284479

4—06 续表 2—1

指 标	工 业 增加值 (当年价)	资产合计	# 流动资产 小 计
按行业分			
采掘业			
煤炭采选业	930216	12296274	6090177
黑色金属矿采选业	8320	36293	18048
非金属矿采选业	5722	86342	38269
制造业			
食品加工业	28029	757774	331276
食品制造业	6879	128346	35692
饮料制造业	18761	110723	51103
烟草加工业	225228	667942	395710
纺织业	127239	1831207	447395
服装及其他纤维制造业	2612	75464	27973
皮革、毛皮、羽绒及其制品业	1000	44365	31290
家具制造业	1411	38131	15538
造纸及纸制品业	4669	153060	42544
印刷业	39228	222466	89335
文教体育用品制造业	1766	7084	2455
石油加工及炼焦业	402436	3735009	1947032

单位：千元

# 应收帐款	存　货	# 产成品	流动资产年平均余额	固定资产原价
2119686	1280091	241309	5567060	7766876
11948	6100	5672	34972	17803
27919	4597	2981	30896	57190
67828	105436	23192	330353	353682
1972	13848	9171	37387	100478
1872	25266	10406	52381	58280
71120	96417	14880	426330	329887
90685	143312	75141	434757	979464
5790	21558	20005	34269	44656
1290	9158	7269	31569	13895
1763	3818	2690	15372	28155
3117	4572	894	41340	90318
11945	43003	13150	79925	192788
558	1710	1570	2455	4828
669043	191677	97956	1684178	2268618

4—06 续表 2—2

指标	工业增加值（当年价）	资产合计	# 流动资产小计
化学原料及化学制品制造业	31627	5947432	2738398
医药制造业	86338	761936	209507
化学纤维制造业	16512	116031	29173
橡胶制品业	181957	852867	436061
塑料制品业	1557	47258	14939
非金属矿物制品业	352203	4855941	1818893
黑色金属冶炼及压延加工业	2502740	22435314	6941177
有色金属冶炼及压延加工业	116175	2284895	919378
金属制品业	80665	919474	432377
普通机械制造业	58617	1083300	524212
专用设备制造业	204055	4786892	2610867
交通运输设备制造业	221579	1909517	642813
武器弹药制造业	237160	3939326	1516761
电气机械及器材制造业	28798	529079	276552
电子及通信设备制造业	67503	1133935	751184
仪器仪表及文化、办公用机械制造业	23038	259236	103315
其他制造业	310	32105	6510
电力、煤气及水的生产和供应业			
电力、蒸汽、热水的生产和供应业	1079582	16744230	4697300
自来水的生产和供应业	110216	652675	238557

单位：千元

#应收帐款	存　货	#产成品	流动资产年平均余额	固定资产原　价
856210	531285	237561	2338485	3866854
73449	81628	32237	204480	442611
1150	9807	6053	26422	67923
177921	195941	155288	398824	170710
1410	6431	2152	15819	33188
396688	445815	187852	1591822	3127170
1129305	3146600	249516	6802349	17152933
66324	420735	74594	988205	1126887
36124	251038	96769	410237	575267
103111	261456	122891	457624	647685
763613	890280	279558	2424784	2822183
196431	275126	86418	644456	991427
373394	546202	219200	1375127	3003639
83504	141894	89086	272687	319803
137806	170204	60814	752276	382208
17270	40157	27509	103349	109447
633	1015	484	6387	25708
395168	100234		4750643	9195053
16178	1862		239471	505051

4—06 全市国有控股工业

指标	累计折旧	# 本年折旧	固定资产净值
总计	**29213212**	**1966289**	**27659453**
在总计中：			
亏损企业	2664592	383054	6905225
在总计中：			
中央企业	5352732	712010	10379865
地方企业	23860480	1254279	17279588
在总计中：			
轻工业	1255653	90942	3016617
以农产品为原料	568862	41893	1798343
以非农产品为原料	686791	49049	1218274
重工业	27957559	1875347	24642836
采掘工业	2956235	290097	4885634
原料工业	22106963	1367544	12154781
加工工业	2894361	217706	7602421
在总计中：			
特大型企业	20951494	977306	8841415
大一型企业	5149463	518601	9040474
大二型企业	1148549	109326	2584616
中一型企业	484351	53213	1153408
中二型企业	354825	31139	879591
小型企业	1124530	276704	5159949

企业主要经济指标（三）

单位：千元

固定资产净值年平均余额	负债合计	流动负债小计	长期负债小计	所有者权益合计
37803969	**47659157**	**35253513**	**12405644**	**39353973**
6819416	9662988	5148882	4514106	1856383
10149348	10518469	10354161	164308	15888519
27654621	37140688	24899352	12241336	23465454
2857599	5126393	4244011	882382	2503218
1694754	3131866	2727469	404397	1223199
1162845	1994527	1516542	477985	1280019
34946370	42532764	31009502	11523262	36850755
4954873	6293228	4339935	1953293	6125681
22575177	25283973	17824485	7459488	24973328
7416320	10955563	8845082	2110481	5751746
19458594	19568214	19072698	495516	28745905
8940461	12881392	6150730	6730662	4870049
2398391	4054873	3346895	707978	2972326
1190823	1961763	1574164	387599	1019793
861641	1403612	857509	546103	557300
4954059	7789303	4251517	3537786	1188600

4—06 续表 3—1

指　　标	累计折旧	# 本年折旧	固定资产净值
按行业分			
采掘业			
煤炭采选业	2941052	288101	4825824
黑色金属矿采选业	484	484	17319
非金属矿采选业	14699	1512	42491
制造业			
食品加工业	68928	4451	284754
食品制造业	28544	1318	71934
饮料制造业	16569	1830	41711
烟草加工业	77348	10702	252539
纺织业	254916	11484	724548
服装及其他纤维制造业	3757	106	40899
皮革、毛皮、羽绒及其制品业	4346		9549
家具制造业	5933	356	22222
造纸及纸制品业	20354	600	69964
印刷业	76362	11627	116426
文教体育用品制造业	1200	79	3628
石油加工及炼焦业	814885	86760	1453733

单位:千元

固定资产净值年平均余额	负债合计	流动负债小计	长期负债小计	所有者权益合计
4888042	6231375	4300490	1930885	6064899
24821	21836	7216	14620	14457
42010	40017	32229	7788	46325
265396	558024	484749	73275	199750
70339	120456	93545	26911	7890
49910	79764	71416	8348	30959
263132	432633	359350	73288	235309
633808	1374215	1217231	156984	456992
65462	32833	32833		42631
9170	35724	25521	10203	8641
22776	19719	19522	197	18412
68859	143944	138202	5742	9116
95823	167095	132064	35031	55371
3627	2671	2546	125	4413
1413330	1803743	1494235	309508	1490791

4—06 续表 3—2

指　　　标	累计折旧	# 本年折旧	固定资产净值
化学原料及化学制品制造业	11894272	77968	－8027418
医药制造业	129985	9069	312626
化学纤维制造业	8825	184	59098
橡胶制品业	55574	9259	115136
塑料制品业	6342	891	26846
非金属矿物制品业	584059	78887	2543111
黑色金属冶炼及压延加工业	5610927	584413	11542006
有色金属冶炼及压延加工业	238221	35649	888666
金属制品业	186532	8048	388735
普通机械制造业	193673	14497	454012
专用设备制造业	975576	59463	1846607
交通运输设备制造业	277860	22538	713567
武器弹药制造业	906128	43318	2097511
电气机械及器材制造业	97748	8658	222055
电子及通信设备制造业	76810	11039	305398
仪器仪表及文化、办公用机械制造业	25523	1924	83924
其他制造业	3415	207	22293
电力、煤气及水的生产和供应业			
电力、蒸汽、热水的生产和供应业	3337298	558341	5857755
自来水的生产和供应业	275067	22526	229984

单位:千元

固定资产净值年平均余额	负债合计	流动负债小计	长期负债小计	所有者权益合计
2511286	3627472	2759267	868205	2319960
305465	473623	253592	220031	288313
59451	86665	65542	21123	29366
105764	516896	459510	57386	335971
21686	38074	26480	11594	9184
2433792	2738423	1904601	833822	1483285
11609007	12987789	6906985	6080804	8538790
826941	1703824	1091088	612736	581071
393621	651935	463643	188292	267539
441561	812401	608615	203786	270899
1812711	2897262	2566726	330536	1404280
703636	866842	782700	84142	1042675
2036520	2678860	2200847	478013	1260466
219590	418731	309624	109107	110348
295178	991263	817597	173666	142672
83766	214551	107438	107113	44685
22582	25693	25533	160	6412
5781209	4767824	5414823	—646999	11976406
224198	96980	77753	19227	555695

4—06 全市国有控股工业

指标	产品销售收入	产品销售成本	产品销售费用
总计	**27722795**	**22480672**	**902370**
在总计中：			
亏损企业	1944752	1743994	53994
在总计中：			
中央企业	9312626	8032189	85276
地方企业	18410169	14448483	817094
在总计中：			
轻工业	2028691	1442475	92571
以农产品为原料	1072215	784818	24970
以非农产品为原料	956476	657657	67601
重工业	25694104	21038197	809799
采掘工业	2582652	1445025	498449
原料工业	18221382	15556342	139940
加工工业	4890070	4036830	171410
在总计中：			
特大型企业	17510912	14363543	551627
大一型企业	5020710	4048186	116914
大二型企业	2198548	1742315	106601
中一型企业	1041390	686255	30686
中二型企业	465479	315709	41079
小型企业	1485756	1324664	55463

企业主要经济指标(四)

单位:千元

产品销售税金及附加	产品销售利润	管理费用	财务费用	利润总额
373941	**3965812**	**2963856**	**1646188**	**232934**
11828	134936	414278	289277	—463601
237780	957381	668072	981709	—135245
136161	3008431	2295784	664479	368179
178032	315613	314173	37549	55243
175320	87107	134730	15206	—9924
2712	228506	179443	22343	65167
195909	3650199	2649683	1608639	177691
27838	611340	502162	113706	34222
115958	2409142	1381420	1273990	277253
52113	629717	766101	220943	—133784
107626	2488116	1612911	1107895	313810
28008	827602	607718	264407	130130
41021	308611	362607	59932	—1666
175254	149195	115049	14248	31630
7199	101492	109245	23499	—20360
14833	90796	156326	176207	—220610

4—06　续表 4－1

指　　　标	产品销售收入	产品销售成本	产品销售费用
按行业分			
采掘业			
煤炭采选业	2544570	1426109	490173
黑色金属矿采选业	25697	11392	4378
非金属矿采选业	12385	7524	3898
制造业			
食品加工业	108391	98033	9597
食品制造业	23207	17769	2995
饮料制造业	29398	19359	410
烟草加工业	487375	293196	
纺织业	272048	240430	5205
服装及其他纤维制造业	12401	9767	832
皮革、毛皮、羽绒及其制品业	1789	1664	109
家具制造业	534	565	19
造纸及纸制品业	4666	3220	590
印刷业	83262	67138	426
文教体育用品制造业	3355	2709	72
石油加工及炼焦业	738619	645050	40898

单位:千元

产品销售税金及附加	产品销售利润	管理费用	财务费用	利润总额
25537	602751	498038	111084	30355
1910	8017	2074	1498	4445
391	572	2050	1124	－578
641	120	13913	4669	－382
108	2335	7348	378	－3303
3082	6547	7134	116	903
168197	25982	17641	1625	15030
1156	25257	33266	1073	－4979
277	1525	6618	－63	649
	16	984	29	2
	－50	205	221	－476
12	844	2055	1935	－3100
1661	14037	20384	3262	－5727
34	540	611	77	23
10681	41990	88296	50621	20078

4—06 续表 4—2

指　　　　标	产品销售收入	产品销售成本	产品销售费用
化学原料及化学制品制造业	1338785	1093034	31384
医药制造业	175211	86879	47687
化学纤维制造业	73913	65222	799
橡胶制品业	552367	485415	27221
塑料制品业	27963	25923	14
非金属矿物制品业	1204635	892304	53633
黑色金属冶炼及压延加工业	9315992	7762990	50807
有色金属冶炼及压延加工业	606915	561866	4699
金属制品业	164975	123410	6318
普通机械制造业	218124	166578	10253
专用设备制造业	1099524	939680	47729
交通运输设备制造业	651863	516906	14472
武器弹药制造业	1090988	957959	29166
电气机械及器材制造业	128713	95447	5235
电子及通信设备制造业	325494	278219	2982
仪器仪表及文化、办公用机械制造业	49367	28447	3364
其他制造业	11922	10392	640
电力、煤气及水的生产和供应业			
电力、蒸汽、热水的生产和供应业	6142037	5462616	1395
自来水的生产和供应业	196310	83458	4970

单位：千元

产品销售税金及附加	产品销售利润	管理费用	财务费用	利润总额
6806	207561	216948	36258	30548
735	39910	39222	4010	－1140
142	7750	1914	625	5491
36252	3479	5348	11606	34
5	2021	1518	562	－59
7399	251299	132114	59661	60755
39966	1462229	878666	324801	281656
908	39442	41549	7109	－9481
418	34829	40589	17090	－3089
1303	39990	59369	12239	－13086
4844	107269	176901	55090	－49410
3642	116843	116389	9254	5440
993	102870	239921	70692	－103970
676	27355	29349	6714	－12447
80	44213	38000	5606	2211
497	17059	15888	4239	－1756
20	870	1398	337	－126
54658	623368	139596	843817	－49809
910	106972	88560	－1171	38232

4—06 全市国有控股工业

指标	亏损企业亏损总额	利税总额	本年应付工资总额
总计	**463601**	**2320573**	**3301564**
在总计中：			
亏损企业	463601	−363888	285718
在总计中：			
中央企业	328470	714566	699585
地方企业	135131	1606007	2601979
在总计中：			
轻工业	64759	357011	222407
以农产品为原料	38817	237773	108065
以非农产品为原料	25942	119238	114342
重工业	398842	1963562	3079157
采掘工业	2651	342782	738665
原料工业	205602	1521801	1643265
加工工业	190589	98979	697227
在总计中：			
特大型企业		1580400	2044644
大一型企业	87012	430652	599915
大二型企业	74098	116780	271990
中一型企业	20163	290889	141646
中二型企业	34784	16114	100836
小型企业	247544	−114262	142533

企业主要经济指标（五）

单位：千元

本年应付福利费总额	本年应交增值税	进项税额	销项税额	全部从业人员年平均人数（人）
449804	**1713698**	**3791913**	**5438483**	**331867**
34267	87885	161871	241539	55773
92282	612031	1019253	1629532	72780
357522	1101667	2772660	3808951	259087
28659	123736	180158	303926	36710
13891	72377	91460	164804	21557
14768	51359	88698	139122	15153
421145	1589962	3611755	5134557	295157
95286	280722	276009	539979	76258
233609	1128590	2789981	3884821	118258
92250	180650	545765	709757	100641
287679	1158964	2856103	4010437	160884
85168	272514	459709	672751	74938
36724	77425	214535	288611	29761
13280	84005	92731	177393	18289
9441	29275	43864	74882	18086
17512	91515	124971	214409	29909

4—06 续表5-1

指 标	亏损企业亏损总额	利税总额	本年应付工资总额
按行业分			
采掘业			
煤炭采选业	2046	335677	733481
黑色金属矿采选业		7022	820
非金属矿采选业	605	83	4364
制造业			
食品加工业	3767	347	13060
食品制造业	3804	—2273	5166
饮料制造业		5272	4270
烟草加工业		232881	20000
纺织业	13048	8516	35412
服装及其他纤维制造业		940	325
皮革、毛皮、羽绒及其制品业		2	2675
家具制造业	476	—476	592
造纸及纸制品业	3129	—2882	
印刷业	6029	3583	20894
文教体育用品制造业		288	956
石油加工及炼焦业	2246	104098	137754

单位:千元

本年应付福利费总额	本年应交增值税	进项税额	销项税额	全部从业人员年平均人数（人）
94149	279785	271980	535045	75482
	667	2673	3340	210
1137	270	1356	1594	566
1875	88	8294	10729	3311
695	922	2878	3590	1517
590	1287	3750	5010	599
2800	49654	34020	83674	1469
4801	12339	31922	43682	8027
	14	404	417	1310
133		666	305	895
11		102	38	453
36	206	587	793	151
2869	7649	6801	14038	3124
124	231	354	570	174
19351	73339	87997	161336	13224

4—06 续表5—2

指标	亏损企业亏损总额	利税总额	本年应付工资总额
化学原料及化学制品制造业	6938	114736	187451
医药制造业	14899	17683	19305
化学纤维制造业	594	7052	605
橡胶制品业		57006	46046
塑料制品业	59	—11	568
非金属矿物制品业	1064	140576	87475
黑色金属冶炼及压延加工业	544	830626	1093031
有色金属冶炼及压延加工业	15544	4226	46214
金属制品业	3564	1025	47827
普通机械制造业	13849	895	49955
专用设备制造业	50735	5830	145880
交通运输设备制造业	983	43908	134930
武器弹药制造业	105157	—93197	198294
电气机械及器材制造业	13579	—6835	24617
电子及通信设备制造业	10606	3348	17810
仪器仪表及文化、办公用机械制造业	2942	2174	9303
其他制造业	126	111	919
电力、煤气及水的生产和供应业			
电力、蒸汽、热水的生产和供应业	187268	446254	180652
自来水的生产和供应业		52088	30934

单位：千元

本年应付福利费总额	本年应交增值税	进项税额	销项税额	全部从业人员年平均人数（人）
21809	77382	220212	288263	23341
1832	18088	19145	36441	3434
85	1419	13201	15162	212
5463	20720	64100	84820	2171
84	43	1473	1436	850
15364	72422	133151	203059	16343
160113	509004	1637908	2113959	62217
4926	12799	97567	106673	5807
6767	3696	12409	15739	6909
5909	12678	27388	39925	8490
20858	50396	166563	218886	23828
19354	34826	55794	86673	13099
24421	9780	99982	97114	31748
3345	4936	17150	22055	4373
2706	1057	27945	29762	3813
1096	3433	4866	8299	2429
102	217	1792	2008	395
23066	441405	737483	1191102	10041
3933	12946		12946	1860

4—07 全市集体工业企

指　　标	企业单位数（个）	# 亏损企业	工业总产值（不变价）
总　　计	**89**	**18**	**1918519**
在总计中：			
亏损企业	18	18	382231
在总计中：			
农村工业	43	8	1071079
在总计中：			
轻工业	17	2	651219
以农产品为原料	9	1	187260
以非农产品为原料	8	1	463959
重工业	72	16	1267300
采掘工业	4	1	60911
原料工业	24	5	637943
加工工业	44	10	568446
中一型企业	2	1	81203
中二型企业	4	1	40026
小型企业	83	16	1797290

业主要经济指标(一)

单位:千元

工业总产值(当年价)	#新产品产值	工业销售产值(当年价)	#出口交货值	工业中间投入合计
1979700	**5825**	**1873081**	**22559**	**1484659**
439293		371423		345324
1056858		981180	22559	822126
653304		620255		458371
206153		202747		159220
447151		417508		299151
1326396	5825	1252826	22559	1026288
73768		71078		55168
670925		655637	60	536276
581703	5825	526111	22499	434844
68781		72831		56132
48169	5825	48137		40190
1862750		1752113	22559	1388337

4—07　续表1—1

指　　标	企业单位数（个）	# 亏损企业	工业总产值（不变价）
按行业分			
采掘业			
煤炭采选业	7	1	75955
有色金属矿采选业	1		30300
制造业			
食品加工业	2		55392
食品制造业	3		25723
纺织业	2	1	83172
服装及其他纤维制品制造业	1	1	17150
家具制造业	3	2	87166
造纸及纸制品业	2	1	81155
印刷业	1		9830
石油加工及炼焦业	9	2	120391

单位:千元

工业总产值(当年价)	# 新产品产值	工业销售产值(当年价)	# 出口交货值	工业中间投入合计
99771		101955		71573
35930		34578		26947
80168		75715		62165
38712		39660		29243
87541		59900		68585
17150		11144		15599
93850		65113		63766
60918		60711		47494
9830		9830		6120
122633		121911		96954

4—07 续表1—2

指　　标	企业单位数（个）	#亏损企业	工业总产值（不变价）
化学原料及化学制品制造业	7		254830
医药制造业	2		15329
橡胶制造业	1		12530
塑料制品业	3	2	42255
非金属矿物制品业	3		66674
黑色金属冶炼及压延加工业	7		118867
有色金属冶炼及压延加工业	2	1	41461
金属制品业	11	3	234051
普通机械制造业	11	2	125632
专用设备制造业	2		38678
交通运输设备制造业	3		36395
电气机械及器材制造业	3		250566
其他制造业	2		61069
电力、煤气及水的生产和供应业			
电力、蒸汽、热水的生产和供应业	1	1	33948

单位：千元

工业总产值（当年价）	# 新产品产值	工业销售产值（当年价）	# 出口交货值	工业中间投入合计
229315		219832	10272	183204
16694		16961		12255
12530		6449		9397
31438		32336		27403
69128		93367	60	54087
116853		110896		90369
41765		34552		30629
218965		205865		167390
132460		130308	12227	100177
38678		31980		29008
37346		36942		29706
250566		231127		143983
59421		63911		47655
78038		78038		70950

4—07 全市集体工业企

指　　标	工　业 增加值 （当年价）	资产合计	# 流动资产 小　计
总　　计	**573698**	**2102791**	**1214230**
在总计中：			
亏损企业	110273	447602	263250
在总计中：			
农村工业	265472	903031	490948
在总计中：			
轻工业	218127	790587	476930
以农产品为原料	49336	152226	87849
以非农产品为原料	168791	638361	389081
重工业	355571	1312204	737300
采掘工业	20895	77502	39147
原料工业	167231	662252	382348
加工工业	167445	572450	315805
中一型企业	14606	91342	29605
中二型企业	9903	145637	72750
小型企业	549189	1865812	1111875

业主要经济指标（二）

单位：千元

#应收帐款	存货	#产成品	流动资产年平均余额	固定资产原价
281222	**360366**	**183415**	**959689**	**994456**
83559	114185	70559	257690	195821
123512	184725	108378	481246	470482
74056	99430	57327	225974	335129
27641	37764	29152	85704	78136
46415	61666	28175	140270	256993
207166	260936	126088	733715	659327
14995	6502	2352	49216	31774
108098	130371	63357	370941	326343
84073	124063	60379	313558	301210
6265	11239	6017	32092	36571
11119	36232	24272	73412	76501
263838	312895	153126	854185	881384

4—07 续表 2—1

指标	工业增加值（当年价）	资产合计	# 流动资产小计
按行业分			
采掘业			
煤炭采选业	33134	77167	47302
有色金属矿采选业	9983	14076	2418
制造业			
食品加工业	18381	30809	16971
食品制造业	9696	76992	47635
纺织业	19738	102330	84073
服装及其他纤维制品制造业	2262	24007	18138
家具制造业	32785	32156	20236
造纸及纸制品业	14011	34267	16842
印刷业	4234	8320	5720
石油加工及炼焦业	29946	122942	65648

单位:千元

# 应收帐款	存　货	# 产成品	流动资产年平均余额	固定资产原价
14874	9976	2922	54774	24267
1600			2297	15746
5986	7577	5661	16552	14619
11990	20748	19018	45174	38393
12934	56500	40978	84073	33393
11724	2858	1493	18366	7817
2347	13083	9602	21789	19271
9124	6851	3932	17054	18675
	518	518	5477	9409
24904	13830	5839	63358	69883

4—07 续表 2—2

指　　　　标	工业增加值（当年价）	资产合计	# 流动资产小计
化学原料及化学制品制造业	55208	308561	144829
医药制造业	5276	19713	13453
橡胶制造业	3170	11613	8837
塑料制品业	4534	127625	40463
非金属矿物制品业	19417	100899	79260
黑色金属冶炼及压延加工业	32590	66053	22492
有色金属冶炼及压延加工业	12550	29950	14406
金属制造业	59795	172251	97895
普通机械制造业	39323	142749	104609
专用设备制造业	9884	13348	9477
交通运输设备制造业	10677	46029	30821
电气机械及器材制造业	119098	429126	256902
其他制造业	13694	70190	41477
电力、煤气及水的生产和供应业			
电力、蒸汽、热水的生产和供应业	14312	41618	24326

单位：千元

# 应收帐款	存　货	# 产成品	流动资产年平均余额	固定资产原　　价
31470	29797	17450	129524	151728
4039	4904	3202	11784	8516
1084	6550	6550	8395	9428
9756	13444	8274	42802	61556
31388	33523	788	89978	37197
4936	7640	2936	27489	60995
2659	9906	3172	12745	19648
21609	48161	24232	92590	93016
30761	28898	9526	95257	63905
3328	5127	1245	9607	5476
7603	17331	7486	31411	25028
3729	12221	1933	16830	182489
16802	10923	6658	38782	12054
16575			23581	11947

4—07 全市集体工业企

指　　标	累计折旧	# 本年折旧	固定资产净值
总　　计	**333947**	**44572**	**660509**
在总计中：			
亏损企业	72039	7430	123782
在总计中：			
农村工业	129396	26978	341086
在总计中：			
轻工业	101343	14026	233786
以农产品为原料	21385	3162	56751
以非农产品为原料	79958	10864	177035
重工业	232604	30546	426723
采掘工业	2813	486	28961
原料工业	105614	17394	220729
加工工业	124177	12666	177033
中一型企业	24506	2701	12065
中二型企业	27125	1016	49376
小型企业	282316	40855	599068

业主要经济指标（三）

单位：千元

固定资产净值年平均余额	负债合计	流动负债小计	长期负债小计	所有者权益合计
614010	**1415544**	**1092416**	**323128**	**687247**
114714	329318	286378	42940	118284
317283	612266	501173	111093	290765
222455	510299	367470	142829	280288
57661	89411	84694	4717	62815
164794	420888	282776	138112	217473
391555	905245	724946	180299	406959
23104	48633	20350	28283	28869
193742	472151	378317	93834	190101
174709	384461	326279	58182	187989
12937	53963	29985	23978	37379
48857	105894	86067	19827	39743
552216	1255687	976364	279323	610125

4—07 续表 3—1

指 标	累计折旧	# 本年折旧	固定资产净值
按行业分			
采掘业			
煤炭采选业	3855	672	20412
有色金属矿采选业	4300	1200	11446
制造业			
食品加工业	783	187	13836
食品制造业	15719	1674	22674
纺织业	16443	1933	16950
服装及其他纤维制品制造业	2591	396	5226
家具制造业	7374	999	11897
造纸及纸制品业	1706	983	16969
印刷业	7047	301	2362
石油加工及炼焦业	17051	2456	52832

单位：千元

固定资产净值年平均余额	负债合计	流动负债小计	长期负债小计	所有者权益合计
14261	56600	28157	28443	20567
17722	8680	8680		5396
13824	23293	22093	1200	7516
23315	40154	37032	3122	36838
16950	98346	87953	10393	3984
5420	15002	15002		9005
11827	24098	20703	3395	8058
17138	21240	21240		13027
2146	1073	931	142	7247
53421	70895	61580	9315	52047

4—07 续表 3—2

指　　标	累计折旧	# 本年折旧	固定资产净值
化学原料及化学制品制造业	40485	9798	111243
医药制造业	2973	737	5543
橡胶制造业	6652		2776
塑料制品业	22833	2048	38723
非金属矿物制品业	15973	1834	21224
黑色金属冶炼及压延加工业	26001	2036	34994
有色金属冶炼及压延加工业	6504	744	13144
金属制品业	24009	7122	69007
普通机械制造业	31000	4639	32905
专用设备制造业	1927	197	3549
交通运输设备制造业	14440	1258	10588
电气机械及器材制造业	56803	1959	125686
其他制造业	5004	821	7010
电力、煤气及水的生产和供应业			
电力、蒸汽、热水的生产和供应业	2434	578	9513

单位：千元

固定资产净值年平均余额	负债合计	流动负债小计	长期负债小计	所有者权益合计
91340	212118	148862	63256	96443
5987	14901	7801	7100	4812
2596	4751	4751		6862
38380	94658	58316	36342	32967
17308	80213	71963	8250	20686
36108	27160	19959	7201	38893
3626	27958	27440	518	1992
68381	107465	102937	4528	64786
29449	84074	83446	628	58675
3549	8190	4445	3745	5158
10938	25382	21044	4338	20647
113175	292013	162763	129250	137113
7265	47107	45145	1962	23083
9884	30173	30173		11445

4—07 全市集体工业企

指 标	产品销售收入	产品销售成本	产品销售费用
总 计	**1556157**	**1299305**	**59089**
在总计中：			
亏损企业	249779	227486	7903
在总计中：			
农村工业	733639	626594	32233
在总计中：			
轻工业	534854	445588	13764
以农产品为原料	141609	124493	3933
以非农产品为原料	393245	321095	9831
重工业	1021303	853717	45325
采掘工业	52727	44397	80
原料工业	525541	430949	28321
加工工业	443035	378371	16924
中一型企业	62849	58388	852
中二型企业	44644	37500	1341
小型企业	1448664	1203467	56896

业主要经济指标(四)

单位:千元

产品销售税金及附加	产品销售利润	管理费用	财务费用	利润总额
61541	**136222**	**95533**	**38366**	**28358**
3418	10972	29556	8533	—17637
10530	64277	28769	24891	24056
43441	32061	20939	13077	9303
474	12709	7889	3037	2979
42967	19352	13050	10040	6324
18100	104161	74594	25289	19055
1025	7225	3489	1889	2265
13426	52845	23888	15063	16305
3649	44091	47217	8337	485
914	2745	4734	1619	—2928
163	5640	6473	1427	—548
60464	127837	84326	35320	31834

4—07 续表 4—1

指　　标	产品销售收入	产品销售成本	产品销售费用
按行业分			
采掘业			
煤炭采选业	89323	71001	3397
有色金属矿采选业	22108	21482	65
制造业			
食品加工业	63441	59258	834
食品制造业	30764	24144	1477
纺织业	13285	11287	140
服装及其他纤维制造业	17147	15532	366
家具制造业	39456	31620	3948
造纸及纸制品业	22681	20824	230
印刷业	11806	10055	1
石油加工及炼焦业	102633	76945	9777

单位:千元

产品销售税金及附加	产品销售利润	管理费用	财务费用	利润总额
4296	10629	3849	2216	4986
56	505	463	766	
134	3215	863	969	1330
75	5068	4296	1250	734
130	1728	2455	4366	—4474
335	914	1697	12	—272
323	3565	5333	702	—989
122	1505	652	705	148
309	1441	1329	—64	176
3338	12573	5587	3568	4783

4—07　续表 4－2

指　　　标	产品销售收入	产品销售成本	产品销售费用
化学原料及化学制品制造业	188404	167381	5780
医药制造业	17042	10514	3632
橡胶制造业	11810	10826	982
塑料制品业	33479	32942	674
非金属矿物制品业	67507	50850	7224
黑色金属冶炼及压延加工业	106185	79211	8585
有色金属冶炼及压延加工业	37908	34164	320
金属制品业	162261	144432	4434
普通机械制造业	98982	85140	1732
专用设备制造业	22575	20154	508
交通运输设备制造业	41693	32792	794
电气机械及器材制造业	231127	176534	3337
其他制造业	52980	45430	852
电力、煤气及水的生产和供应业			
电力、蒸汽、热水的生产和供应业	71560	66787	

单位：千元

产品销售税金及附加	产品销售利润	管理费用	财务费用	利润总额
928	14315	8162	4040	6018
100	2796	2181	595	1246
2				21
71	－208	3303	1125	－3579
926	8507	4868	1390	1768
4562	13827	4869	2003	7090
404	3020	2506	1507	－423
1742	11653	9780	4915	4652
1211	10899	15268	944	104
28	1885	1207	539	139
280	7827	6510	582	609
40468	10788	1294	4632	4447
870	5828	4212	1552	65
831	3942	4307		－221

4—07 全市集体工业企

指　　标	亏损企业亏损总额	利税总额	本年应付工资总额
总　　计	**17637**	**168556**	**135404**
在总计中：			
亏损企业	17637	2085	36401
在总计中：			
农村工业	6297	65326	56227
在总计中：			
轻工业	844	75938	29665
以农产品为原料	572	5856	8391
以非农产品为原料	272	70082	21274
重工业	16793	92618	105739
采掘工业	392	5585	6781
原料工业	9445	62313	30434
加工工业	6956	24720	68524
中一型企业	2968	－57	3054
中二型企业	620	1539	5506
小型企业	14049	167074	126844

业主要经济指标（五）

单位：千元

本年应付福利费总额	本年应交增值税	进项税额	销项税额	全部从业人员年平均人数（人）
13236	**78657**	**142198**	**215840**	**24038**
4887	16304	23940	39920	6646
5144	30740	58325	85532	9381
2517	23194	48308	70681	5834
1182	2403	17007	19076	1605
1335	20791	31301	51605	4229
10719	55463	93890	145159	18204
728	2295	3409	4926	615
3134	32582	45329	76159	5642
6857	20586	45152	64074	11947
364	1957	9098	10483	631
732	1924	5651	6840	1324
12140	74776	127449	198517	22083

4—07 续表5—1

指　　标	亏损企业亏损总额	利税总额	本年应付工资总额
按行业分			
采掘业			
煤炭采选业	28	14218	6564
有色金属矿采选业		1056	1708
制造业			
食品加工业		1842	392
食品制造业		1036	2992
纺织业	4537	—3562	6578
服装及其他纤维制造业	272	774	2295
家具制造业	1605	2035	6752
造纸及纸制品业	572	857	2380
印刷业		1009	4017
石油加工及炼焦业	2638	12388	6587

单位：千元

本年应付福利费总额	本年应交增值税	进项税额	销项税额	全部从业人员年平均人数（人）
606	4936	7946	11599	567
221	1000	2264	2473	223
53	378	7914	8292	117
410	227	4392	4354	465
261	711	1043	1754	458
962	2701	4007	6708	866
353	587	1640	2227	742
131	524	424	885	582
366	4267	7635	11882	1087

4—07 续表5—2

指　　标	亏损企业 亏损总额	利税总额	本年应付 工资总额
化学原料及化学制品制造业	2009	16043	11014
医药制造业		2183	531
橡胶制造业		60	811
塑料制品业	3588	－3009	2642
非金属矿物制品业		7070	1876
黑色金属冶炼及压延加工业		17758	5775
有色金属冶炼及压延加工业	432	1395	3109
金属制品业	469	14614	22361
普通机械制造业	1266	8355	35517
专用设备制造业		381	922
交通运输设备制造业		3926	6023
电气机械及器材制造业		57430	1104
其他制造业		2863	1622
电力、煤气及水的生产和供应业			
电力、蒸汽、热水的生产和供应业	221	7834	1832

单位:千元

本年应付福利费总额	本年应交增值税	进项税额	销项税额	全部从业人员年平均人数(人)
686	9097	16441	25251	2137
73	837	2129	1897	86
221	37	1041	1058	400
288	499	4368	4705	713
347	4376	9455	13964	429
634	6106	6972	12199	1422
122	1414	5300	6714	320
2126	8220	5053	13160	4618
2345	7040	10529	17680	4992
102	214	2731	2954	156
988	3037	4679	7091	946
334	12515	22285	35997	248
232	1928	7899	9040	433
	7224	4905	12129	982

4—08　全市外商投资和港澳台投

指　　标	企业单位数（个）	# 亏损企业	工业总产值（不变价）
总　　计	**27**	**10**	**2776985**
在总计中：			
亏损企业	10	10	298589
在总计中：			
港、澳、台商投资企业	19	6	2374335
合资经营企业(港或澳、台资)	16	4	2181691
港澳台商独资企业	2	1	181016
港澳台商投资股份有限公司	1	1	11628
外商投资企业	8	4	402650
中外合资经营企业	5	3	289271
外资企业	3	1	113379
在总计中：			
国有控股企业	10	2	1771414
在总计中：			
农村工业	5	2	173826
在总计中：			
轻工业	13	5	1255457
以农产品为原料	4	2	265399
以非农产品为原料	9	3	990058
重工业	14	5	1521528
原料工业	6	2	208608
加工工业	8	3	1312920
大一型企业	1		227467
大二型企业	3	1	1245846
中一型企业	1		128402
中二型企业	1		168038
小型企业	21	9	1007232

资工业企业主要经济指标(一)

单位:千元

工业总产值(当年价)	# 新产品产值	工业销售产值(当年价)	# 出口交货值	工业中间投入合计
2648101	**183037**	**2308611**	**143707**	**1979503**
326840	3890	325898	1246	309293
2215685	182537	1885009	142461	1613313
2029788	182537	1731059	142461	1504453
178016		146478		102687
7881		7472		6173
432416	500	423602	1246	366190
337508	500	328343		287868
94908		95259	1246	78322
1453400	183037	1294447	142461	1117204
204547		190408		177056
1439636	73153	1212228	4740	1023442
286160	3890	281826		244697
1153476	69263	930402	4740	778745
1208465	109884	1096383	138967	956061
229516		215992		199998
978949	109884	880391	138967	756063
268139		258847	3471	215480
906391	167375	785621	138990	688959
150982	500	145765		118951
167682		136916		96024
1154907	15162	981462	1246	860089

4—08　续表1—1

指　　　标	企业单位数（个）	# 亏损企业	工业总产值（不变价）
按行业分			
采掘业			
煤炭采选业	2	1	35134
制造业			
食品加工业	1	1	111111
饮料加工业	1	1	105068
纺织业	2		144248
化学原料及化学制品制造业	2	1	138442
医药制造业	6	2	618519
橡胶制造业	1		1001634
非金属矿物制品业	1		227467
黑色金属冶炼及压延加工业	2		123650
有色金属冶炼及压延加工业	2	1	49824
普通机械制造业	1	1	4772
专用设备制造业	1	1	17290
交通运输设备制造业	1		11783
电子及通信设备制造业	4	1	188043

单位：千元

工业总产值（当年价）	# 新产品产值	工业销售产值（当年价）	# 出口交货值	工业中间投入合计
38092		38712		32212
138040		135592		136445
111615		119676		109672
135560		133964		96219
163542	4390	158035		130984
752810	68763	546988	4740	415183
642973	98612	559611	134250	481736
268139		258847	3471	215480
156450		142100		137090
34974		35180		30696
4772		4508	1246	6112
17290		13970		13136
11783		11783		10876
172061	11272	149645		163662

4—08 全市外商投资和港澳台投

指　　　标	工　业 增加值 （当年价）	资产合计	# 流动资产 小　计
总　　计	**788868**	**3360886**	**1612380**
在总计中：			
亏损企业	31025	523924	210388
在总计中：			
港、澳、台商投资企业	708147	2871409	1260580
合资经营企业（港或澳、台资）	611787	2585262	1026164
港澳台商独资企业	94548	274509	229147
港澳台商投资股份有限公司	1812	11638	5269
外商投资企业	80721	489477	351800
中外合资经营企业	62753	373388	280336
外资企业	17968	116089	71464
在总计中：			
国有控股企业	396615	2343234	1005666
在总计中：			
农村工业	41385	52117	29280
在总计中：			
轻工业	480040	1383334	830006
以农产品为原料	43111	193822	97811
以非农产品为原料	436929	1189512	732195
重工业	308828	1977552	782374
原料工业	44697	102424	61418
加工工业	264131	1875128	720956
大一型企业	70307	901397	192137
大二型企业	248452	1166144	562464
中一型企业	42000	141286	114553
中二型企业	90548	252382	210638
小型企业	337561	899677	532588

资工业企业主要经济指标(二)

单位:千元

# 应收帐款	存　货	# 产成品	流动资产年平均余额	固定资产原　价
599684	**568249**	**327218**	**1570650**	**1378673**
75220	92817	39032	240634	336584
491442	493489	308118	1224284	1188689
450290	389244	264643	1001444	1158428
41152	99266	42525	219676	23755
	4979	950	3161	6506
108242	74760	19100	346366	189984
86126	53745	16128	276352	131968
22116	21015	2972	70014	58016
459709	349681	235457	945518	947401
1355	12369	7180	24947	29317
235780	263061	130626	816167	532869
13328	35256	5962	88589	119788
222452	227805	124664	727578	413081
363904	305188	196592	754483	845804
17596	25774	14742	61018	46582
346308	279417	181850	693465	799222
111695	58447	16099	190260	597534
219344	242283	177138	520224	325690
33348	25316	11604	106385	48028
34547	87425	30899	198564	19010
200750	154778	91478	555217	388411

4—08 续表 2—1

指　　标	工　业 增加值 (当年价)	资产合计	# 流动资产 小　计
按行业分			
采掘业			
煤炭采选业	9443	46987	32038
制造业			
食品加工业	1595	85854	30867
饮料加工业	11821	253736	48827
纺织业	40736	90434	59231
化学原料及化学制品制造业	42780	158820	122266
医药制造业	379921	660577	459927
橡胶制造业	181957	852867	436061
非金属矿物制品业	70307	901397	192137
黑色金属冶炼及压延加工业	29970	23658	13184
有色金属冶炼及压延加工业	5284	31779	16196
普通机械制造业	—860	30284	15797
专用设备制造业	4201	12760	11872
交通运输设备制造业	1223	6157	1905
电子及通信设备制造业	10490	205576	172072

单位：千元

# 应收帐款	存　货	# 产成品	流动资产年平均余额	固定资产原　价
14502	9058	7470	34936	12162
1054	17508	1370	30692	68256
7126	30098	10695	65386	217386
12012	17393	4292	50571	43663
33610	25671	11904	113711	55897
106630	151999	82942	453773	133773
177921	195941	155288	398824	170710
111695	58447	16099	190260	597534
	5842	5842	11998	15393
3094	10874	1430	14084	19027
13930	1867	1005	22821	15457
1495	8956	5228	9187	1131
25	296		1636	3946
116590	34299	23653	172771	24338

4—08 全市外商投资和港澳台投

指　　标	累计折旧	# 本年折旧	固定资产净值
总　　计	**256256**	**60910**	**1122417**
在总计中：			
亏损企业	67809	20258	268775
在总计中：			
港、澳、台商投资企业	187846	46998	1000843
合资经营企业(港或澳、台资)	179338	45684	979090
港澳台商独资企业	8240	1217	15515
港澳台商投资股份有限公司	268	97	6238
外商投资企业	68410	13912	121574
中外合资经营企业	48896	9382	83072
外资企业	19514	4530	38502
在总计中：			
国有控股企业	154966	34132	792435
在总计中：			
农村工业	7937	1366	21380
在总计中：			
轻工业	116173	31744	416696
以农产品为原料	35690	7993	84098
以非农产品为原料	80483	23751	332598
重工业	140083	29166	705721
原料工业	16431	2787	30151
加工工业	123652	26379	675570
大一型企业	57281	14643	540253
大二型企业	86692	16582	238998
中一型企业	23329	4337	24699
中二型企业	5399	1191	13611
小型企业	83555	24157	304856

资工业企业主要经济指标(三)

单位:千元

固定资产 净值 年平均余额	负债合计	流动负债 小计	长期负债 小计	所有者权益 合计
1118682	**1919695**	**1556047**	**363648**	**1441191**
270700	346103	219928	126175	177821
994026	1657176	1294716	362460	1214233
971402	1477878	1115565	362313	1107384
16181	174036	173889	147	100473
6443	5262	5262		6376
124656	262519	261331	1188	226958
83400	194252	194252		179136
41256	68267	67079	1188	47822
785690	1279471	1036178	243293	1063763
21344	15079	15079		37038
417383	712361	590255	122106	670973
85634	87256	84317	2939	106566
331749	625105	505938	119167	564407
701299	1207334	965792	241542	770218
31571	59187	59187		43237
669728	1148147	906605	241542	726981
543194	561084	381616	179468	340313
229307	570469	513083	57386	595675
25374	49762	49762		91524
14278	156246	156246		96136
306529	582134	455340	126794	317543

4—08　续表 3－1

指　　标	累计折旧	# 本年折旧	固定资产净值
按行业分			
采掘业			
煤炭采选业	6132	847	6030
制造业			
食品加工业	20926	4106	47330
饮料加工业	32888	13147	184498
纺织业	14423	3546	29240
化学原料及化学制品制造业	23670	4678	32227
医药制造业	23656	5657	110117
橡胶制造业	55574	9259	115136
非金属矿物制品业	57281	14643	540253
黑色金属冶炼及压延加工业	5799	880	9594
有色金属冶炼及压延加工业	4500	1060	14527
普通机械制造业	4565	1164	10892
专用设备制造业	243	118	888
交通运输设备制造业	1340	310	2606
电子及通信设备制造业	5259	1495	19079

单位:千元

固定资产净值年平均余额	负债合计	流动负债小计	长期负债小计	所有者权益合计
6316	33654	33654		13333
47310	30440	30440		55414
185758	193448	74428	119020	60288
30819	46069	45450	619	44365
32879	60509	58189	2320	98311
108429	299307	299160	147	361270
105764	516896	459510	57386	335971
543194	561084	381616	179468	340313
9594	2302	2302		21356
15661	23231	23231		8548
11481	12374	11186	1188	17910
844	9115	5615	3500	3645
2606	2505	2505		3652
18027	128761	128761		76815

4—08 全市外商投资和港澳台投

指　　标	产品销售收入	产品销售成本	产品销售费用
总　　计	**2071945**	**1545888**	**184661**
在总计中：			
亏损企业	357713	295660	43659
在总计中：			
港、澳、台商投资企业	1640095	1185378	170172
合资经营企业(港或澳、台资)	1490831	1146672	129826
港澳台商独资企业	141793	31997	39953
港澳台商投资股份有限公司	7471	6709	393
外商投资企业	431850	360510	14489
中外合资经营企业	341803	280559	12497
外资企业	90047	79951	1992
在总计中：			
国有控股企业	1237825	988900	72791
在总计中：			
农村工业	157755	124250	6539
在总计中：			
轻工业	1009223	681605	128921
以农产品为原料	228972	203629	6419
以非农产品为原料	780251	477976	122502
重工业	1062722	864283	55740
原料工业	190664	146827	15040
加工工业	872058	717456	40700
大一型企业	255289	176011	9518
大二型企业	780699	651577	61240
中一型企业	150034	113845	3849
中二型企业	123674	19408	37581
小型企业	762249	585047	72473

资工业企业主要经济指标(四)

单位:千元

产品销售税金及附加	产品销售利润	管理费用	财务费用	利润总额
37631	**303765**	**121797**	**45243**	**130393**
	18394	42290	4619	-32867
37631	246914	91029	44963	104256
37631	176702	79196	41828	48655
	69843	11587	2924	55688
	369	246	211	-87
	56851	30768	280	26137
	48747	24745	406	21297
	8104	6023	-126	4840
36252	139882	50474	36314	47914
1379	25587	4508	2004	19900
	198697	73481	6233	115698
	18924	15744	866	3068
	179773	57737	5367	112630
37631	105068	48316	39010	14695
1379	27418	5446	2191	20779
36352	77650	42870	36819	-6084
	69760	27572	24779	247
36352	31630	25033	12168	4649
	32340	735	-736	32281
	66685	8469	2729	55731
1379	103350	59988	6303	37485

指　　标	产品销售收入	产品销售成本	产品销售费用
按行业分			
采掘业			
煤炭采选业	49385	33322	9959
制造业			
食品加工业	136932	125190	4526
饮料加工业	136293	107564	24513
纺织业	89641	77349	1280
化学原料及化学制品制造业	152433	114935	4462
医药制造业	376006	143057	94110
橡胶制造业	552367	485415	27221
非金属矿物制品业	255289	176011	9518
黑色金属冶炼及压延加工业	106100	80636	4219
有色金属冶炼及压延加工业	35179	32869	862
普通机械制造业	6221	4509	764
专用设备制造业	8906	6982	710
交通运输设备制造业	11783	9771	263
电子及通信设备制造业	155410	148278	2254

单位：千元

产品销售税金及附加	产品销售利润	管理费用	财务费用	利润总额
318	5786	2492	527	3085
	7216	11153	734	－6525
	4216	17292	3043	－18539
	11012	3864	－31	9766
	33036	1462	－573	32108
	138839	35856	3092	98332
36252	3479	5438	11606	34
	69760	27572	24779	247
1061	20184	2109	1054	17700
	1448	845	610	－6
	948	2570	－427	－1187
	1214	1102	216	－112
	1749	1495	128	126
	4878	8637	485	－4636

4—08 全市外商投资和港澳台投

指 标	亏损企业亏损总额	利税总额	本年应付工资总额
总 计	**32867**	**288294**	**114904**
在总计中：			
亏损企业	32867	—19389	12271
在总计中：			
港、澳、台商投资企业	18999	247662	99292
合资经营企业(港或澳、台资)	18869	172738	89862
港澳台商独资企业	43	74907	8556
港澳台商投资股份有限公司	87	17	874
外商投资企业	13868	40632	15612
中外合资经营企业	12681	34410	9717
外资企业	1187	6222	5895
在总计中：			
国有控股企业	285	144585	82795
在总计中：			
农村工业	930	35173	5791
在总计中：			
轻工业	26123	179544	37289
以农产品为原料	6698	4716	6671
以非农产品为原料	19425	174828	30618
重工业	6744	108750	77615
原料工业	132	37337	7521
加工工业	6612	71413	70094
大一型企业		17895	20742
大二型企业	6525	71921	54574
中一型企业		42250	6455
中二型企业		74621	6634
小型企业	26342	81607	26499

资工业企业主要经济指标（五）

单位：千元

本年应付福利费总额	本年应交增值税	进项税额	销项税额	全部从业人员年平均人数（人）
15261	**120270**	**199802**	**321924**	**9634**
3095	13478	33858	45850	1521
12905	105775	164874	272530	7844
12250	86452	155993	242616	6972
595	19219	7715	28644	587
60	104	1166	1270	285
2356	14495	34928	49394	1790
1591	13113	23490	35288	1053
765	1382	11438	14106	737
10545	60419	136354	196962	6412
136	13894	10661	24134	841
6103	63846	90036	156550	3666
1069	1648	8053	11080	982
5034	62198	81983	145470	2684
9158	56424	109766	165374	5968
353	15179	12519	27680	1114
8805	41245	97247	137694	4854
2894	17648	26472	43525	2307
6700	31020	69415	100435	3386
904	9969	15917	25886	366
326	18890	2180	22840	427
4437	42743	85818	129238	3148

4—08 续表5—1

指　　　标	亏损企业 亏损总额	利税总额	本年应付 工资总额
按行业分			
采掘业			
煤炭采选业	45	6966	1509
制造业			
食品加工业	6525	－6525	2069
饮料加工业	18539	－8661	4898
纺织业		11161	4235
化学原料及化学制品制造业	173	42330	6822
医药制造业	886	140626	19265
橡胶制造业		57006	46046
非金属矿物制品业		17895	20742
黑色金属冶炼及压延加工业		29371	3320
有色金属冶炼及压延加工业	87	1000	2692
普通机械制造业	1187	－707	426
专用设备制造业	112	－65	293
交通运输设备制造业		442	426
电子及通信设备制造业	5313	－2545	2161

单位:千元

本年应付福利费总额	本年应交增值税	进项税额	销项税额	全部从业人员年平均人数（人）
39	3563	2240	5785	153
334				423
2045	9878	21048	30926	265
735	1395	7886	10660	497
904	10222	16084	26306	428
2085	42294	25029	68612	1653
5463	20720	64100	84820	2171
2894	17648	26472	43525	2307
	10610	5305	15915	358
314	1006	4974	5980	603
	480	389	776	25
34	47	1467	1514	68
53	316	1687	2003	50
361	2091	23121	25102	633

4—09 全市大中型工业

指　　　　标	企业单位数（个）	# 亏损企业	工业总产值（不变价）
总　　计	**96**	**30**	**20393488**
一、按登记注册类型分组			
内资企业	90	29	18623735
国有企业	63	26	4362844
中央企业	23	13	2940738
地方企业	40	13	1422106
集体企业	6	2	121229
有限责任公司	20	1	14106356
国有独资公司	7		12868291
其他有限责任公司	13	1	1238065
股份有限公司	1		33306
港、澳、台商投资企业	4		1530240
合资经营企业(港或澳、台资)	3		1362202
港澳台商独资企业	1		168038
外商投资企业	2	1	239513
中外合资经营企业	2	1	239513
二、按经济组织类型分组			
独资企业	70	28	4652111
国有企业	63	26	4362844
集体企业	6	2	121229
港澳台商独资经营企业	1		168038
股份有限公司	1		33306
股份有限公司(内资)	1		33306
有限责任公司	25	2	15708071
国有独资公司	7		12868291
港澳台合资经营企业	3		1362202
中外合资经营企业	2	1	239513
其他有限责任公司	13	1	1238065
三、在总计中：			1335197
亏损企业	30	30	
在总计中：			19986747
国有控股企业	87	26	
在总计中：			1960598
轻工业	28	6	
以农产品为原料	15	4	1089125
以非农产品为原料	13	2	871473
重工业	68	24	18432890
采掘工业	6	1	1608622
原料工业	11	2	12034637
加工工业	51	21	4789631
在总计中：			
特大型企业	5		12328597
大一型企业	17	6	3664357
大二型企业	21	8	2644620
中一型企业	18	3	1095304
中二型企业	35	13	660610

企业主要经济指标（一）

单位：千元

工业总产值（当年价）	#新产品产值	工业销售产值（当年价）	#出口交货值	工业中间投入合计
24275666	**881223**	**23876840**	**987888**	**18740538**
22782472	713348	22549691	845427	17621124
6180137	383655	6034880	118736	4572095
4387648	242618	4342795	93440	3257819
1792489	141037	1692085	25296	1314276
116950	5825	120968		96322
16450918	323868	16358191	726691	12934440
14742272	145473	14679057	594986	11783919
1708646	178395	1679134	131705	1150521
34467		35652		18267
1204172	167375	1045792	142461	864018
1036490	167375	908876	142461	767994
167682		136916		96024
289022	500	281357		255396
289022	500	281357		255396
6464769	389480	6292764	118736	4764441
6180187	383655	6034880	118736	4572095
116950	5825	120968		96322
167682		136916		96024
34467		35652		18267
34467		35652		18267
17776430	491743	17548424	869152	13957830
14742272	145473	14679057	594986	11783919
1036490	167375	908876	142461	767994
289022	500	281357		255396
1708646	178395	1679134	131705	1150521
1725251	111953	1684071	34810	1452957
23846613	875398	23476611	937888	18405265
2235988	187646	2086936	76903	1554543
1195489	51455	1161688	72163	860633
1040499	136191	925248	4740	693910
22039678	693577	21789904	910985	17185995
2982639		2857418	282221	2343251
14291562		14354829	317729	11094031
4765477	693577	4577657	311035	3748713
14482307	119782	14440267	563019	11739664
5240005	197911	5129931	237320	3692747
2656141	453054	2479622	158456	2016090
1169653	53707	1122357		802367
727560	56769	704663	29093	489670

4—09 续表1—1

指　　标	企业单位数（个）	# 亏损企业	工业总产值（不变价）
按行业分			
采掘业			
煤炭采选业	4		1577376
黑色金属矿采选业	1		24735
非金属矿采选业	1	1	6511
制造业			
食品加工业	2	2	152253
食品制造业	3		23765
饮料制造业	1		29470
烟草加工业	1		481169
纺织业	4	1	307462
印刷业	2		41041
石油加工及炼焦业	1		527344
化学原料及化学制品制造业	4	1	1348199
医药制造业	3	1	404219

单位:千元

工业总产值(当年价)	# 新产品产值	工业销售产值(当年价)	# 出口交货值	工业中间投入合计
2943157		2821446	282221	2316526
29813		25697		22160
9669		10275		4565
193670		190709		179189
34487	5297	30854		27017
40524		40795		26890
489295		474209		313721
328372	46158	318333	72163	240227
46145		45355		23455
946226		961836	50239	621006
1354517	500	1355990		1121918
379410	102073	290714	4740	251247

4—09 续表 1—2

指　　标	企业单位数（个）	# 亏损企业	工业总产值（不变价）
化学纤维制造业			
橡胶制造业	1		1001634
塑料制品业	4	3	48618
非金属矿物制品业	7		762305
黑色金属冶炼及压延加工业	1		8929708
有色金属冶炼及压延加工业	2	1	382764
金属制品业	4	1	199135
普通机械制造业	10	6	191505
专用设备制造业	8	4	1038298
交通运输设备制造业	4		455519
武器弹药制造业	7	5	1099290
电气机械及器材制造业	5	1	146450
电子及通信设备制造业	6	2	211852
仪器仪表及文化、办公用机械制造业	3		67965
其他制造业	1		52530
电力、煤气及水的生产和供应业			
电力、蒸汽、热水的生产和供应业	4	1	845439
自来水的生产和供应业	1		36942

单位:千元

工业总产值(当年价)	# 新产品产值	工业销售产值(当年价)	# 出口交货值	工业中间投入合计
642973	98612	559611	134250	481736
37819	5825	39089		33885
955081	23399	918916	34790	709298
9427800		9484925	267490	7435464
518038		505519		447231
204612	34333	180232		130631
213168	45548	208854		169454
1051246	137225	1041074	25396	899991
582647	102195	563396	5506	413544
1210230	69530	1179090	87640	982850
140911	16225	134428	3797	119579
201734	160708	198919		142291
59562	33595	57913	19656	39911
51370		55860		41410
1989313		1989313		1447512
193877		193488		97830

4—09 全市大中型工业

指　　标	工　业 增加值 (当年价)	资产合计	# 流动资产 小　计
总　　计	**7180113**	**81103129**	**32308377**
一、按登记注册类型分组			
内资企业	6728806	78641920	31228585
国有企业	2158646	27275076	10033187
中央企业	1612606	19916854	7038257
地方企业	546040	7358222	2994930
集体企业	24509	236979	102355
有限责任公司	4525410	51030083	21029533
国有独资公司	3866671	44746298	18256628
其他有限责任公司	658739	6283785	2772905
股份有限公司	20241	99782	63510
港、澳、台商投资企业	407712	2234069	934372
合资经营企业(港或澳、台资)	317164	1981687	723734
港澳台商独资企业	90548	252382	210638
外商投资企业	43595	227140	145420
中外合资经营企业	43595	227140	145420
二、按经济组织类型分组			
独资企业	2273703	27764437	10346180
国有企业	2158646	27275076	10033187
集体企业	24509	236979	102355
港澳台商独资经营企业	90548	252382	210638
股份有限公司	20241	99782	63510
股份有限公司(内资)	20241	99782	63510
有限责任公司	4886169	53238910	21898687
国有独资公司	3866671	44746298	18256628
港澳台合资经营企业	317164	1981687	723734
中外合资经营企业	43595	227140	145420
其他有限责任公司	658739	6283785	2772905
三、在总计中:			
亏损企业	305657	7299976	2485795
在总计中:			
国有控股企业	7063531	80504020	31957865
在总计中:			
轻工业	815455	5144807	2127188
以农产品为原料	404021	2476561	982306
以非农产品为原料	411434	2668246	1144882
重工业	6364658	75953322	30181189
采掘工业	913385	12070249	6026486
原料工业	4262999	47075223	16485948
加工工业	1188274	16812850	7668755
在总计中:			
特大型企业	3901607	49705342	19863323
大一型企业	1819772	18829011	6988291
大二型企业	717476	7113053	2744796
中一型企业	453248	3072898	1547741
中二型企业	288010	2382825	1164226

企业主要经济指标（二）

单位：千元

#应收帐款	存货	#产成品	流动资产年平均余额	固定资产原价
7423381	**8991896**	**2195995**	**30466424**	**50808807**
7024447	8578425	1960255	29450991	49818545
1399346	2266342	787092	10022865	14701505
943792	1013799	294166	6957002	10364841
455554	1252543	492926	3065863	4336664
17384	47471	30289	105504	113072
5588629	6251745	1141502	19267599	34955037
4704811	5652949	840147	16815609	31159628
883818	598796	301355	2451990	3795409
19088	12867	1372	55023	48931
364532	370647	222766	878356	873978
329985	283222	191867	679792	854968
34547	87425	30899	198564	19010
34402	42824	12974	137077	116284
34402	42824	12974	137077	116284
1451277	2401238	848280	10326933	14833587
1399346	2266342	787092	10022865	14701505
17384	47471	30289	105504	113072
34547	87425	30899	198564	19010
19088	12867	1372	55023	48931
19088	12867	1372	55023	48931
5953016	6577791	1346343	20084468	35926289
4704811	5652949	840147	16815609	31159628
329985	283222	191867	679792	854968
34402	42824	12974	137077	116284
883818	598796	301355	2451990	3795409
561694	995294	352273	2385030	5874688
7366692	8837966	2132813	30122919	50588186
356756	743351	334322	2109301	3167320
174727	347910	160850	985012	1581969
182029	395441	173472	1124289	1585351
7066625	8248545	1861673	28357123	47641487
2133700	1261652	227317	5512240	7634819
2967817	4239723	552986	15790354	30188738
1965108	2747170	1081370	7054529	9817930
4377966	5232441	701806	18349417	29792909
1796039	1666508	487058	6740135	14189937
681485	1021470	483029	2708096	3801421
308347	536115	254359	1519431	1674330
259544	485362	269743	1149345	1350210

4—09 续表 2—1

指　　标	工　业 增加值 （当年价）	资产合计	# 流动资产 小　计
按行业分			
采掘业			
煤炭采选业	899747	11957738	5973414
黑色金属矿采选业	8320	36293	18048
非金属矿采选业	5318	76218	35024
制造业			
食品加工业	14509	243278	79831
食品制造业	8219	79269	33894
饮料制造业	14901	81880	45603
烟草加工业	225228	667942	395710
纺织业	98829	960288	268940
印刷业	28344	134283	34393
石油加工及炼焦业	395061	3632257	1894877
化学原料及化学制品制造业	309596	5859845	2707622
医药制造业	161722	923460	383352

单位:千元

# 应收帐款	存　货	# 产成品	流动资产年平均余额	固定资产原　价
2095585	1252246	219138	5449465	7566705
11948	6100	5672	34972	17803
26167	3306	2507	27803	50311
9736	22327	3735	80360	213762
1754	15495	12680	34085	60224
1830	21409	8587	45152	35592
71120	96417	14880	426330	329887
35415	116617	65331	249293	630894
8858	8050	4708	26574	132501
663826	174558	86069	1630575	2230974
850259	525057	233146	2307506	3815259
94866	152974	53305	366450	416830

4—09 续表 2—2

指 标	工 业 增加值 （当年价）	资产合计	# 流动资产 小 计
化学纤维制造业			
橡胶制造业	181957	852867	436061
塑料制品业	4464	151519	47115
非金属矿物制品业	310754	4225336	1683952
黑色金属冶炼及压延加工业	2501009	21674520	6797975
有色金属冶炼及压延加工业	80469	1792981	732877
金属制品业	77246	821059	379935
普通机械制造业	56350	1020271	506156
专用设备制造业	200724	4579571	2508910
交通运输设备制造业	199521	1661763	554236
武器弹药制造业	237160	3939326	1516761
电气机械及器材制造业	25749	506898	262980
电子及通信设备制造业	60413	631004	315175
仪器仪表及文化、办公用机械制造业	23014	201771	74900
其他制造业	11620	45250	17765
电力、煤气及水的生产和供应业			
电力、蒸汽、热水的生产和供应业	931053	13703727	4367755
自来水的生产和供应业	108816	642495	235116

单位:千元

# 应收帐款	存 货	# 产成品	流动资产年平均余额	固定资产原 价
177921	195941	155288	398824	170710
13460	14970	8898	51547	81839
363978	383792	142689	1463469	2573670
1109916	3143622	247990	6659712	16825450
47966	347298	42446	814214	853883
26865	232427	85832	379608	518010
100536	250990	116248	441673	594786
742945	841378	249898	2327010	2705355
177327	240013	78006	560033	836494
373394	546202	219200	1375127	3003639
81079	137791	85701	260507	308565
12115	125106	24416	343352	313719
15352	36183	26208	74478	79766
432	7682	3417	18923	10466
294344	92097		4382919	5933502
14387	1848		236463	498211

4—09 全市大中型工业

指标	累计折旧	# 本年折旧	固定资产净值
总计	**28169991**	**1699251**	**22638816**
一、按登记注册类型分组			
内资企业	27997290	1662498	21821255
国有企业	5383002	526213	9318503
中央企业	4044884	412485	6319957
地方企业	1338118	113728	2998546
集体企业	51631	3717	61441
有限责任公司	22549730	1130356	12405307
国有独资公司	21251048	1005965	9908580
其他有限责任公司	1298682	124391	2496727
股份有限公司	12927	2212	36004
港、澳、台商投资企业	128446	28310	745532
合资经营企业(港或澳、台资)	123047	27119	731921
港澳台商独资企业	5399	1191	13611
外商投资企业	44255	8443	72029
中外合资经营企业	44255	8443	72029
二、按经济组织类型分组			
独资企业	5440032	531121	9393555
国有企业	5383002	526213	9318503
集体企业	51631	3717	61441
港澳台商独资经营企业	5399	1191	13611
股份有限公司	12927	2212	36004
股份有限公司(内资)	12927	2212	36004
有限责任公司	22717032	1165918	13209257
国有独资公司	21251048	1005965	9908580
港澳台合资经营企业	123047	27119	731921
中外合资经营企业	44255	8443	72029
其他有限责任公司	1298682	124391	2496727
三、在总计中:			
亏损企业	2066648	173657	3808040
在总计中:			
国有控股企业	28088682	1689585	22499504
在总计中:			
轻工业	1031575	82582	2135745
以农产品为原料	420026	37071	1161943
以非农产品为原料	611549	45511	973802
重工业	27138416	1616669	20503071
采掘工业	2916473	286098	4718346
原料工业	21420390	1123931	8768348
加工工业	2801553	206640	7016377
在总计中:			
特大型企业	20951494	977306	8841415
大一型企业	5149463	518601	9040474
大二型企业	1169475	113432	2631946
中一型企业	508857	55914	1165473
中二型企业	390702	33998	959508

企业主要经济指标（三）

单位：千元

固定资产 净值 年平均余额	负债合计	流动负债 小计	长期负债 小计	所有者权益 合计
32989304	**40239225**	**31322442**	**8916783**	**38395111**
32177151	38901664	30221735	8679929	37271463
9123118	10881908	11852025	－970117	16393168
6229984	6022069	8374889	－2352820	13894785
2893134	4859839	3477136	1382703	2498383
61794	159857	116052	43805	77122
22956368	27795876	18213249	9582627	20765414
20499715	24865020	15791666	9073354	17852960
2456653	2930856	2421583	509273	2912454
35871	64023	40409	23614	35759
739469	1257359	1020505	236854	976710
725191	1101113	864259	236854	880574
14278	156246	156246		96136
72684	80202	80202		146938
72684	80202	80202		146938
9199190	11198011	12124323	－926312	16566426
9123118	10881908	11852025	－970117	16393168
61794	159857	116052	43805	77122
14278	156246	156246		96136
35871	64023	40409	23614	35759
35871	64023	40409	23614	35759
23754243	28977191	19157710	9819481	21792926
20499715	24865020	15791666	9073354	17852960
725191	1101113	864259	236854	880574
72684	80202	80202		146938
2456653	2930856	2421583	509273	2912454
3835338	5570653	3450888	2119765	1729323
32849910	39869854	31001996	8867858	38165373
2079895	2723310	2142737	580578	2421497
1149788	1375726	1177368	198358	1100835
930107	1347584	965369	382215	1320662
30909409	37515915	29179705	8336210	35973614
4772345	5971744	4116090	1855654	6098505
19301514	21182328	16710895	4471433	24484174
6835550	10361843	8352720	2009123	5390935
19458594	19568214	19072698	495516	28745905
8940461	12881392	6150730	6730662	4870049
2445701	4085313	3377335	707978	3027740
1203760	2015726	1604149	411577	1057172
940788	1688580	1117530	571050	694245

4—09　续表 3－1

指　　　标	累计折旧	# 本年折旧	固定资产净值
按行业分			
采掘业			
煤炭采选业	2902035	284142	4664670
黑色金属矿采选业	484	484	17319
非金属矿采选业	13954	1472	36357
制造业			
食品加工业	66791	6860	146971
食品制造业	22417	473	37807
饮料制造业	10490	1131	25102
烟草加工业	77343	10702	252539
纺织业	184160	8546	446734
印刷业	43658	8279	88843
石油加工及炼焦业	800357	86238	1430617
化学原料及化学制品制造业	11871284	77471	－8056025
医药制造业	118282	8738	298548

单位：千元

固定资产 净值 年平均余额	负债合计	流动负债 小计	长期负债 小计	所有者权益 合计
4711880	5914599	4081353	1833246	6043139
24821	21836	7216	14620	14457
35644	35309	27521	7788	40909
146694	92258	84931	7327	151020
37953	60931	46888	14043	18338
33301	53889	51418	2471	27991
263132	432633	359350	73283	235309
450094	537238	467854	69384	423050
71727	67025	53633	13392	67258
1386661	1719488	1427428	292060	1472294
2484320	3558927	2720282	838645	2300918
298916	537860	341199	196661	385600

4—09　续表3—2

指　　　标	累计折旧	# 本年折旧	固定资产净值
化学纤维制造业			
橡胶制造业	55574	9259	115136
塑料制品业	26186	2700	55653
非金属矿物制品业	504233	66831	2069437
黑色金属冶炼及压延加工业	5605225	581708	11220225
有色金属冶炼及压延加工业	211872	31604	642011
金属制品业	171684	7265	346326
普通机械制造业	184072	14329	410714
专用设备制造业	943845	57675	1761510
交通运输设备制造业	268327	20562	568167
武器弹药制造业	906128	43318	2097511
电气机械及器材制造业	94992	8489	213573
电子及通信设备制造业	57296	9218	256423
仪器仪表及文化、办公用机械制造业	17543	1632	62223
其他制造业	4681	671	5785
电力、煤气及水的生产和供应业			
电力、蒸汽、热水的生产和供应业	2734782	326928	3198720
自来水的生产和供应业	272291	22526	225920

单位：千元

固定资产净值年平均余额	负债合计	流动负债小计	长期负债小计	所有者权益合计
105764	516896	459510	57386	335971
54392	117486	76024	41462	34033
1961060	2427769	1680787	746982	1163334
11332909	12356301	6527769	5828532	8409484
587840	1281545	921186	360359	511436
350459	556571	386076	170495	264488
404693	773991	574699	199292	246280
1731073	2718176	2441182	276994	1376065
555518	715076	628946	86130	946687
2036520	2678860	2200847	478013	1260466
210263	402339	295362	106977	104559
244575	452048	288682	163366	178956
61971	156484	62923	93561	45287
5987	20800	19777	1023	24450
3181082	1938764	5014700	—3075936	11764963
220055	94126	74899	19227	548369

指　　标	产品销售收入	产品销售成本	产品销售费用
总　计	**26613821**	**21404203**	**891839**
一、按登记注册类型分组			
内资企业	25304125	20443362	779651
国有企业	9458660	7944351	104470
中央企业	7929700	6794439	44579
地方企业	1528960	1149912	59891
集体企业	107493	95838	2193
有限责任公司	15699206	12387740	657029
国有独资公司	14316230	11264687	589196
其他有限责任公司	1382976	1123053	67833
股份有限公司	38766	15433	15959
港、澳、台商投资企业	1022730	721806	103813
合资经营企业(港或澳、台资)	899056	702398	66232
港澳台商独资企业	123674	19408	37581
外商投资企业	286966	239035	8375
中外合资经营企业	286966	239035	8375
二、按经济组织类型分组			
独资企业	9689827	8059597	144244
国有企业	9458660	7944351	104470
集体企业	107493	95838	2193
港澳台商独资经营企业	123674	19408	37581
股份有限公司	38766	15433	15959
股份有限公司(内资)	38766	15433	15959
有限责任公司	16885228	13329173	731636
国有独资公司	14316230	11264687	589196
港澳台合资经营企业	899056	702398	66232
中外合资经营企业	286966	239035	8375
其他有限责任公司	1382976	1123053	67833
三、在总计中：			
亏损企业	1526249	1327752	46597
在总计中：			
国有控股企业	26237039	21156008	846907
在总计中：			
轻工业	1912947	1260076	113593
以农产品为原料	1044599	768310	17334
以非农产品为原料	868348	491766	96259
重工业	24700874	20144127	778246
采掘工业	2515192	1398724	488553
原料工业	17535785	14912544	124823
加工工业	4649897	3832859	164870
在总计中：			
特大型企业	17510912	14363543	551627
大一型企业	5020710	4048186	116914
大二型企业	2335480	1867505	111127
中一型企业	1104239	744593	31538
中二型企业	642480	380376	80633

企业主要经济指标（四）

单位：千元

产品销售税金及附加	产品销售利润	管理费用	财务费用	利润总额
360191	**3957588**	**2842049**	**1476591**	**496991**
323939	3757173	2780240	1437651	404083
235799	1174040	835844	829925	5656
222435	868247	509590	785520	16832
13364	305793	326254	44405	－11176
1077	8385	11207	3046	－3476
86007	2568430	1926366	601052	400144
72844	2389503	1709528	535763	368121
13163	178927	216838	65289	32023
1056	6318	6823	3628	1759
36252	160859	49921	38942	67152
36252	94174	41452	36213	11421
	66685	8469	2729	55731
	39556	11888	－2	25756
	39556	11888	－2	25756
236876	1249110	855520	835700	57911
235799	1174040	835844	829925	5656
1077	8385	11207	3046	－3476
	66685	8469	2729	55731
1056	6318	6823	3628	1759
1056	6318	6823	3628	1759
122259	2702160	1979706	637263	437321
72844	2389503	1790528	535763	368121
36252	94174	41452	36213	11421
	39556	11888	－2	25756
13163	178927	216838	65289	32023
4567	147333	354624	128921	－228453
359108	3875016	2807530	1469981	453544
176858	362420	281561	26357	130046
173999	84956	110734	8780	2775
2859	277464	170827	17577	127271
183333	3595168	2560488	1450234	366945
25562	602353	493393	111886	35465
107588	2390830	1337553	1122431	451298
50183	601985	729542	215917	－119818
107626	2488116	1612911	1107895	313810
28008	827602	607718	264407	130130
41021	315827	373760	60666	－8191
176168	151940	119783	15867	28702
7368	174103	127877	27756	32540

4—09　续表 4—1

指　　标	产品销售收入	产品销售成本	产品销售费用
按行业分			
采掘业			
煤炭采选业	2477699	1380232	480291
黑色金属矿采选业	25697	11392	4378
非金属矿采选业	11796	7100	3884
制造业			
食品加工业	161269	148579	5888
食品制造业	20389	15156	2336
饮料制造业	28227	18399	95
烟草加工业	487375	293196	
纺织业	233532	207533	4458
印刷业	54528	39903	
石油加工及炼焦业	695656	615332	31496
化学原料及化学制品制造业	1315606	1073405	28831
医药制造业	264714	87356	77708

单位:千元

产品销售税金及附加	产品销售利润	管理费用	财务费用	利润总额
23292	593884	489352	109298	31625
1910	8017	2074	1498	4445
360	452	1967	1090	-605
615	6187	15460	3853	-6998
75	2822	4305	165	139
3080	6653	5903	7	903
168197	25982	17641	1625	15030
1129	20412	29023	903	107
583	14042	14958	1750	178
8537	40291	84954	48558	21342
6787	206583	214406	35986	30875
389	99261	38894	3730	58958

4—09 续表4—2

指 标	产品销售收入	产品销售成本	产品销售费用
化学纤维制造业			
橡胶制造业	552367	485415	27221
塑料制品业	42162	40701	1306
非金属矿物制品业	1087397	800557	48484
黑色金属冶炼及压延加工业	9309470	7756494	50737
有色金属冶炼及压延加工业	505292	474782	3073
金属制品业	153931	114572	5665
普通机械制造业	217001	165448	10090
专用设备制造业	1071273	916927	45735
交通运输设备制造业	565798	440975	13950
武器弹药制造业	1090988	957959	29166
电气机械及器材制造业	116654	85309	5036
电子及通信设备制造业	181494	141412	2109
仪器仪表及文化、办公用机械制造业	48669	27620	3362
其他制造业	45687	39526	852
电力、煤气及水的生产和供应业			
电力、蒸汽、热水的生产和供应业	5655682	4977216	877
自来水的生产和供应业	193468	81704	4811

单位：千元

产品销售税金及附加	产品销售利润	管理费用	财务费用	利润总额
36252	3479	5348	11606	34
77	78	6993	1226	－5862
5468	232888	116543	56773	60344
39946	1462293	878337	324562	282200
568	26869	32748	6197	－11707
376	33315	35523	15727	－11
1300	40163	58499	12118	－12480
4782	103829	164250	51129	－32533
3034	107839	104482	9739	5794
993	102870	239921	70692	－103970
615	25694	28087	6654	－12899
80	37893	32181	134	7140
497	17190	12832	4136	1186
869	4440	3070	1332	40
49490	628099	116584	697274	125524
890	106063	87714	－1171	38192

4—09 全市大中型工业

指　　标	亏损企业亏损总额	利税总额	本年应付工资总额
总　　计	**228453**	**2502167**	**3177321**
一、按登记注册类型分组			
内资企业	221928	2295480	3088916
国有企业	216057	792059	744709
中央企业	148960	722044	494615
地方企业	67097	70015	250094
集体企业	3588	1482	8560
有限责任公司	2283	1495083	2329244
国有独资公司		1349283	2035258
其他有限责任公司	2283	145800	293986
股份有限公司		6856	6403
港、澳、台商投资企业		170962	79881
合资经营企业(港或澳、台资)		96341	73247
港澳台商独资企业		74621	6634
外商投资企业	6525	35725	8524
中外合资经营企业	6525	35725	8524
二、按经济组织类型分组			
独资企业	219645	868162	759903
国有企业	216057	792059	744709
集体企业	3588	1482	8560
港澳台商独资经营企业		74621	6634
股份有限公司		6856	6403
股份有限公司(内资)		6856	6403
有限责任公司	8808	1627149	2411015
国有独资公司		1349283	2035258
港澳台合资经营企业		96341	73247
中外合资经营企业	6525	35725	8524
其他有限责任公司	2283	145800	293986
三、在总计中：			
亏损企业	228453	－190523	237453
在总计中：			
国有控股企业	216057	2434835	3159031
在总计中：			
轻工业	27942	440914	197421
以农产品为原料	17746	245939	84403
以非农产品为原料	10196	194975	113018
重工业	200511	2061253	2979900
采掘工业	605	335024	715714
原料工业	26084	1624354	1607530
加工工业	173822	101875	656656
在总计中：			
特大型企业		1580400	2044644
大一型企业	87012	430652	599915
大二型企业	80623	110255	274059
中一型企业	23131	290832	144700
中二型企业	37687	90028	114003

企业主要经济指标（五）

单位：千元

本年应付福利费总额	本年应交增值税	进项税额	销项税额	全部从业人员年平均人数（人）
434165	**1644985**	**3685474**	**5265809**	**305082**
423341	1567458	3571490	5073123	298596
92452	550604	1071114	1618630	93338
63945	482777	906898	1390662	54228
28507	67827	164216	227968	39110
1096	3881	14749	17323	1955
329793	1008932	2484629	3432131	202525
293565	908318	2330120	3177927	169696
36228	100614	154509	254204	32829
	4041	998	5039	778
9586	67558	98067	166800	5697
9260	48668	95887	143960	5270
326	18890	2180	22840	427
1238	9969	15917	25886	789
1238	9969	15917	25886	789
93874	573375	1088043	1658793	95720
92452	550604	1071114	1618630	93338
1096	3881	14749	17323	1955
326	18890	2180	22840	427
	4041	998	5039	778
	4041	998	5039	778
340291	1067569	2596433	3601977	208584
293565	908318	2330120	3177927	169696
9260	48668	95887	143960	5270
1238	9969	15917	25886	789
36228	100614	154509	254204	32829
28690	33363	130562	156041	43730
482292	1622183	3666942	5224074	301958
25410	134010	138995	272681	25970
11482	69165	79624	148039	12466
13928	64845	59371	124642	13504
408755	1510975	3546479	4993128	279112
91801	273997	273454	530731	73001
229348	1065468	2736350	3768585	113017
87606	171510	536675	693812	93094
287679	1158964	2856103	4010437	160884
85168	272514	459709	672751	74938
37058	77425	214535	288611	30184
13644	85962	101829	187876	18920
10616	50120	53298	106134	20156

4—09　续表 5—1

指　　　　标	亏损企业亏损总额	利税总额	本年应付工资总额
按行业分			
采掘业			
煤炭采选业		328033	712607
黑色金属矿采选业		7022	820
非金属矿采选业	605	—31	2287
制造业			
食品加工业	6998	—6355	2969
食品制造业		963	4117
饮料制造业		5250	3600
烟草加工业		232881	20000
纺织业	4141	11920	31886
印刷业		6415	14608
石油加工及炼焦业		99720	136492
化学原料及化学制品制造业	6607	114659	184797
医药制造业	7913	92906	23200

单位：千元

本年应付福利费总额	本年应交增值税	进项税额	销项税额	全部从业人员年平均人数（人）
91398	273116	269449	525845	72418
	667	2673	3340	210
403	214	1332	1546	373
1002	28	1555	1583	1281
569	749	2452	3197	981
496	1267	3552	4803	414
2800	49654	34020	83674	1469
4309	10684	30668	40716	6060
2035	5654	4342	9915	1288
19110	69841	81061	150902	12771
21571	76997	219273	286947	22592
1727	33559	18765	53602	3489

4—09 续表5—2

指　　标	亏损企业亏损总额	利税总额	本年应付工资总额
化学纤维制造业			
橡胶制造业		57006	46046
塑料制品业	5871	—5255	3669
非金属矿物制品业		130783	67559
黑色金属冶炼及压延加工业		830819	1092230
有色金属冶炼及压延加工业	15544	—1477	39191
金属制品业	23	3630	44758
普通机械制造业	13243	1456	49456
专用设备制造业	33760	21718	138031
交通运输设备制造业		39246	121081
武器弹药制造业	105157	—93197	198294
电气机械及器材制造业	13051	—7867	23834
电子及通信设备制造业	5000	8190	15961
仪器仪表及文化、办公用机械制造业		5046	7809
其他制造业		2569	1550
电力、煤气及水的生产和供应业			
电力、蒸汽、热水的生产和供应业	10540	564266	160417
自来水的生产和供应业		51851	30052

单位：千元

本年应付福利费总额	本年应交增值税	进项税额	销项税额	全部从业人员年平均人数（人）
				1
5463	20720	64100	84820	2171
405	530	5971	6277	1032
13357	64971	125210	188306	12625
160029	508673	1637130	2112850	62079
3946	9662	82358	89325	4765
6211	3265	11011	14012	6289
5694	12636	27001	39519	7867
19658	49469	162555	213959	22037
17885	30418	57260	86188	11798
24421	9780	99982	97114	31748
3177	4417	15612	20004	4019
2583	970	5646	6620	3269
891	3363	4816	8179	1926
232	1660	6660	7800	341
20983	389252	711020	1111997	7993
3810	12769		12769	1776

4—10 主要能源按工

指　　标	原　煤（吨）	洗精煤（吨）	其他洗煤（吨）	焦　炭（吨）	焦炉煤气（万立方米）
总　　计	**28142890**	**3404576**	**229450**	**1970692**	**69523**
采掘业	**15328213**	**145581**		**1797**	
煤炭采选业	15306845	145581		5	
石油和天然气开采业					
黑色金属矿采选业	670			1792	
有色金属矿采选业	17800				
非金属矿采选业	2898				
其他矿采选业					
木材及竹材采运业					
制造业	**7352013**	**3258995**	**229450**	**1968867**	**69523**
食品加工业	16745				
食品制造业	29535				
饮料制造业	19988				
烟草加工业	24837				
纺织业	54315			125	
服装及其他纤维制造业	2338				
皮革、毛皮、羽绒及其制品业	980				
木材加工及竹、藤、棕、草制品业					
家具制造业	500				
造纸及纸制品业	8000				
印刷业	2937				
文教体育用品制造业	807				
石油加工及炼焦业	4019367	1086673	151276	1957	8043
化学原料及化学制品制造业	221777	587827		388474	9343
医药制造业	9231				
化学纤维制造业	23650				
橡胶制造业	40159				
塑料制品业	5249				
非金属矿物制品业	447089			332	157
黑色金属冶炼及压延加工业	1625723	1584495		1415909	50763
有色金属冶炼及压延加工业	257891			374	251
金属制品业	119270			156232	7
普通机械制造业	24384			823	6
专用设备制造业	154893		78174	1402	
交通运输设备制造业	70236			2521	455
武器弹药制造业	131473			667	
电气机械及器材制造业	25153			51	498
电子及通信设备制造业	8050				
仪器仪表及文化、办公用机械制造业	5950				
其他制造业	1486				
电力、煤气及水的生产和供应业	**5462664**			**28**	
电力、蒸汽、热水的生产和供应业	5462664			28	
自来水的生产和供应业					

业行业分组消费量

高炉煤气（万立方米）	其他煤气（万立方米）	汽　油（吨）	煤　油（吨）	柴　油（吨）	燃料油（吨）	热　力（百万千焦）	电　力（万千瓦时）	其他燃料（吨标准煤）
408746	**108756**	**19490**	**5023**	**42907**	**69281**	**12357518**	**720268**	**110228**
		2911	**4039**	**5868**		**101722**	**80139**	**104981**
		2898	4039	5661		101722	78151	104981
		8		62			1452	
				145			245	
		5					291	
408746	**108756**	**16105**	**980**	**31036**	**61765**	**12357518**	**503836**	**5247**
		197		191			914	
		215		97			573	
		40					820	
		55		26			1632	
		133		109			5446	
		58					491	
		34					23	
		91		28			162	
		56		66			872	
		179	3	42			360	
				7			20	
	17916	649	391	4246	45	2912	13323	
	34	1241	10	700	314	3975751	111551	1624
		103		51		182647	1067	
		44					4672	
		288	5	111			4673	
		41		12			317	
		707	5	1714	48071		29985	
408746	59591	6818	84	17099	12357	6048540	226266	
		320		1067	978		56664	
		1663	1	3970			3656	
		739	15	259			2737	
	24256	811	41	519			15621	
		576	39	318			4623	
	6959	658	381	380		2041945	13733	3623
		230	4	6			2320	
		87		18			795	
		60	1				450	
		12					70	
		474	**4**	**6003**	**7516**	**4001**	**136293**	
		287	4	5935	7516	4001	129818	
		187		68			6475	

4—11 民用汽车拥有量

单位：辆

指标	2000年	1999年	比1999年增长(%)
一、民用汽车	**127676**	**108105**	**18.10**
1.客车	61322	45549	34.63
2.普通货车	62033	58417	6.19
3.专用货车	1123	1028	9.24
4.其他专用汽车	1894	1806	4.87
5.特种汽车	1304	1305	
二、拖拉机	**9013**	**8701**	**3.59**
三、摩托车	**88587**	**80877**	**9.53**
四、其他机动车	**2127**	**2114**	**0.61**
五、载货汽车	**6134**	**6024**	**1.83**

4—12 旅客运输量及周转量

指标	2000年	1999年	比1999年增长(%)
旅客发送量总计(万人)			
铁　路	1184	829	42.5
公　路	1291	1064	21.3
民　航	46.1	43.5	5.9
旅客周转量总计(万人公里)			
铁　路	246240	233880	5.3
公　路	93613	62035	50.9

4—13 货物运输量及周转量

指标	2000年	1999年	比1999年增长(%)
货物运输量总计(万吨)			
铁　路	5603	3932	42.5
公　路	8600	7960	8.0
航　空	4.1	3.2	28.1
货物周转量总计(万吨公里)			
铁　路	1715450	1560400	9.9
公　路	332123	297109	11.8

4—14 邮电局(所)邮电线路及通信工具拥有量

指　　　标	单　位	2000年	1999年	比1999年增长(%)
邮电局(所)总数	处	200	200	
# 设在农村	处	66	72	－0.08
邮路总条数	条	85	106	－19.8
邮路总长度	公里	69654	60072	15.9
汽车邮路	公里	5290	5836	－9.4
铁路邮路	公里	5788	7235	－20.0
航空邮路	公里	57961	46413	24.9
农村投递线路总长度	公里	3903	4182	－6.7
已通电话的行政村	个	967	1012	－4.4
电话交换机容量	门	917680	752526	21.9

4—15 邮电业务量

指　　　标	单　位	2000 年	1999 年	比 1999 年增长(%)
邮电业务总量	**万元**	**238105**	**180446**	**31.9**
函件	万件	3821	3867	-1.2
包件	万件	42	35	20.0
特快专递	万件	50	42	19.0
汇费	万张	111	117	-5.1
订销报纸	万份	7058	7299	-3.3
订销杂志	万份	651	834	-22.0
电报	万份	9	12	-25.0
长途电话	万次	10888	9470	15.0
年末电话用户	户	690534	467792	38.9
# 住宅电话	户	469223	372015	20.3
公用电话	部	25490	18197	33.8
# IC 电话	部	6786	4597	47.0
移动电话用户	户	301759	237880	26.9

第五篇

企业调查

资料整理

赵并生　申玉莲　韩玲玲　王亮萍

审　　核

赵并生　申玉莲　韩玲玲

5—01 企业家信心指数

指　　标	景　气　指　数			
	一季度	二季度	三季度	四季度
企业家信心指数	**100.32**	**104.70**	**115.84**	**116.57**
按行业门类分				
1.工业	100.59	100.71	113.31	113.98
2.建筑业	100.21	113.07	120.55	117.24
3.交通、仓储及邮电通信业	100.36	155.64	157.82	157.82
4.批发和零售贸易、餐饮业	87.54	83.16	99.99	111.10
5.房地产业	136.15	136.15	133.33	147.83
6.社会服务业	89.69	96.00	108.70	103.68
按经济类型分				
1.国有企业	88.11	91.23	105.04	108.04
2.集体企业	122.22	100.00	94.44	123.53
3.股份合作企业	100.00	100.00	100.00	100.00
4.有限责任公司	128.93	127.91	154.72	153.91
5.股份有限公司	147.72	166.57	166.57	142.73
6.私营企业	200.00	100.00	100.00	200.00
7.外商及港澳台投资企业	108.68	80.32	77.86	65.36
按规模分				
1.特大	126.79	109.47	144.06	144.06
2.大型	111.33	129.88	130.39	119.88
3.中型	99.19	96.69	106.84	112.93
4.小型	84.09	97.73	100.00	112.20
特殊分组				
1.国家重点联系企业	160.89	171.29	189.60	189.60
2.试点企业集团成员	200.00	200.00	200.00	200.00
3.乡镇企业	150.00	100.00	150.00	200.00
4.上市公司	179.27	188.88	179.03	140.63

5—02 企业景气指数

指标	景气指数			
	一季度	二季度	三季度	四季度
企业景气指数	**85.79**	**112.19**	**117.31**	**117.61**
按行业门类分				
1.工业	97.47	104.86	110.97	120.94
2.建筑业	33.93	112.87	135.38	133.28
3.交通、仓储及邮电通信业	106.36	145.64	147.82	127.82
4.批发和零售贸易、餐饮业	95.10	97.04	113.18	105.91
5.房地产业	100.00	108.33	101.31	79.63
6.社会服务业	95.39	128.00	104.35	101.84
按经济类型分				
1.国有企业	77.78	102.63	108.64	106.48
2.集体企业	83.33	72.22	100.00	100.00
3.股份合作企业	100.00	100.00	100.00	100.00
4.有限责任公司	111.35	127.35	134.66	132.03
5.股份有限公司	141.58	163.65	167.23	184.87
6.私营企业	200.00	200.00	200.00	200.00
7.外商及港澳台投资企业	85.26	80.32	97.30	141.71
按规模分				
1.特大型	108.61	133.62	150.91	150.91
2.大型	93.77	136.70	149.59	145.74
3.中型	85.48	98.35	105.98	104.31
4.小型	72.09	90.91	81.40	92.68
特殊分组				
1.国家重点联系企业	169.95	162.24	190.94	189.6
2.试点企业集团成员	200.00	200.00	200.00	200.00
3.乡镇企业	150.00	150.00	150.00	150.00
4.上市公司	185.49	190.39	180.37	192.51
生产总量景气指数	79.96	131.54	139.43	126.89
盈利(亏损)变化景气指数	74.91	97.52	100.31	100.68
流动资金景气指数	42.31	34.75	31.06	35.00
货款拖欠景气指数	108.88	94.94	102.68	98.41
劳动力需求景气指数	71.40	92.83	88.31	79.69
固定资产投资景气指数	96.72	116.61	115.73	115.30

5—03 国民经济各行业企业景气指数

指　　标	景　气　指　数			
	一季度	二季度	三季度	四季度
一、工业	**97.47**	**104.86**	**110.97**	**120.94**
煤炭采选业	80.00	82.92	120.00	114.49
非金属矿采选业				
食品加工业	200.00	200.00	200.00	200.00
食品制造业	50.00	100.00	100.00	100.00
饮料制造业	200.00	100.00		100.00
烟草加工业	100.00	100.00	100.00	100.00
纺织业	38.00	45.93	100.00	75.00
家具制造业		100.00		
造纸及纸制品业	100.00	100.00	100.00	100.00
印刷业、记录媒介的复制	66.67	66.67	100.00	166.67
文教体育用品制造业		100.00	100.00	100.00
石油加工及炼焦业	200.00	200.00	100.00	200.00
化学原料及化学制品制造业	98.68	73.12	111.86	136.82
医药制造业	66.67	133.33	66.67	100.00
化学纤维制造业	33.33	50.00	100.00	100.00
橡胶制品业				100.00
塑料制品业	20.00	60.00	50.00	66.67
非金属矿物制品业	80.50	93.25	137.95	110.80
黑色金属冶炼及压延加工业	200.00	200.00	200.00	200.00
有色金属冶炼及压延加工业	161.89	180.94	161.89	161.89
金属制品业	60.00	60.00	100.00	100.00
普通机械制造业	87.50	62.50	75.00	62.50
专用设备制造业	54.78	82.24	84.37	92.52
交通运输设备制造业	81.47	84.52	100.00	152.42
电气机械及制造业	100.00	60.00	60.00	60.00
电子及通信设备制造业	128.57	114.29	128.57	157.14

5—03 续表

指标	景气指数			
	一季度	二季度	三季度	四季度
仪器仪表及文化办公制造业	150.00	150.00	150.00	150.00
其他制造业	100.00	100.00	100.00	100.00
电力、蒸汽、热水生产供应业	120.27	120.27	125.09	120.27
煤气生产和供应业	100.00	100.00	100.00	100.00
自来水的生产和供应业	200.00	200.00	200.00	100.00
二、建筑业	**33.93**	**112.87**	**135.38**	**133.28**
土木工程建筑业	34.36	112.69	137.28	132.92
线路、管道和设备安装业	27.65	124.34	120.64	141.01
三、交通运输仓储及邮电通信业	**106.36**	**145.64**	**147.82**	**127.82**
铁路运输业	100.00	200.00	200.00	200.00
公路运输业	50.00	50.00	50.00	50.00
仓储业	100.00	200.00	200.00	100.00
邮电通信业	149.79	139.58	149.79	149.79
四、批发和零售贸易餐饮业	**95.10**	**97.04**	**113.18**	**105.91**
食品、饮料、烟草等批发业	109.09	145.45	145.45	118.18
能源材料和机械等批发业	89.33	96.32	80.39	80.11
其他批发业	150.00	150.00	100.00	50.00
零售业	96.06	77.62	118.95	129.09
餐饮业	60.00	20.00	125.00	125.00
五、房地产业	**100.00**	**108.33**	**101.31**	**79.63**
房地产开发与经营业	100.00	108.33	101.31	79.63
房地产管理业				
六、社会服务业	**95.36**	**128.00**	**104.35**	**101.84**
公共设施服务业	200.00	200.00	200.00	200.00
居民服务业	50.00			
旅馆业	85.65	146.67	107.69	110.95
租赁服务业	100.00			100.00
旅游业	120.00	160.00	140.00	100.00
信息、咨询服务业	100.00		100.00	100.00

5—04　企业集团财务指标

指　　标	本年实际（万元）	去年同期（万元）	同比（%）
年末资产总计	6054575	5453658	11.02
固定资产原价	3886235	3677743	5.67
累计折旧	1320835	1178619	12.07
# 本年折旧	134879	120816	11.64
累计对外投资	96867	123268	—21.42
# 本年对外投资	3399	1266	168.50
存货	801915	739187	8.49
流动资产年平均余额	2494087	2150598	15.97
年末负债合计	3741473	3354322	11.54
流动负债	2579952	2275123	13.40
年末少数股东权益	323081	193478	66.99
年末股东（所有者）权益合计	1990020	1905857	4.42
股本（实收资本）	1153682	925350	24.68
主营业务收入	2511659	2096374	19.81
# 出口额	271507	141379	92.04
# 主营业务成本	2085190	1697169	22.86
主营业务税金及附加	18868	17323	8.92
其它业务收入	94744	71472	32.56
存货跌价和营业、管理、财务等费用合计	374202	304810	22.77
税金	10972	11542	—4.94
劳动待业保险费	48169	57009	—14.72
# 利息支出	72220	73089	—1.19
投资收益	6184	10913	—43.34
营业外收入	17717	14589	21.44
利润总额	18655	19377	—3.73
应交所得税	23458	22846	2.68
应交增值税	126064	109035	15.62
固定资产投资完成额	174664	121569	43.67
研究开发费用	7912	5254	50.60

5—05 现代企业制度及国家重点企业跟踪监测财务指标

指　　标	本年实际（万元）	去年同期（万元）	同比（%）
年末资产总计	4284418	3892610	10.07
固定资产原价	2809970	2683820	4.70
累计折旧	975933	886543	10.08
# 本年折旧	88823	87370	1.66
累计对外投资	342176	376802	－9.19
# 本年对外投资	－3436	23388	－114.69
存货	457859	476648	－3.94
流动资产年平均余额	1601813	1360256	17.76
年末负债合计	2301386	2100327	9.57
流动负债	1474073	1367257	7.81
年末股东（所有者）权益合计	1983032	1792283	10.64
股本（实收资本）	1035271	839030	23.39
主营业务收入	1220233	1187767	2.73
# 出口额	36029	35242	2.23
# 主营业务成本	959238	953984	0.55
主营业务税金及附加	7126	6622	7.61
其它业务收入	221759	174723	26.92
存货跌价和营业、管理、财务等费用合计	366199	190040	92.70
税金	7788	8285	－6.00
劳动待业保险费	30590	44474	－31.22
# 利息支出	53979	57553	－6.21
投资收益	28344	17782	59.39
营业外收入	13817	4303	221.09
利润总额	22223	－4133	－637.58
应交所得税	14055	8186	71.70
应交增值税	88929	74967	18.62
固定资产投资完成额	158129	137197	15.26
研究开发费用	3854	3947	－2.37

第六篇

固定资产投资
建筑业

资料整理

李拥权　郑慧华　赵凤英　郭林渔

审　　核

李拥权　赵凤英

6—01 固定资产投资规模

单位:万元

指　　标	2000年	1999年	为1999年 %
总　　计	**1047702**	**917161**	**114.2**
按投资类型分			
基本建设投资	435923	395404	110.2
更新改造措施投资	328381	301104	109.1
其他固定资产投资	39436	33436	117.9
房地产开发投资	160659	117077	137.2
零星固定资产投资	21908	19131	114.5
农村集体固定资产投资	20715	16616	124.7
农村私人投资	33601	29477	114.0
城镇私人投资	7079	4916	144.0
按隶属关系分			
中央项目	251931	250297	100.7
省属项目	285865	235479	121.4
市属项目	324535	286671	113.2
县(市、区)项目	46983	38584	121.8
其　　他	138388	106130	130.4

6—02 施工及竣工房屋建筑面积

单位:万平方米

指　　标	全年施工房屋面积	#住宅	全年竣工房屋面积	#住宅	房屋竣工面积竣工率 (%)
总　　计	**1072.93**	**773.26**	**442.07**	**345.31**	**41.2**
按投资类型分					
基本建设投资	554.90	371.30	232.24	174.52	41.9
更新改造措施投资	49.97	27.82	26.27	18.47	52.6
其他固定资产投资	38.82	15.55	17.58	9.61	45.3
房地产开发投资	289.98	238.36	84.70	72.97	29.2
零星固定资产投资	0.89	0.02	0.58		65.2
农村集体固定资产投资	73.04	57.33	15.37	6.86	21.0
农村私人投资	49.96	48.13	49.96	48.13	100.0
城镇私人投资	15.37	14.75	15.37	14.75	100.0

6—03 基本建设和更新改造投资额

单位:万元

指标	本年完成投资		本年新增固定资产	
	基本建设	更新改造	基本建设	更新改造
总计	**435923**	**328381**	**393291**	**261169**
# 住宅	157147	15891	157147	15891
按登记注册类型分				
内资	434500	315428	389864	256216
国有	386999	243699	340202	188535
股份合作	5000		5000	
国有联营				
集体联营				
国有独资	8479	44509	4122	24931
其他有限责任	27326	7599	15814	6072
股份有限	6571	18651	23958	35822
其他	125	970	768	856
港澳台商投资	1423	12953	3427	4953
合资经营	28	12953		4953
股份有限	1395		3427	
外商投资				
合资经营				
独资				
按隶属关系分				
中央项目	149244	92263	101140	70335
地方项目	286679	236118	292151	190834
省属	121746	147746	121209	129446
市属	119093	72304	115874	53321
区属				
县属	22877	9551	25629	7417
其他	22963	6517	29439	650
按建设性质分				
# 新建	124220	17911	58514	292
扩建	153309	65527	183484	38105
改建	33770	22638	37856	204047
按构成分				
建筑工程	341041	116724		
安装工程	16750	50585		

6—03 续表

单位:万元

指标	本年完成投资		本年新增固定资产	
	基本建设	更新改造	基本建设	更新改造
设备工器具购置	47170	125501		
其他费用	30962	35571		
按项目规模分				
大中型项目	38547		2268	
小型项目	380837		390138	
更新改造限上项目		36431		21124
其他项目	16539	291950	885	240045
按国民经济部门(行业)分				
农、林、牧、渔业	2812	173	2306	53
采掘业	2558	34387	1370	25037
制造业	68625	151857	59117	138073
电力、煤气及水的生产和供应业	119026	19667	121448	28039
建筑业	22989	10084	20962	9351
地质勘查业、水利管理业	5655		1837	
交通运输、仓储及邮电通信业	19021	56265	21865	33106
批发和零售贸易、餐饮业	24701	22	19568	2612
金融、保险业	7446		2629	
房地产业	2574	1500	4180	
社会服务业	24367	54086	10115	24508
卫生、体育和社会福利业	16573		15879	
教育、文化艺术及广播电影、电视业	45207	280	41523	330
科学研究和综合技术服务业	12708		10041	
国家机关、政党机关和社会团体	41376	60	50770	60
其他行业	20285		9681	

6—04 国有单位零星固定资产投资额

单位:万元

指标	本年实际完成投资	本年新增固定资产
总计	**21908**	**21595**
按隶属关系分		
中央项目	10424	10322
地方项目	11484	11273
省属	3745	3648
市属	5589	5567
区属		
县属	1329	1237
其他	821	821
按国民经济部门(行业)分		
采掘业	203	123
制造业	3190	3208
电力、煤气及水的生产和供应业	290	290
建筑业	1516	1516
地质勘查业、水利管理业	244	244
交通运输、仓储及邮电通信业	7096	7024
批发和零售贸易、餐饮业	1107	1087
金融、保险业	176	176
房地产业	881	881
社会服务业	480	480
卫生、体育和社会福利业	2399	2359
教育、文化艺术及广播电影电视业	1700	1678
科学研究和综合技术服务业	289	192
国家机关、政党机关和社会团体	2337	2337

6—05 固定资产投资资金来源情况

单位:万元

指　　标	基本建设投　资	更新改造投　资	房地产开发投资	其他固定资产投资
一、本年资金来源合计	**478405**	**465765**	**255408**	**62628**
1.上年末结余资金	58293	54352	38902	16846
2.本年资金来源小计	420112	411413	216506	45782
(1)国家预算内资金	51499	15302		65
(2)国内贷款	66397	32812	55199	4780
(3)债　券		4000		
(4)利用外资	1315	2096		
# 外商直接投资		2096		
对外借款	15			
# 统借统还				
(5)自筹资金	135455	330987	57069	30978
中央各部门自筹	10875	14166		91
省自筹	18019	7585		507
地(市)自筹	15418	15627		145
县自筹	2403	1306		80
企、事业单位自筹	88740	292303	28711	30155
# 发行股票		79950		
(6)其他资金	165446	26216	104238	9959
# 集资	139407	7847	6020	6685
二、本年各项应付款合计	**87026**	**55744**		**1037**
# 工程款	36392	36850		990
设备、器材款	23271	15642		20

6—06　基本建设和更新改造新增生产能力(或效益)

指　　标	单　位	本年新增生产能力
扎钢材	万吨/年	3
粮食仓库：面积	平方米	31871
储粮	万公斤	1185
造林面积	千公顷	3．3
程控交换机	万线/年	12．6
电话单机	万部/年	22．7
城市道路扩建长度	公里	12．9
城市道路扩建面积	万平方米	53．9
城市供热能力：蒸气	吨/小时	2543
热水	兆瓦/小时	238
城市公共车辆购置	辆	20

6—07 其他固定资产投资完成情况

单位：万元

指　　标	本年完成投资额	本年新增固定资产
总　　计	**39436**	**43937**
按隶属关系分		
地方项目	39436	43937
省　属	12628	18873
市　属	12212	14218
区　属		
县　属	3997	3399
其　他	10599	7447
按国民经济部门(行业)分		
农、林、牧、渔业	960	320
采　掘　业	12028	18452
制　造　业	8730	7287
电力、煤气及水的生产和供应业	45	
建　筑　业	5	
交通运输、仓储及邮电通信业	268	
批发和零售贸易、餐饮业	5561	5216
房地产业	560	560
社会服务业	3041	454
卫生、体育和社会福利业	10	
教育、文化艺术及广播电影电视业	247	387
科学研究和综合技术服务业	768	391
国家机关、政党机关和社会团体	70	50
其他行业	7143	10820

6—08　房地产开发投资完成情况

指　　标	单位	合计		按经济类型分			按隶属关系分		
			# 住宅	国有	集体	其他	中央	省属	市属
房地产开发投资	万元	160659	87450	49770	12180	98709			160659
本年新增固定资产	万元	94033		27245	8652	58136			94033
商品房屋建筑面积									
施工面积	万平方米	289.98	238.36	124.00	6.91	159.07			289.98
竣工面积	万平方米	84.70	72.97	40.37	4.79	39.54			84.70
商品房屋销售面积	万平方米	39.82	36.42	18.52	5.33	15.97			39.82
商品房屋销售额	万元	61973	49793	20531	6801	34641			61973

6—09　房地产开发资金来源情况

单位:万元

指　　标	合计	按经济类型分			按隶属关系分		
		国有	集体	其他	中央	省属	市属
一、本年资金来源合计	255408	90867	16593	147948			255408
1.年末结余资金	38902	11281	1111	26510			38902
2.本年资金来源小计	216506	79586	15482	121438			216506
(1)国家预算内资金							
(2)国内贷款	55199	10010	3490	41699			55199
(3)债券							
(4)利用外资							
(5)自筹资金	57069	15276	5190	36603			57069
# 自有资金	28711	4563	5190	18958			28711
(6)其他资金来源	104238	54300	6802	43136			104238
# 集资	6020	5452		568			6020
定金及预收款	80364	40636	6802	32926			80364
二、本年各项应付款	57360	14882	1531	40947			57360
# 工程款	40444	6894	905	32645			40444
设备款	1331		6	1325			1331

6—10 房地产开发单位生产和经营情况

单位:万元

指　　标	总计	按经济类型分			按隶属关系分		
		国有	集体	其他	中央	省属	市属
一、实收资本合计	86034	16097	2779	67158			86034
# 国家资本	7530	7530					7530
二、年末资产负债情况							
资产总计	548387	187927	40964	319496			548387
固定资产累计折旧	6057	1920	100	4037			6057
# 本年折旧	1441	326	15	1100			1441
负债总计	445437	189301	32067	224069			445437
所有者权益合计	102950	—1374	8897	95427			102950
三、损益情况							
1.经营收入总计	91708	30358	11625	49725			91708
(1)土地转让收入	7510	6210		1300			7510
(2)商品房屋销售收入	77088	23291	11596	42201			77088
# 销售给个人	41574	18423		23151			41574
商品住宅销售收入	61858	21821	11096	28941			61858
# 销售给个人	41104	17953		23151			41104
(3)房屋出租收入	232	30	29	173			232
(4)其他收入	6878	827		6051			6878
2.(1)经营成本	80201	28296	9571	42334			80201
(2)销售费用	3223	944	107	2172			3223
(3)经营税金及附加	3239	768	604	1867			3239
(4)其他业务利润	271	85		186			271
(5)管理费用及财务费用	12198	4422	626	7150			12198
(6)投资收益及营业外收入	471	69	26	376			471
(7)营业外支出	646	397	90	159			646
3.利润总额	—7057	—4315	653	—3395			—7057

6—11 房地产开发商品房销售与出租情况

单位:平方米

指　　标	实际销售	预　售	空　置	出　租	实际销售额（万元）
房屋面积	398211	230154	149146	7099	61973
# 外销(租)					
个人	244465	192061			34166
1.住宅	364165	230154	123552		49793
# 别墅、高档公寓	6000		8000		1500
安居工程	87994	162781	29447		10411
# 个人	240586	192061			32746
2.办公楼	24167		8200	3574	8100
3.商业营业用房	9596		16394	3225	4018
4.其他	283		1000	300	62

6—12 房地产开发施工、竣工面积及竣工价值

单位:平方米

指　　标	施工面积	# 新开工	竣工面积	竣工房屋价值(万元)
房屋建筑面积	2899792	567743	847023	69552
按用途分				
1.住宅	2383645	525376	729747	48587
# 别墅、高档公寓	24000	10000	14000	1400
安居工程	1110185	278617	276813	18145
2.办公楼	308666	14936	78500	17269
3.商业营业用房	157850	17901	32730	3218
4.其　　他	49631	9530	6046	478

6—13 农村集体固定资产投资完成情况

指　　　标	单　位	2000 年	1999 年	为 1999 年%
实际完成投资	万元	20715	16616	124.7
# 住宅	万元	8431	2152	391.8
按构成分				
建筑工程	万元	18384	13296	138.3
安装工程	万元	300	681	44.1
设备工器具购置	万元	2018	2546	79.3
其他费用	万元	13	93	14.0
本年新增固定资产	万元	22077	16734	131.9
施工房屋面积	平方米	730361	169616	430.6
# 住宅	平方米	573331	41400	1384.9
竣工房屋面积	平方米	153622	69316	221.7
# 住宅	平方米	68642	19400	353.8
竣工房屋价值	万元	15017	10376	144.7
# 住宅	万元	7148	1718	416.1

6—14 农村私人固定资产投资情况

指　　标	单　位	2000年	1999年	为1999年%
实际完成投资额	万元	33601	29477	114.0
竣工房屋间数	间	27600	26425	104.4
#住　宅	间	26233	25118	104.4
竣工房屋建筑面积	平方米	499595	498976	100.1
#住　宅	平方米	481330	478784	100.5
竣工房屋投资额	万元	25997	21302	122.0
#住　宅	万元	24367	20760	117.4
此外:购置生产性固定资产	万元	7604	8175	93.0

6—15 城镇和工矿区私人投资情况

指　　标	单　位	2000 年	1999 年	为 1999 年%
实际完成投资额	万元	7079	4916	144.0
城镇工矿区个数	个	33	33	100.0
竣工房屋建筑面积	平方米	153716	110929	138.6
# 住　宅	平方米	147502	96380	153.0
竣工房屋价值	万元	7079	4916	144.0
# 住　宅	万元	6708	4281	156.7
建房户数	户	1432	1026	139.6

6—16 建筑业主要经济指标

指标	单位	2000年	1999年	为1999年%
施工单位	个	148	148	100
施工产值	万元	1326677	1253987	105.8
# 建筑工程	万元	1165811	1062216	109.8
安装工程	万元	154339	185542	83.2
房屋建筑施工面积	万平方米	763	647	117.9
房屋建筑竣工面积	万平方米	264	214	123.4
年末实有全部职工人数	人	77207	108323	71.3
工资总额	万元	54018	50848	106.2
劳动生产率				
按总产值计算	元/人	86465	75156	115.1
按房屋建筑竣工面积计算	平方米/人	17.2	12.80	134.3
资本金合计	万元	249924	212965	117.4
# 国家资本金	万元	108937	100782	108.1
流动资产	万元	1234597	1142009	108.1
流动负债	万元	1088399	1209872	89.9
所有者权益	万元	545621	293658	185.8
固定资产原值	万元	541889	513121	105.6
固定资产净值	万元	376523	351062	107.3
利润总额	万元	2027	948	113.8
上缴税金	万元	53857	38056	141.5

6—17 建筑施工企

指标	单位	总计	按
			国有
企业个数	个	148	59
建筑业总产值	万元	1326677	1253066
1.建筑工程	万元	1165811	1109144
2.安装工程	万元	154339	138693
3.房屋构筑物修理	万元	3858	2758
4.非标准设备制造	万元	2669	2471
竣工产值	万元	776298	734272
单位工程施工个数	个	7056	6055
# 本年新开工个数	个	4117	3352
# 投标承包个数	个	4037	3768
单位工程竣工个数	个	3850	3073
优良工程个数	个	2230	2058
房屋建筑施工面积	万平方米	762.77	684.25
# 本年新开工面积	万平方米	292.24	247.13
# 投标承包面积	万平方米	564.29	511.40
房屋建筑竣工面积	万平方米	263.52	219.31
优良工程面积	万平方米	10.99	9.84
自有机械设备年末总台数	台	31696	26354
自有机械设备年末总功率	万千瓦	103.59	90.56
# 施工机械功率	万千瓦	68.01	58.36
自有机械设备净值	万元	144989	127418

业生产完成情况

经济类型分		按隶属关系分		
集体	其他	中央	省属	市属
58	31	19	42	87
22519	51092	965721	253471	107485
16370	40297	864355	208273	93183
5175	10471	97704	43540	13095
776	324	1279	1501	1078
198		159	2381	129
16108	25918	553169	159263	63866
729	272	4272	1371	1413
610	155	2291	770	1056
109	160	3038	627	372
657	120	2057	640	1153
141	31	1720	194	316
23.85	54.67	224.27	346.21	192.29
16.44	28.67	82.17	124.13	85.94
11.06	41.83	150.26	283.86	130.17
14.23	29.98	54.06	115.65	93.81
1	1.15	3.48	4.87	2.64
2929	2413	14148	11636	5912
6.92	12.97	63.68	27.77	12.14
5.56	4.09	39.18	19.22	9.61
4696	17571	91573	39381	14035

6—18 建 筑 业

指 标	单 位	总 计	按
			国 有
一、年末资产负债			
流动资产合计	万元	1234597	1155769
# 存货	万元	179216	145609
# 在建工程	万元	78939	60026
长期投资	万元	22479	20010
固定资产合计	万元	376523	343800
固定资产原价	万元	541889	497636
# 生产经营用	万元	375281	342453
累计折旧	万元	189111	177327
# 本年折旧	万元	32004	30014
专项工程	万元	35553	35111
无形及递延资产合计	万元	11985	8587
无形资产	万元	7635	4605
资产合计	万元	1685255	1566968
流动负债	万元	1088399	1011906
长期负债	万元	51234	50552
负债合计	万元	1139634	1062457
所有者权益	万元	545621	504511
实收资本	万元	249924	214613
国家资本	万元	108937	106479
集体资本	万元	14999	
法人资本	万元	113519	107770
个人资本	万元	7064	364
港澳台资本	万元	4137	
外商资本	万元	1267	

财务状况

经济类型分		按隶属关系分		
集体	其他	中央	省属	市属
30029	48799	778441	326655	129501
9471	24136	87782	60116	31318
6561	12352	36127	24484	18328
996	1473	18341	905	3233
10688	22035	247545	91126	37852
13889	30364	361253	131209	49427
8766	24062	241867	98575	34839
3435	8349	136487	40714	11910
461	1529	24799	5141	2064
223	219	19827	12196	3530
372	3026	7833	588	3564
145	2885	4469	337	2829
42658	75629	1074407	432661	178187
29486	47007	602307	358402	127690
931	—249	40023	6983	4228
30416	46761	642330	365385	131919
12242	28868	432077	67276	46268
11592	23719	145932	67469	36523
	2458	40232	56603	12102
11183	3816	30	2243	12726
409	5340	105536	4192	3791
	6700	134	5721	1209
	4137		1025	3112
	1267			1267

6—18 续表

指　　标	单　位	总　计	按
			国　有
二、损益及分配			
工程结算收入	万元	1281772	1212824
工程结算成本	万元	1120549	1061126
工程结算税金及附加	万元	39522	37199
工程结算利润	万元	121700	114499
其它业务收入	万元	70639	69570
其它业务利润	万元	5491	5352
管理费用	万元	113741	107671
# 税金	万元	14335	14157
财产保险费	万元	305	295
劳动待业保险费	万元	18897	18493
财务费用	万元	5094	4651
# 利息支出	万元	6798	6472
营业利润	万元	8356	7529
利润总额	万元	2027	1282
三、工资福利费	万元		
本年应付工资总额	万元	109505	101608
# 主营业务应付工资额	万元	97155	89602
本年应付福利费总额	万元	13756	12624
# 主营业务应付福利费总额	万元	12312	11249
四、增加值	**万元**	**335924**	**315214**
五、亏损企业个数	**个**	**53**	**22**
六、亏损额	**万元**	**—8518**	**—7399**

经济类型分		按隶属关系分		
集体	其他	中央	省属	市属
17856	51092	940387	315270	26115
14919	44504	823459	208143	88947
627	1696	28764	7392	3366
2311	4890	88164	24490	9046
489	580	53598	12392	4649
369	—230	2858	—3603	6236
2395	3675	81280	23475	8986
76	102	13636	466	233
2	8	142	114	49
108	296	9564	7234	2099
174	269	442	—2170	6822
138	188	3011	3307	480
111	716	9300	—946	2
174	571	3119	—998	—94
3839	4058	69363	27504	12638
3774	3779	60367	24888	11900
478	654	8623	3753	1380
471	592	7678	3372	1262
7827	**12883**	**232971**	**72981**	**29972**
17	**14**	**6**	**17**	**30**
—154	**—965**	**—3122**	**—4519**	**—877**

6—19 建筑业材料消耗情况

指标	单位	总计	按经济类型分			按隶属关系分		
			国有	集体	其他	中央	省属	市属
材料费用合计	**万元**	**833872**	**805718**	**7127**	**21027**	**690328**	**109975**	**33569**
一、价值量								
钢材	万元	197208	188559	2899	5750	150267	32790	14151
木材	万元	36849	34983	764	1102	31916	2324	2609
水泥	万元	211947	208098	1569	2280	195014	10541	6392
二、实物量								
钢材	吨	678702	644774	11975	21953	511174	114419	53109
木材	立方米	369086	353961	6595	8530	327990	21204	16292
水泥	吨	8493010	8334799	67021	91190	7796240	434077	262693

第七篇

公用事业

资料整理

李拥权

审　　核

李拥权

7—01 自 来 水

指　　标	单　位	2000 年
水厂数	个	9
水厂生产能力	万吨/日	46. 3
自来水井数	个	92
管道长度	公里	619
# 干管长度	公里	391
供水总量	万吨	15257. 22
有效供水量	万吨	14059. 01
# 工业用水	万吨	6250. 30
生活用水	万吨	7808. 71
用水人口	万人	165. 77
每人每日用水量（纯生活用水）	公升	126
普及率	%	94
漏水量	万吨	1198. 21
漏水率	%	7. 851
千吨水销售成本	元	581. 14
利润总额	万元	3819. 20
定额流动资金年末占用额	万元	
年末职工人数	人	1788
此外：各单位自备水源能力	万吨/日	
各单位自备水源供水量	万吨	

7—02 公 共 交 通

指　标	单　位	全民公共交通合计	公共汽车	无轨电车	出租汽车	此外：集体公共交通
实有车辆数	辆	598	453	122	23	30
营运车辆数	辆	582	440	119	23	30
定员人数	人	51530	40780	10658	92	120
营运线路条数	条	42	37	5		
营运线路长度	公里	781.4	736.1	45.3		
乘客人数	万人次	14588	11199	3383	6	22
营运行驶里程	万公里	2868.26	2333.64	507.61	27.01	184.87
乘客密度	人座/公里	40.52	39.42	47.4		
每辆服务人口	人	4142				
每辆平均运客	万人次	25.06	25.45	28.42	0.26	0.73
每千车公里成本	元	2648.11				
营运收入	万元	11502.66	8714.68	2763.25	24.73	318.62
利润总额	万元	—3968.22				
完好车率	%	98.22	98.08	98.38	100	88.41
工作车率	%	91.89	95.84	88.36	36.8	87.55
定额流动资金年末占用额	万元	657.71				109.58
全部职工人数	人	6602	3496	1063	144	330
营运车日	千车日	208.234	156.262	43.554	8.418	10.37
工作车日	千车日	191.347	149.765	38.484	3.098	9.079
完好车日	千车日	204.528	153.261	42.849	8.418	9.168
行车责任事故死亡人数	人	2	2			
公共汽车行车燃料消耗	公升/百公里	30.84	30.84			
无轨电车行车电力消耗	千瓦时/百公里	90.3		90.3		

7—03 道路及桥梁

指　　标	单　位	2000年
道路长度	公里	533
# 高级次高级	公里	533
道路面积	万平方米	741
# 高级次高级	万平方米	741
公路桥梁	座	90
# 永久性	座	90
路灯线路长度	公里	895
路灯数	盏	30608
防洪坝长度	公里	128
下水道长度	公里	479
# 暗管	公里	479
城市污水		
污水处理厂	个	3
污水处理能力	万吨/日	13.88
污　水　量	万吨/日	67
工业污水	万吨/日	40
生活污水	万吨/日	27
城市工人完成工作量	万元	15915
年末职工人数	人	4360
# 市政工程工人	人	3378

7—04 城市公园及绿化

指　　标	单　位	2000年
公园数	**个**	**22**
# 动物园	个	1
公园面积	**公顷**	**902.68**
小游园面积	**公顷**	**31**
陵园面积	**公顷**	**56.41**
苗圃面积	**市亩**	**8629.5**
# 市园林局管辖的苗圃面积	市亩	2969.8
绿化面积	**公顷**	**5292.53**
覆盖率	**%**	**29.9**
人均绿地面积	**平方米**	**5.73**
植树道路长度	**公里**	**574**
# 小型道路	公里	216.23
植树株数	**万株**	**159.6**
# 成活率	%	70
业务投入	**万元**	**1654**
年末职工人数	**人**	**2213**
# 固定职工	人	1859

7—05 城 市 供 电

指　　　标	单　位	2000 年
用电总量	**万千瓦时**	**927193.65**
农、林、牧、渔、水利业	万千瓦时	13463.05
工　业	万千瓦时	740842.42
地质普查和勘探业	万千瓦时	524.02
建筑业	万千瓦时	9920.48
交通运输、邮电通讯业	万千瓦时	17452.56
商业、公共饮食、物资供销和仓储业	万千瓦时	32766.31
其他	万千瓦时	54373.14
城乡居民生活用电	万千瓦时	57851.90
# 乡村	万千瓦时	6672.22
城市	万千瓦时	51179.67
每一居民平均生活用电	千瓦时	187.40
发电总量	**万千瓦时**	**1123099.69**
# 自备电量	万千瓦时	81577.87

7—06 城 市 住 宅

指 标	单 位	2000年
城市房屋建筑面积	**万平方米**	**6533.52**
# 住宅建筑面积	万平方米	3809.66
住宅居住面积	万平方米	1996.41
居住人数	**万人**	**197.02**
平均每人居住面积	**平方米**	**10.13**
缺房户	**户**	**35500**
# 人均4平方米以下	户	1700
年末危险住宅	**万平方米**	**36**
# 房管部门	万平方米	11
全年拆除倒塌面积	**平方米**	**90000**
# 住宅	平方米	7500

7—07 城市环境卫生

指　　标	单　位	2000年
清扫街道面积	万平方米	1925
清运垃圾	万吨	88
清运粪便	万吨	17
大中型扫路车	辆	4
大中型洒水车	辆	8
真空吸粪车	辆	51
大中型垃圾车	辆	222
公共厕所	座	750
垃圾桶	个	2400
年末职工人数	人	2228
#维修工人	人	146

7—08 城市煤气

指标	单位	2000年
人工煤气		
生产能力	万立方米/日	86
储气能力	万立方米/个	44.2/8
管道长度	公里	1321.63
供应总量	万立方米	25144.43
# 外购气量	万立方米	3707.21
销售总量	万立方米	20795.88
# 家庭用量	万立方米	15380.10
损失量	万立方米	2522.47
用气人口	万人	147.17
家庭用气户数	万户	38.32
普及率	%	79.50
单位成本	元/千立方米	689.16
利润总额	万元	-4216.18
年末职工人数	人	1123
液化石油气		
储气能力	吨/个	900/7
液化气钢瓶数	个	54413
外购气量	吨	2342.58
销售总量	吨	2658.25
# 家庭用量	吨	2148.27
用气人口	万人	16.21
家庭用气户数	户	42206
销售成本	元/吨	3407.65
利润总额	万元	-181.24
年末职工人数	人	76

7—09 企业污染治理

指　　标	单　位	2000 年
企业污染治理资金使用合计	**万元**	**39379.6**
基本建设	万元	191.5
更新改造	万元	25603.4
综合利用利润留成	万元	666.8
环境保护补助资金	万元	2970.9
贷　款	万元	4180.9
其　他	万元	5766.1
企业污染治理资金使用情况		
治理废水	万元	12322.8
治理废气	万元	25074.0
治理固体废物	万元	997.8
治理噪声	万元	5.0
其　他	万元	980.0
安排治理项目个数	**个**	**157**
当年竣工项目个数	**个**	**119**
新增处理废水能力	**吨/日**	**98802**
新增处理废气能力	**标立方米/时**	**5406613**

7—10 城市"三废"排放处理及综合利用

指　　标	单　位	2000 年
废水排放量	**万吨**	**17745.1**
# 工业废水	万吨	7474.10
# 经过处理的	万吨	21574.17
符合排放标准的	万吨	5934.82
# 经过处理达标的	万吨	3047.07
工业废水中		
汞及其无机化合物	吨	0.10
镉及其化合物	吨	0.36
六价铬化合物	吨	1.46
砷及其化合物	吨	1.36
铅及其无机化合物	吨	4.96
酚	吨	17.38
氰化物	吨	15.54
石油类	吨	282.35
废气排放总量	**万标立方米**	**13653869**
# 燃料燃烧过程中废气排放量	万标立方米	9151796
# 经过消烟除尘的	万标立方米	8723419
生产工艺过程中废气排放量	万标立方米	4502073
# 经过净化处理	万标立方米	3631488
废气中的二氧化硫排放量	吨	198226.10
烟尘排放量	吨	100860.70
工业粉尘排放量	**万吨**	**6.35**
工业粉尘回收量	**万吨**	**36.81**
工业固体废物产生量	**万吨**	**1301.75**
工业固体废物处理量	**万吨**	**624.22**
工业固体废物处置量	**万吨**	**624.22**
工业固体废物综合利用量	**万吨**	**409.62**
# 冶炼废渣	万吨	150.88
粉煤灰	万吨	32.61
炉　渣	万吨	43.18
煤矸石	万吨	128.01
其　他	万吨	51.46
工业固体废物排放量	**万吨**	**92.64**
工业固体废物堆存量	**万吨**	**94.16**
工业固体废物占地面积	**万平方米**	**101.09**
# 占用农田面积	万平方米	
锅　　炉	**台/蒸吨**	**647/12912.5**
# 烟尘排放达标的	台/蒸吨	647/12912.5
工业炉窑	**座**	**663**
# 烟尘排放达标的	座	663

第八篇

财政、金融
税务、保险

资料整理

王翠莲　郭晓红

审　　核

王翠莲

8—01 财政一般预算收入

单位:万元

指　　标	2000年	1999年	为1999年 %
收入合计	**214828**	**203277**	**105.7**
1.增值税	30406	30776	98.8
2.营业税	49356	46844	105.4
3.企业所得税	20005	16058	124.6
4.个人所得税	27276	21133	129.1
5.资源税	1287	1159	111.0
6.固定资产投资方向调节税	8931	11005	81.2
7.城市维护建设税	22224	23348	95.2
8.房产税	14180	14820	95.7
9.印花税	3063	2967	103.2
10.城镇土地使用税	2480	2743	90.4
11.土地增值税	29	11	263.6
12.车船使用和牌照税	370	387	95.6
13.屠宰税	15	16	93.8
14.农业税	1137	1003	113.4
15.农业特产税	153	141	108.5
16.耕地占用税	349	332	105.1
17.契税	2467	998	247.2
18.国有资产经营收益	5706	750	760.8
19.国有企业计划亏损补贴	－6213	－8388	74.1
20.行政性收费收入	6323	5286	119.6
21.罚没收入	10869	11643	93.4
22.海域场地矿区使用费收入	10		
23.专项收入	12023	10503	114.5
24.其他收入	2382	9742	

注:1999年"其他收入"包括"土地和海域有偿使用收入"8463万元。

8—02 财政一般预算支出

单位:万元

指　　标	2000 年	1999 年	为 1999 年　%
支出合计	**245873**	**227313**	**108.2**
1.基本建设支出	5392	8363	64.5
2.企业挖潜改造资金	3948	2978	132.6
3.地质勘探费	40		
4.科技三项费用	3041	2830	107.5
5.流动资产	6970	3389	205.7
6.支援农业生产支出	8558	7882	108.6
7.农业综合开发支出	1041	1041	100.0
8.农林水利气象等部门的事业费	3141	2852	110.1
9.工业交通等部门的事业费	1406	2297	61.2
10.流通部门事业费	122	54	225.9
11.文体广播事业费	6585	6579	100.1
12.教育事业费	35688	30883	115.6
13.科学事业费	733	765	95.8
14.卫生经费	10988	10505	104.6
15.税务等部门的事业费	5294	6219	85.1
16.抚恤和社会福利救济费	5744	4871	117.9
17.行政事业单位离退休经费	20539	16150	127.2
18.社会保障补助支出	23226	20995	110.6
19.国防支出	229	84	272.6
20.行政管理费	22211	20081	110.6
21.外交外事支出	170	172	98.8
22.武装警察部队支出	5	9	55.6
23.公检法司支出	22832	20013	114.1
24.城市维护费	30635	29678	103.2
25.政策性补贴支出	4116	6183	66.6
26.支援不发达地区支出	116	362	32.0
27.专项支出	13030	11010	118.3
28.其他支出	10073	11068	

注:1999 年“其他支出”包括“土地和海域开发建设支出”1144 万元。

8—03 财政一般预算分级收入

单位:万元

指标	地级	县级	乡镇级
收入合计	**130802**	**66315**	**17711**
1.增值税	13457	11681	5268
2.营业税	34711	12147	2498
3.企业所得税	11828	6543	1634
4.个人所得税	11214	11706	4356
5.资源税	529	105	653
6.固定资产投资方向调节税	7625	1019	287
7.城市维护建设税	16448	4601	1175
8.房产税	8956	4820	404
9.印花税	2081	803	179
10.城镇土地使用税	1858	456	166
11.土地增值税	29		
12.车船使用和牌照税	165	169	36
13.屠宰税	2	10	3
14.农业税		242	895
15.农业特产税	23	38	92
16.耕地占用税	29	281	39
17.契税	2284	157	26
18.国有资产经营收益	5622	84	
19.国有企业计划亏损补贴	—5809	—404	
20.行政性收费收入	4450	1873	
21.罚没收入	4735	6134	
22.海域场地矿区使用费收入	10		
23.专项收入	9534	2489	
24.其他收入	1021	1361	

8—04 财政一般预算分级支出

单位:万元

指　　标	地　级	县　级	乡镇级
支出合计	**145618**	**83995**	**16260**
1.基本建设支出	1869	3256	267
2.企业挖潜改造资金	3760	160	28
3.地质勘探费		40	
4.科技三项费用	2001	1009	31
5.流动资产	6930	40	
6.支援农业生产支出	2282	5395	881
7.农业综合开发支出	11	804	226
8.农林水利气象等部门的事业费	1291	1643	207
9.工业交通等部门的事业费	1092	314	
10.流通部门事业费	65	57	
11.文体广播事业费	4746	1636	203
12.教育事业费	15888	11329	8471
13.科学事业费	652	78	3
14.卫生经费	6581	4114	293
15.税务等部门的事业费	2955	2092	247
16.抚恤和社会福利救济费	2964	2203	577
17.行政事业单位离退休经费	9880	8440	2219
18.社会保障补助支出	22121	1105	
19.国防支出	204	25	
20.行政管理费	9318	10902	1991
21.外交外事支出	170		
22.武装警察部队支出		5	
23.公检法司支出	12831	9990	11
24.城市维护费	19711	10669	255
25.政策性补贴支出	3473	558	85
26.支援不发达地区支出	4	112	
27.专项支出	10471	2559	
28.其他支出	4348	5460	265

8—05　金融机构信贷收支

单位:万元

指　　标	年末余额	指　　标	年末余额
资金来源	**6783665**	(1)工业贷款	1362209
一、各项存款	8662401	(2)商业贷款	953053
1.企业存款	3400012	#农副产品贷款	204683
(1)活期存款	2773879	(3)建筑业贷款	88027
(2)定期存款	626133	(4)农业贷款	98672
2.财政存款	181636	(5)乡镇企业贷款	321767
3.机关团体存款	145241	(6)三资企业贷款	106450
4.储蓄存款	4196349	(7)私营企业及个体贷款	56234
(1)活期储蓄	895126	(8)其他短期贷款	1051958
(2)定期储蓄	3301223	2.中期流动资金贷款	525490
5.农业存款	118612	3.中长期贷款	1361895
6.信托存款	26674	(1)基本建设贷款	866567
7.委托存款	344320	(2)技术改造贷款	345690
8.其他存款	249557	(3)其他中长期贷款	149638
二、金融债券	29	4.信托贷款	8003
三、国家投资债券		5.融资租赁	695
四、证券业务款项	29122	6.委托贷款	49911
五、流通中货币		7.逾期类贷款	329482
六、所有者权益	47073	二、国家投资债券投资	3400
#实收资本	54074	三、有价证券及投资	198513
当年结益	—12254	四、证券业务占款	17210
七、其他	—1954960	五、委托投资	175247
资金运用	**6783665**	六、金银占款	22552
一、各项贷款	6313846	七、外汇占款	2438
1.短期贷款	4038370	八、库存现金	50459
		九、财政借款	

8—06 金融机构现金收支

单位:万元

指 标	2000 年
一、现金收入合计	**12965485**
1.商品销售收入	1783564
2.服务业收入	755216
3.税款收入	43177
4.城乡个体经营收入	585632
5.储蓄存款收入	7946158
6.其他金融机构收入	268546
7.居民归还贷款收入	85365
8.汇兑收入	224024
9.有价证券收入	385185
10.其他收入	888618
二、现金支出合计	**12689218**
1.工资性支出	1534700
2.农副产品采购支出	119733
3.工矿及其他产品采购支出	145781
4.行政企事业管理费支出	1029573
5.城乡个体经营支出	802879
6.储蓄存款支出	7797900
7.其他金融机构支出	48902
8.居民提取贷款支出	77495
9.汇兑支出	53512
10.有价证券支出	125087
11.其他支出	953656

8—07 国税系统税收入库情况

单位:万元

指　　　　标	2000年	1999年	为1999年%
合　　计	**157581**	**143470**	**109.8**
一、按税种分			
国内增值税	123633	125648	98.4
国内消费税	5295	4273	123.9
营业税	10918	6174	176.8
企业所得税	6091	5457	111.6
外商投资企业和外国企业所得税	2117	1871	113.1
个人所得税	9527	47	201.7倍
二、按经济类型分			
国有企业	50738	57999	87.5
集体企业	16944	28675	59.1
股份合作企业	187	403	46.4
联营企业	683	693	98.6
股份公司	30468	19708	154.6
私营企业	20831	12046	172.9
港澳台投资企业	13653	9730	140.3
外商投资企业	8211	8059	101.9
个体经营	15866	6157	257.7

8—08 国税系统县(市、区)税收入库情况

单位:万元

指　　标	2000年	1999年	为1999年%
合　　计	**157581**	**143470**	**109.8**
市直分局	78906	71277	110.7
高新区	11258	5870	191.8
迎泽区	10548	10275	102.7
杏花岭区	8776	10940	80.2
万柏林区	8926	8451	105.6
小店区	7179	6903	104.0
尖草坪区	8019	7148	112.2
晋源区	4106	3782	108.6
古交市	5870	5027	116.8
清徐县	10680	10915	97.8
阳曲县	2459	2082	118.1
娄烦县	854	800	106.8

8—09 地税系统(分税种)税收

单位:万元

指 标	2000年	1999年	为1999年 %
合 计	**153390**	**145245**	**105.6**
营业税	49356	46842	105.4
企业所得税	21699	18072	120.1
个人所得税	27276	21134	129.1
资源税	1287	1159	111.0
固定资产投资方向调节税	8931	11005	81.2
城市维护建设税	22224	23347	95.2
房产税	14180	14821	95.7
印花税	3063	2966	103.3
城镇土地使用税	4959	5486	90.4
土地增值税	30	11	272.7
车船使用税	370	385	96.1
屠宰税	15	17	88.2

8—10 地税系统(分企业)税收

单位:万元

指标	2000年	1999年	为1999年%
合计	**153390**	**145245**	**105.6**
国有企业	70776	75244	94.1
集体企业	26011	27338	95.1
股份合作企业	35	1691	2.1
联营企业	79	71	111.3
有限责任公司	5831	1913	304.8
股份有限公司	25364	14829	171.0
私营企业	9156	8026	114.1
其他企业		3604	
个体	12067	9189	131.3
港澳台投资企业	2429	2141	113.5
外商投资企业	1642	1199	136.9

8—11 地税系统县(市、区)税收

单位:万元

指　　标	2000年	1999年	为1999年%
合　　计	**141857**	**136501**	**103.9**
市直分局	75083	74361	101.0
高新分局	3180	1425	223.2
迎泽区	16240	16179	100.4
杏花岭区	11160	10076	110.8
万柏林区	7630	6840	111.5
小店区	9510	9060	105.0
尖草坪区	5430	5000	108.6
晋源区	2100	2170	96.8
古交市	4533	4017	112.8
清徐县	4570	4870	93.8
阳曲县	1611	1730	93.1
娄烦县	810	773	104.8

注:本表未包含国有、股份制企业所得税的收入,故“合计”中与前表即分企业税收表的本年相差11533万元,上年相差8744万元。

8—12 保险事业基本情况

指标	承保数量（起）	承保金额（万元）	保费收入（万元）	赔款/给付数（件）	赔款/给付金额（万元）
一、国内产险业务					
企业财产险	1368	5542899	5680	221	2286
家庭财产险	42371	60587	351	269	60
工程责任其他险	1446	58014	1032	824	493
机动车辆保险	67669	2399325	20317	9850	11889
货运保险	60597	480085	1152	973	396
保证保险	765	6039	98	2	265
其他保险	18	33754	357	4	154
二、人身保险业务					
意外伤害险	507055	1067687	5228	7097	1863
健康保险	6681	6820	475	4235	822
人寿保险	713689	573081	51242	47263	17490

第九篇

物价指数

资料整理

孙　鹰　魏纪元　涂凤英
李玉琴　杜　鹃　王　琰

审　核

孙　鹰　魏纪元

9—01 城市居民消费价格指数

（以上年同期为100）

项　　目	指数	项　　目	指数
居民消费价格总指数	**103.6**	3.床上用品	106.7
一、食品	93.2	4.家庭日用杂品	97.8
1.粮食	86.6	5.其他日用品	98.5
2.淀粉及薯类	96.5	四、医疗保健	101.1
3.干豆类及豆制品	90.4	1.医疗器具及保健用品	106.9
4.油脂类	96.4	2.中药材及中成药	101.8
5.肉禽及其制品	98.3	3.西药	100.0
6.蛋类	81.2	五、交通和通讯工具	97.8
7.水产品类	108.9	1.交通工具	98.5
8.菜类	94.7	2.通讯工具	96.7
9.调味品	102.8	六、娱乐教育文化用品	96.4
10.糖类	98.2	1.文娱用耐用消费品	94.5
11.烟草类	85.4	2.教材及参考书	101.0
12.酒和饮料	93.5	3.文化娱乐用品	99.9
13.干鲜瓜果类	90.4	七、居住	107.0
14.糕点类	95.8	1.住房	116.4
15.奶及奶制品	100.0	2.水、电、燃料	100.2
16.其他食品	97.3	八、服务项目	162.1
17.饮食业	94.1	1.电讯费	100.1
二、衣着类	99.6	2.邮费	108.0
1.服装	100.3	3.交通费	109.5
2.衣着材料	94.0	4.洗理美容费	99.9
3.鞋袜帽及其他衣着	101.1	5.文娱费	100.0
三、家庭设备及用品	98.6	6.学杂保育费	235.1
1.耐用消费品	98.0	7.修理及其他服务费	97.9
2.室内装饰品	97.5	8.医疗保健服务	100.0

9—02 商品零售价格指数

（以上年同期为100）

项　　目	指数	项　　目	指数
商品零售价格指数	**96.0**	3.化纤布	96.1
一、食品类	93.8	4.呢绒	108.7
1.粮食	86.5	5.绸缎	95.5
2.油脂类	96.4	6.其他纺织品	89.0
3.肉禽蛋	93.4	五、中、西药品类	101.3
4.水产品	104.1	1.中药	101.8
5.鲜菜	94.4	2.西药	99.8
6.干菜	100.0	3.医疗用品	108.4
7.鲜果	86.7	六、化妆品类	100.2
8.干果	105.8	七、书报、杂志类	100.4
9.其他食品类	98.7	八、文化体育用品类	99.3
10.饮食业	93.7	1.文化用品	99.0
二、饮料、烟酒类	90.2	2.体育用品	101.8
1.饮料	93.6	九、日用品类	98.0
2.烟酒	89.2	1.一般日用品	97.3
三、服装、鞋帽类	100.6	2.家具类	99.8
1.服装	100.5	3.日用杂品	94.4
2.鞋	101.5	十、家用电器类	95.6
3.其他衣着	98.0	十一、首饰类	96.3
四、纺织品类	94.9	十二、燃料类	107.6
1.棉布	91.3	十三、建筑装潢材料类	99.4
2.棉花化纤混纺布	81.4	十四、机电产品类	95.6

9—03 工业产品出厂价格指数

（以上年价格为100）

项　　目	指　　数	项　　目	指　　数
全部工业品	100.68	家具制造业	99.92
#轻工业	97.37	造纸及纸制品业	104.51
以农产品为原料	96.45	印刷业、记录媒介的复制	98.89
以非农产品为原料	101.94	文教体育用品制造业	100.04
重工业	103.04	石油加工及炼焦业	105.07
采掘	97.73	化学原料及化学制品制造业	103.52
原料	104.24	医药制造业	96.65
加工	101.99	化学纤维制造业	119.48
按行业分		橡胶制品业	97.61
煤炭采选业	97.85	塑料制品业	102.72
石油和天燃气开采业		非金属矿物制品业	104.62
黑色金属矿采选业	101.79	黑色金属冶炼及压延加工业	106.11
有色金属矿采选业		有色金属冶炼及压延加工业	111.13
非金属矿采选业	100.04	金属制品业	100.76
其他矿采选业		普通机械制造业	94.98
木材及竹材采选业		专用设备制造业	101.03
食品加工业	91.78	交通运输设备制造业	98.69
食品制造业	99.83	武器弹药制造业	
饮料制造业	97.79	电气机械及器材制造业	98.16
烟草加工业	100.83	电子及通信设备制造业	95.04
纺织业	99.38	仪表及文化、办公用机械制造业	98.32
服装及其他纤维制品制造业	96.01	其他制造业	100.08
皮革、毛皮、羽绒及其制品业	93.14	电力、蒸汽、热水生产供应业	101.36
木材加工及竹、藤、棕、草制品业		煤气生产供应业	100.00
		自来水的生产和供应业	101.42

9—04 原材料、燃料、动力购进价格指数

（以上年价格为100）

项目	指数	项目	指数
全部原材料	**103.18**	木材加工及竹藤棕草制品业	97.30
（一）燃料、动力类	103.17	家具制造业	103.11
（二）黑色金属材料类	101.27	造纸及纸制品	110.17
# 钢材	102.66	印刷业、记录媒介的复制	102.53
其它	96.34	文教体育用品制造业	99.94
（三）有色金属材料和电线类	109.55	石油加工及炼焦业	99.66
（四）化工原料类	113.40	化学原料及化学制品制造业	105.99
（五）木材及纸浆类	104.32	医药制造业	105.26
（六）建筑材料及非金属矿类	103.45	化学纤维制造业	113.84
（七）其它工业原材料及半成品类	96.82	橡胶制品业	104.07
（八）农副产品类	104.53	塑料制品业	107.87
（九）纺织原料类	95.37	非金属矿物制品业	105.56
按行业分（企业法）		黑色金属冶炼及压延加工业	98.53
煤炭采选业	110.99	有色金属冶炼及压延加工业	120.77
石油天然气采选业		金属制品业	103.82
黑色金属矿采选业	108.03	普通机械制造业	100.45
有色金属矿采选业		专用设备制造业	102.92
非金属矿采选业	100.00	交通运输设备制造业	105.11
木材竹材采选业	105.60	电气机械及器材制造业	99.86
食品加工业	87.88	电子及通信设备制造业	107.11
食品制造业	94.85	仪器仪表及文化办公用机械制造业	107.02
饮料制造业	103.61	其他制造业（地毯、首饰、漆器、制伞）	106.57
烟草加工业	101.59	电力蒸汽热力生产和供应业	99.87
纺织业	101.84	煤气生产和供应业	103.82
服装及其他纤维制品制造业	100.97	自来水生产和供应业	105.87
皮鞋皮毛羽绒及其制品业	104.33		

9—05　土地交易价格指数

（以上年价格为100）

项　　目	指　数
总　计	**100.0**
一、居民住宅用地	100.0
1.豪华住宅用地	
2.普通住宅用地	100.0
二、工业用地	100.0
三、商业、旅游、娱乐用地	100.0
四、其它用地	100.0

9—06 房屋销售价格指数

(以上年价格为100)

项　　目	指　数
总　计	**101.1**
一、商品房	**101.7**
(一)住宅	100.6
1.经济适用房	100.0
2.普通住宅	99.0
(1)多层住宅	98.5
(2)高层住宅	107.4
3.豪华住宅	103.1
(1)别墅	100.0
(2)高档公寓	103.4
(二)非住宅	108.2
1.写字楼	110.1
2.商业用房	100.0
3.其他	
二、公房交易	
其中:住宅	100.0
三、私有住房	**100.0**
(一)住宅	100.0
(二)非住宅	100.0

第十篇

城市居民住户调查

资料整理

高　芳　商改枝　涂　青

审　　核

高　芳

10—01 城市住户家庭基本情况

项　　目	单位	2000年	1999年	为1999年%
调查户数	户	300	300	100.0
家庭人口数	人	872.17	879.67	99.1
平均每户家庭人口	人	2.91	2.93	99.3
就业人数	人	457.13	467.01	97.9
平均每户就业人数	人	1.52	1.56	97.4
平均每个就业者负担人数	人	1.91	1.88	101.6
人均年可支配收入	元	6019	5627	107.0
人均月可支配收入	元	502	469	107.0
人均年消费性支出	元	5341	4693	113.8
人均月消费性支出	元	445	391	113.8
居住面积	m^2	9501	9034	105.2
人均居住面积	m^2	10.97	10.30	106.5

10—02　城市住户基本情况

项　　目	单　位	数　量
调查户数	户	300
一、家庭人口数	人	872.17
(一)有收入者人数	人	671.78
1.就业人口数	人	457.13
(1)国有经济单位职工人数	人	296.85
(2)城镇集体经济单位职工人数	人	34.67
(3)其他各种经济类型单位职工人数	人	88.59
(4)个体经营者人数	人	8.25
(5)个体被雇者人数	人	7.01
(6)离退休再就业者人数	人	19.43
(7)其他就业者人数	人	2.33
2.离退休者人数	人	211.82
3.其他有收入者人数	人	2.83
(二)无收入者人数	人	200.39
二、期末家庭人口数	人	866.00

10—03 城市住户住房情况

项　　　　目	调查户数（户）	家庭常住人口数（人）
调查户数	300	866
一、按居住面积分		
1. 无房户		
2. 4 平方米以下	2	6
3. 4—6 平方米	22	87
4. 6—8 平方米	50	171
5. 8—10 平方米	56	173
6. 10—12 平方米	44	136
7. 12—14 平方米	42	115
8. 14 平方米以上	84	178
二、按房屋产权分		
1.公房	62	185
2.租赁私房	1	2
3.自有房	26	77
4.部分产权的自有房	211	602
5.其他		
三、按自来水使用情况分		
1.无自来水		
2.独用自来水	285	824
3.公用自来水	15	42
四、按卫生设备拥有情况分		
1.无卫生设备	13	38
2.有浴室厕所	62	179
3.有厕所无浴室	214	614
4.公用卫生设备	11	35

10—03 续表

项　　　　目	调查户数（户）	家庭常住人口数（人）
五、按取暖设备拥有情况分		
1.无取暖设备		
2.空调设备		
3.暖气	288	832
4.其他	12	34
六、按厨房使用情况分		
1.无厨房	4	12
2.独用厨房	294	848
3.公用厨房	2	6
七、按燃料使用情况分		
1.管道煤气	249	709
2.液化石油气	33	102
3.煤	18	55
4.其他		
八、按电话拥有情况分		
1.无电话	54	147
2.公费电话	9	28
3.自费电话	236	689
4.公用电话	1	2
九、按住宅建筑式样分		
1.家庭单栋配套楼房		
2.单元式配套住宅	271	780
3.普通楼房	11	33
4.普通平房及其他	18	53

10—04 城市住户家庭现金收入情况

（300户抽样调查） 单位:元

项目	金额	每人年平均金额
家庭调查人口数(人)	872.17	
一、期初手存现金	854748	980
二、可支配收入	5249211	6019
三、现金收入	7156043	8205
(一)实际收入	5275539	6049
1.国有经济单位职工收入	2252524	2583
(1)工资性收入	2153160	2469
#奖金	188026	216
(2)非工资性收入	99364	114
2.城镇集体单位职工收入	111608	128
(1)工资性收入	109018	125
#奖金	2822	3
(2)非工资性收入	2590	3
3.其他类型单位职工收入	622129	713
#奖金	64658	74
4.个体经营者净收益	101617	117
5.个体被雇者收入	20196	23
6.离退休再就业者收入	36645	42
7.其他就业者收入	4794	5
8.其他劳动收入	159506	183
9.财产收入	42592	49
(1)利息	29950	34
(2)红利	11982	14
(3)其他财产租金收入	660	1

单位:元

项　　目	金额	每人年平均金额
10.转移收入	1923178	2205
(1)离退休金	1616115	1853
(2)价格补贴		
(3)赡养收入	80215	92
(4)赠送收入	130987	150
(5)亲友搭伙费	7392	8
(6)记帐补贴	24000	28
(7)出售财物收入	50404	58
(8)其他	14065	16
11.家庭副业生产收入	750	1
(二)借贷收入	1880504	2156
1.提取储蓄存款	1277349	1465
2.提取储金会款	6773	8
3.借入款	372420	427
4.收回借出款	37450	43
5.收回储蓄性保险本金	7000	8
6.兑售有价证券	41275	47
7.赊购		
8.购置房屋从银行贷款	30000	34
9.其他借贷收入	108237	124

10—05 城市住户家庭现金支出情况

（300户抽样调查）

单位：元

项　　　　目	金额	每人年平均金额
家庭调查人口数（人）	872.17	
现金支出	7353202	8431
（一）实际支出	5755510	6599
1.消费性支出	4657948	5341
2.非消费性支出	1097154	1258
（1）贷款利息	2299	3
（2）个人所得税	1920	2
（3）其他各种税金	878	1
（4）非储蓄性保险	53499	61
（5）赡养支出	135778	156
（6）赠送支出	414531	475
（7）购房与建房支出	464343	533
（8）其他非消费支出	23906	27
3.家庭副业生产支出	408	0.47
（二）借贷支出	1597692	1832
1.存入储蓄款	883461	1013
2.存入储金会款	509	1
3.归还借款	121620	139
4.借出款	41350	47
5.储蓄性保险支出	17953	21
6.购买有价证券	54460	62
7.预购		
8.归还购买住房贷款	11823	14
9.其他借贷支出	466516	535

10—06 城市住户家庭消费支出情况

（300户抽样调查）　　单位：元

项　　目	支出额	每人年平均支出额
一、食品	**1526677.73**	**1750.44**
1.粮食	209719.56	240.46
2.淀粉及薯类	26543.68	30.43
3.干豆类及制品	29424.46	33.74
4.油脂类	66143.84	75.84
5.肉禽及制品	254138.98	291.39
6.蛋类	56849.12	65.18
7.水产品类	38142.88	43.73
8.菜类	165471.56	189.72
9.调味品	25899.61	29.70
10.糖类	17368.84	19.91
11.烟草类	110208.30	126.36
12.酒和饮料	79263.27	90.88
13.干鲜瓜果类	114304.46	131.06
14.坚果及果仁	21846.63	25.05
15.糕点类	45055.33	51.66
16.奶及奶制品	77773.70	89.17
17.其他食品	38866.77	44.56
18.在外用餐	149605.14	171.53
19.食品加工费	51.6	
二、衣着支出	**491623.30**	**563.68**
1.服装	321230.32	368.31
2.衣着材料	37806.27	43.35
3.鞋袜帽及其他	124243.31	141.45
4.衣着加工费	8343.40	9.57
三、设备用品及服务	**587420.08**	**673.52**
1.耐用消费品	370526.80	424.83

10—06 续表

单位:元

项 目	支出额	每人年平均支出额
2.室内装饰品	25988.70	29.80
3.床上用品	22579.20	25.89
4.家庭日用杂品	59205.25	67.88
5.家具材料	54340.50	62.30
6.家庭服务	54779.63	62.81
四、医疗保健	**336124.81**	**385.39**
1.医疗器具	4803.50	5.51
2.保健用品	5711.21	6.55
3.医药费	288855.29	331.19
4.补药品	9751.90	11.18
5.医疗保健服务	25699.61	29.47
6.其他	1303.60	1.49
五、交通和通讯	**366164.23**	**419.83**
1.交通	144892.95	166.13
2.通讯	221271.28	253.70
六、娱乐文教服务	**661680.36**	**758.66**
1.耐用消费品	168302.10	192.97
2.教育	382470.31	438.53
3.文化娱乐	110907.95	127.16
七、居住	**338049.63**	**387.60**
1.住房	78335.34	89.82
2.水电燃料其他	259714.29	297.78
八、杂项商品和服务	**350208.04**	**401.54**
1.个人消费	324621.70	372.20
2.其他商品	8174.13	9.37
3.其他服务	17412.21	19.96

10—07 城市住户期末主要消费品拥有量

项目	单位	总量	每百户拥有量	项目	单位	总量	每百户拥有量
调查户数	户	300		18.影碟机	台	90	30
1.毛皮大衣	件	257	86	19.录放像机	台	48	16
2.呢大衣	件	474	158	20.家用电脑	台	31	10
3.毛毯	条	532	177	21.组合音响	套	70	23
4.地毯	m^2	207	69	22.录音机	台	168	56
5.组合家俱	套	206	69	23.摄像机	台	4	1
6.沙发床	个	93	31	24.照相机	架	147	49
7.沙发	个	503	168	25.钢琴	架	3	1
8.大衣柜	个	259	86	26.其他中高档乐器	件	21	7
9.写字台	张	256	85	27.微波炉	台	29	10
10.摩托车	辆	53	18	28.空调器	台	11	4
11.自行车	辆	536	179	29.电炊具	个	114	38
12.缝纫机	辆	181	60	30.淋浴热水器	台	116	39
13.洗衣机	台	283	94	31.抽排油烟机	台	216	72
14.电风扇	台	268	89	32.吸尘器	台	23	8
15.电冰箱	台	271	90	33.健身器材	件	11	4
16.冰柜	台	27	9	34.移动电话	台	36	12
17.彩色电视机	台	344	115				

10—08 不同收入水平城市居民家庭基本情况

项目	单位	最低收入户	#更低收入户	低收入户	中等偏下户	中等收入户	中等偏上户	高收入户	最高收入户
调查户数	户	30	15	30	60	60	60	30	30
平均每户家庭人口数	人	2.92	3.07	3.39	3.01	3.00	2.82	2.78	2.33
平均每户就业人口数	人	1.42	1.53	1.53	1.53	1.53	1.61	1.54	1.39
平均每一就业者负担人数	人	2.06	2.00	2.20	1.96	1.95	1.75	1.81	1.68
平均每人可支配收入	元	2137.16	1837.48	3181.66	4323.32	5729.62	7207.51	9111.39	13563.54
平均每人消费性支出	元	2308.21	2273.22	2843.23	3963.69	5807.09	5917.61	7273.34	11426.53
1.食品支出	元	1045.56	919.03	1213.72	1502.61	1739.54	2036.35	2276.87	2763.32
2.衣着	元	211.02	157.71	260.17	409.85	714.32	632.89	765.51	1048.79
3.家庭设备用品及服务	元	35.02	22.09	158.86	294.32	906.71	758.71	1494.31	1416.53
4.医疗保健	元	241.99	301.78	132.61	323.90	442.35	446.81	516.99	639.62
5.交通和通信	元	138.38	174.22	200.38	318.91	421.06	515.38	496.36	1026.71
6.娱乐、教育、文化服务	元	292.71	389.26	392.76	544.89	707.87	629.92	768.71	2854.67
7.居住	元	251.46	197.07	327.29	317.62	442.66	416.29	546.60	426.05
8.杂项商品及服务	元	92.07	112.06	157.44	251.59	432.58	481.26	407.99	1250.84

10—09　城市居民各月可支配收入、消费性支出情况

（平均每人）

单位：元

月份/收入	1999 年	2000 年	月份/支出	1999 年	2000 年
全　年	5627.4	6018.6	全　年	4693.3	5340.6
一　月	452.0	470.4	一　月	374.9	466.1
二　月	634.0	630.5	二　月	474.4	483.2
三　月	414.9	437.0	三　月	301.2	351.4
四　月	415.8	463.5	四　月	363.5	458.9
五　月	427.2	479.2	五　月	375.8	448.2
六　月	451.1	484.4	六　月	336.0	447.3
七　月	429.0	482.0	七　月	360..6	384.3
八　月	397.2	483.7	八　月	373.8	451.7
九　月	551.0	515.5	九　月	553.7	523.6
十　月	488.1	486.1	十　月	426.2	475.0
十一月	489.3	527.2	十一月	385.7	467.9
十二月	477.6	559.5	十二月	367.8	383.5

第十一篇

农村住户调查

资料整理

马亚晓　李　琰

审　　核

张太生　马亚晓

11—01　农村住户人口与就业情况

指　　标	单位	总计	加权人均数
一、调查户数	户	800	
二、家庭常住人口	人	3305	
1. 6岁及以下	人	211	
2. 7—15岁	人	626	
3. 16—60岁	人	2298	
4. 61岁及以上	人	170	
三、在校学生数	人	806	
# 7—15岁在校学生人数	人	602	
四、整半劳动力数量	人	2173	
# 整劳动力	人	1628	
五、劳动力文化程度			
1.不识字或识字很少	人	80	
2.小学程度	人	505	
3.初中程度	人	1194	
4.高中程度	人	306	
5.中专	人	72	
6.大专及以上	人	16	
六、劳动力就业情况			
1.农业	人	1145	
2.林业	人	12	
3.牧业	人	40	
4.渔业	人	1	
5.工业	人	180	
6.建筑业	人	46	
7.交通运输业	人	156	
8.邮电通讯业	人	13	
9.批发和零售贸易、餐饮业	人	118	
10.社会服务业	人	77	
11.文教卫生业	人	64	
12.其他	人	321	
七、劳动力就业地点			
1.乡内	人	1942	
2.县内乡外	人	145	
3.省内县外	人	71	
4.省外	人	15	
八、劳动力年内从事各种行业的			
1.从事农业的时间	月/人	9588.5	4.41
2.从事非农产业的时间	月/人	9997.2	4.60
3.外出从业的时间	月/人	794.0	0.37

11—02 农村住户总收入与总支出

单位:元

指　　标	总计	加权人均数(元/人)
一、总收入	10907088	3374.94
(一)工资性收入	3637391	976.42
1.在非企业组织中劳动得到的收入	1138850	254
2.在本地企业中劳动得到的收入	1582411	446
# 在本地乡镇企业得到的收入	974214	313.34
(1)在第一产业劳动得到的收入	44357	16.02
(2)在第二产业劳动得到的收入	1138860	271.84
(3)在第三产业劳动得到的收入	399194	158.14
3.常住人口外出从业得到的收入	377300	114.9
(1)在第一产业从业得到的收入	49069	20.48
(2)在第二产业从业得到的收入	113104	32.58
(3)在第三产业从业得到的收入	215127	61.84
4.其他	538830	161.52
(二)家庭经营收入	6195828	2149.09
1.农业收入	1833846	750.27
# 种植业收入	1828306	748.21
2.林业收入	8394	2.73
3.牧业收入	728495	307.23
4.渔业收入		
5.工业收入	82322	17
6.建筑业收入	133934	30.65
7.交通、运输和邮电业收入	2312271	792.45
8.批发和零售贸易、餐饮业收入	443072	116.37
9.社会服务业收入	179643	34.88
10.文教卫生业收入	45409	6.45
11.其他家庭经营收入	428442	91.06
(三)财产性收入	631456	140.95
1.利息	53043	23.96
2.股息	21929	4.96
3.租金	251893	49.42
4.红利		
5.土地征用补偿	40990	16.65
6.其他	263601	45.95
(四)转移性收入	442413	108.48
1.家庭非常住人口寄回	2524	0.71
2.亲友赠送	166934	49.79
# 农村外部亲友赠送	19430	6.7
3.调查补贴	16725	5.73
4.救济金	2540	0.53
5.救灾款	100	0.03
6.保险年金		
7.退休金	17657	2.36
8.抚恤金		
9.其他	235933	49.34
二、总支出	8137130	2416.66
(一)家庭经营费用支出	1493562	527.87
1.农业生产	271745	111.08
# 种植业	270235	110.34
2.林业生产	1768	0.54

11—02 续表 单位:元

指 标	总计	加权人均数(元/人)
3.牧业生产	324445	129.07
4.渔业生产		
5.工业生产	29614	14.84
6.建筑业生产	89014	28.38
7.交通、运输和邮电业	615310	198.85
8.批发和零售贸易、餐饮业	115658	32.36
9.社会服务业	17673	5.92
10.文教卫生业	221	0.03
11.其他家庭经营支出	28114	6.80
(二)购置生产性固定资产	196784	32.37
(三)生产性固定资产折旧	454389	137.89
(四)税费支出	42598	18.03
1.缴纳生产税	24592	7.51
第一产业	16556	5.40
第二产业	5780	1.69
第三产业	2256	0.42
2.缴纳其他直接税		
3.村提留	13357	9.07
4.乡统筹	1997	1.12
5.其他各项收费	2652	0.33
(五)生活消费支出	5640364	1634.29
1.食品消费支出	2457721	696.16
# (1)主食	984478	283.15
(2)副食	780910	225.61
(3)其他食品	545679	152.59
(4)在外饮食	140332	32.31
2.衣着消费	726934	204.07
3.居住消费	653444	225.45
# 住房装饰	20490	5.18
4.家庭设备、用品及服务	325901	82.45
5.医疗保健	252667	63.57
6.交通通讯消费	330329	104.53
7.文教娱乐用品及服务	602843	177.10
8.其他商品和服务消费	290525	80.97
(六)财产性支出	67117	27.26
1.非生产性贷款利息	13905	8.10
2.其他	53212	19.15
(七)转移性支出	696705	176.84
1.寄给或带给家庭	3530	0.74
2.赠送亲友	617737	157.8
# 赠送农村外部亲友	26164	4.76
3.缴纳保险费	13157	2.45
4.缴纳罚款	24780	6.24
5.其他	37501	9.62
三、可支配收入	8580061	2591.27
四、全年家庭纯收入	8753116	2642.6

11—03　农村住户现金收入与支出

单位:元

指　　标	总计	加权人均数(元/人)
一、期内现金收入	9869249	2969.64
(一)工资性收入	3633161	975.24
1.在非企业组织中劳动得到的收入	1138850	254
2.在本地企业中劳动得到的收入	1582411	446
# 在本地乡镇企业得到收入	974214	313.34
(1)在第一产业劳动得到收入	44357	16.02
(2)在第二产业劳动得到收入	1138860	271.84
(3)在第三产业劳动得到收入	399194	158.14
3.常住人口外出从业得到的收入	375410	114.41
(1)在第一产业从业得到的收入	49069	20.48
(2)在第二产业从业得到的收入	113104	32.58
(3)在第三产业从业得到的收入	213237	61.35
4.其他	536490	160.83
(二)家庭经营收入	5196690	1755.34
1.出售产品的收入	1599104	680.35
(1)出售农业产品收入	891700	378.67
# 种植业	888266	376.84
(2)出售林业产品收入	2776	1.65
(3)出售牧业产品收入	674083	285.79
(4)出售渔业产品收入		
(5)出售工业产品的收入	12734	4.21
(6)出售其他产品的收入	17811	10.03
2.工业加工费	69588	12.79
3.建筑业	133934	30.65
4.交通运输	2312271	792.45
5.批发和零售贸易、餐饮业	443072	116.37
6.社会服务业	179643	34.88
7.文教卫生业	45409	6.45
8.其他家庭经营收入	410631	81.03
(三)财产性收入	618676	134.15
1.利息	53043	23.96
2.股息	21929	4.96
3.租金	251893	49.42
4.红利		
5.土地征用补偿	40990	16.65
6.其他	250821	39.15
(四)转移性收入	420722	104.91
1.家庭非常住人口寄回的收入	2524	0.71
2.亲友赠送	164930	48.47
# 农村外部亲友赠送	17426	5.38

单位:元

指　　标	总计	加权人均数(元/人)
3.调查补贴	16725	5.73
4.救济金	2540	0.53
5.救灾款	100	0.03
6.保险年金收入		
7.退休金	17657	2.36
8.抚恤金		
9.其他	216246	47.08
二、非收入所得	1215404	407.49
1.从银行信用社得到的贷款收入	49400	17.93
2.借入款	499504	168.69
3.收回借出款	121826	27.68
4.从银行信用社取回存款	485846	177.66
5.收回投资款	5216	1.01
6.出售财产所得款	52806	14.24
7.一次性工伤补贴		
8.保险公司赔付	806	0.27
9.其他		
三、期内现金支出	7692750	2250.63
(一)生产费用支出	1663303	550.96
1.家庭经营费用支出	1466519	518.58
(1)农业生产支出	263854	108.62
# 种植业支出	262344	107.88
(2)林业生产支出	1768	0.54
(3)牧业生产支出	305293	122.25
(4)渔业生产支出		
(5)工业生产支出	29614	14.84
(6)建筑业生产支出	89014	28.38
(7)交通运输支出	615310	198.85
(8)批发和零售贸易、餐饮业支出	115658	32.36
(9)社会服务业支出	17673	5.92
(10)文教卫生业支出	221	0.03
(11)其他经营支出	28114	6.80
2.购置生产性固定资产支出	196784	32.37
# 房屋及建筑物		
大中型铁木农具	1345	0.69
农林牧渔业机械	7720	1.53
工业机械		
运输机械	170652	22.20
役畜	7900	2.46
产品畜	4580	2.19

单位:元

指 标	总计	加权人均数(元/人)
(二)税费支出	42301	17.94
1.缴纳生产税	24295	7.42
第一产业	16259	5.30
第二产业	5780	1.69
第三产业	2256	0.42
2.缴纳其他直接税		
3.村提留	13357	9.07
4.乡统筹	1997	1.12
5.其他各项收费	2652	0.33
(三)生活消费支出	5246007	1490.18
(四)财产性支出	46100	15
1.非生产性贷款利息支出	13905	8.10
2.其他	32195	6.90
(五)转移性支出	695039	176.55
1.寄给或带给家庭非常住人口支出	3530	0.74
2.赠送亲友支出	616071	157.51
# 赠送农村外部亲友支出	24498	4.47
3.支付保险费支出	13157	2.45
4.缴纳罚款	24780	6.24
5.其他	37501	9.62
四、非消费性现金支出	1551939	524.67
1.归还银行信用社贷款	77368	21.89
2.借出款	75466	28.36
3.归还借款	279281	52.96
4.存入银行信用社	1119488	421.35
5.购买股票支出		
6.支出投资额	336	0.11
7.其他		
五、期末金融资产余额	9918330	3384.65
1.债券		
2.股票		
3.银行存款	5610728	2014.60
4.手存现金	4307602	1370.05
5.其他		
六、期末债务余额	2777470	622.07
1.银行、信用社贷款	505400	97.90
2.乡村集体组织、企业借款	723820	105.85
3.个人借(欠)款	1441250	394.96
4.其他	107000	23.35

11—04　农村住户生活消费现金支出

单位:元

指　　标	总计	加权人均数(元/人)
一、食品	2073334	559.51
(一)主食	654376	169.18
1.粮食	551814	139.62
2.豆类	5419	1.45
3.粮食复制品	97143	28.10
(二)副食	735196	206.98
1.蔬菜	155304	40.87
2.豆制品	14038	3.85
3.油脂类	117642	33.50
4.食糖	15722	4.86
5.肉、禽及其制品	239859	66.35
6.蛋类	71618	21.74
7.水产品	22382	5.05
8.调味品	65075	19.98
9.其他	33556	10.79
(三)其他食品	537108	148.54
1.烟草类	221678	62.82
2.酒类	57418	15.85
3.饮料类	46771	11.25
4.干鲜果品	120484	35.07
5.糖果糕点	40090	9.68
6.奶和奶制品	16351	4.41
7.罐头类	1051	0.25
8.其他	33265	9.19
(四)在外饮食	140332	32.31
(五)食品加工费	6322	2.50
二、衣着	716964	196.61
(一)服装	470235	131.6
(二)衣着材料	36724	10.03
(三)鞋、帽、袜类	189460	49.68
(四)衣着加工费	8853	3.09
(五)其他	11692	2.20
三、居住	653444	225.45
(一)住房	397776	139.07
1.建筑材料	141413	45.36
2.住房装饰、装修	20490	5.18
3.房租	6720	1.13
4.其他	229153	87.39
(二)电费	112855	32.69
(三)水费	27564	14.82
(四)燃料	93885	28.22
1.煤炭	60404	17.88
2.柴草	63	0.01
3.其他	33418	10.33
(五)其他	21364	10.65
四、家庭设备、用品及服务	325901	82.45
(一)耐用消费品	86771	29.90
1.家具	35093	11.89
2.家庭设备	37547	12.76

单位:元

指标	总计	加权人均数(元/人)
3.其他	14131	5.25
(二)床上用品	19948	5.83
(三)家庭日用杂品	199433	41.52
1.日用小五金	3723	0.97
2.日用百货	100893	21.14
3.其他	94817	19.42
(四)设备用品加工修理费	13574	3.25
(五)其他	5995	1.95
五、医疗保健	252667	63.57
(一)医疗卫生保健用品	118259	28.99
(二)医疗保健服务费	86756	27.60
(三)医疗卫生保健设备用品	59	0.02
(四)其他	47593	6.96
六、交通和通讯	330329	104.53
(一)交通工具	88811	28.74
(二)动力燃料	469	0.05
(三)通讯工具	26805	7.45
(四)交通费	50782	12.98
1.客运交通费	45844	11.11
2.货运费	4938	1.87
(五)邮电费	126069	33.6
(六)交通、通讯工具修理	37393	21.71
七、文化教育、娱乐用品及服务	602843	177.1
(一)文化教育、娱乐用品	117572	31.67
1.文化教育、娱乐用品	67921	19.91
2.书、报、杂志	19644	3.72
3.纸张、文具	12054	2.77
4.其他用品	17953	5.27
(二)文化教育、娱乐服务	485271	145.43
1.学杂费	462782	139.4
2.技术培训费	9027	2.6
3.文娱费	6744	1.47
4.用品加工修理服务费	485	0.15
5.其他	6233	1.81
八、其他商品和服务	290525	80.97
(一)商品性支出	57638	22.46
1.化妆品	12462	3.05
2.首饰饰品	17515	7.65
3.其他	27661	11.76
(二)服务支出	232887	58.51
1.旅店住宿费	1808	0.52
2.殡殓费	9555	4.12
3.旅游支出	39637	8.64
4.其他	181887	45.23

11—05 农村住户食品消费情况

单位:公斤

指　　标	总计	加权人均数(公斤/人)
一、粮食	723357	222.26
#1.小麦	348787	113.18
2.稻谷	116683	27.88
3.玉米	62770	25.95
4.薯类	62808	17
二、豆类及豆制品	17747	5.01
#1.大豆	6028	1.86
2.杂豆	1314	0.39
三、蔬菜及菜制品	219379	76.89
#1.根茎块花类	52155	14.82
2.菜瓜类	8661	2.27
3.茄果类	31431	10.39
4.白菜类	86284	35.92
5.绿叶菜类	22484	7.51
6.其他鲜菜	16642	5.6
7.干菜类	660	0.12
8.菜制品	1055	0.26
四、调味品	10182	4.25
五、油脂类	21139	5.47
1.植物油	17932	5.15
2.动物油	3207	0.32
六、肉禽及其制品	28239	8.37
#1.猪肉	18890	5.59
2.牛肉	349	0.12
3.羊肉	1299	0.4
4.家禽	893	0.24
5.肉禽制品	6522	1.92
七、蛋类及蛋制品	20903	6.48
八、奶和奶制品	4069	1.31
九、水产品	2639	0.63
1.鱼类	2048	0.5
2.虾、贝、蟹类	119	0.02
3.藻类	39	0.01
4.其他	433	0.1
十、食糖	3944	1.27
十一、酒和饮料	28656	8.55
#1.白酒	5901	1.73
2.啤酒	4411	1.26
3.果酒	30	
4.不含酒精饮料	16614	4.95
十二、糖果	889	0.21
十三、糕点	3968	1.07
十四、水果及水果制品	90893	29.87
十五、坚果及果仁制品	3505	1.23

11—06 县（市、区）农村

地区	总收入	工资性收入	家庭经营收入	财产性收入	转移性收入
太原市(加权)	3374.94	976.42	2149.09	140.95	108.48
小店区	4292.06	964.69	2647.73	509.75	169.89
迎泽区	3741.22	1928.95	1168.32	485.88	158.08
杏花岭区	4006.21	958.16	1977.88	753.91	316.26
尖草坪区	3693.07	1001.53	2604.39	24.5	62.65
万柏林区	4061.34	2135.32	1460.56	124.99	340.47
晋源区	3296.46	1067.3	2067.1	33.32	128.73
清徐县	4074.08	878.52	3031.14	106.65	57.77
阳曲县	1915.41	324.19	1531.83	4.96	54.42
娄烦县	952.25	500.89	441.59		9.77
古交市	3375.41	1394.8	1887.03		93.58

住户基本情况

单位:元

总支出	可支配收入	人均纯收入	期内现金收入	期内现金支出	人均消费粮食（公斤）	人均消费蔬菜及菜制品（公斤）
2416.66	2591.27	2642.6	2969.64	2250.63	222.26	76.89
3590.71	3263.08	3302.19	3537.27	3412.71	216.53	87.07
3149.74	3414.4	3479.84	3632.88	3091.04	164.89	64.89
3350.32	3433.56	3532.6	3989.26	3350.32	211.59	68.68
2732.66	2270.6	2275.57	3544.72	2730.34	193.87	40.67
2629.97	3288.7	3302.97	4028.47	2613.93	211.95	61.58
2328.54	2833.98	2862.09	2845.53	2173.48	206.51	96.46
2472.73	3207.08	3285.05	3548.64	2242.62	211.28	129.96
1693.99	1150.83	1175.23	1467.87	1464.32	265.09	30.05
902.09	814.58	817.2	661.74	699.83	243.01	14.29
2138.77	2640.11	2804.28	3077.9	1914.5	253.29	71.78

11—07 农村住户总收支

指　　标	500元以下	500—1000元	1000—1500元
一、总收入	737.01	1116.13	1568.79
（一）工资性收入	367.55	308.85	623.7
1.在非企业组织中劳动得到的收入	10.07	44.57	133.34
2.在本地企业中劳动得到的收入	137	144.79	330.21
# 在本地乡镇企业得到收入	67	99.08	221.67
(1)在第一产业劳动得到收入	3.64	17.52	9.78
(2)在第二产业劳动得到收入	51.55	58.41	225.19
(3)在第三产业劳动得到收入	81.82	68.86	95.25
3.常住人口外出从业得到的收入	79.02	99.07	88.79
(1)在第一产业从业得到的收入		13.72	31.11
(2)在第二产业从业得到的收入	42.20	35.21	33.12
(3)在第三产业从业得到的收入	36.82	50.14	24.56
4.其他	141.45	20.42	71.36
（二）家庭经营收入	356.63	737.46	875.1
1.农业收入	328.53	402.24	463.62
# 种植业收入	328.53	401.7	462.29
2.林业收入		0.97	1.06
3.牧业收入	11.69	98.1	122.99
4.渔业收入			
5.工业收入		0.26	8.13
6.建筑业收入		5.28	3.91
7.交通、运输和邮电业收入		141.20	160.44
8.批发和零售贸易、餐饮业收入	4.95	49.38	28.96
9.社会服务业收入	5.91	22.22	23.03
10.文教卫生业收入		3.52	3.41
11.其他家庭经营收入	5.55	14.3	59.54
（三）财产性收入	1.14	24.29	24.55
1.利息	0.23	2.82	10.05
2.股息			
3.租金		10.78	10.97
4.红利			
5.土地征用补偿			1.51
6.其他	0.91	10.69	2.03
（四）转移性收入	11.7	45.52	45.44
1.家庭非常住人口寄回	2.32	3.7	0.13
2.亲友赠送	6.78	29.71	27.5
# 农村外部亲友赠送	1.36	1.65	12.77
3.调查补贴	0.33	0.97	3.56
4.救济金	1.36	2.57	1.16
5.救灾款		0.21	
6.保险年金			
7.退休金			
8.抚恤金			
9.其他	0.91	8.36	13.09
二、总支出	1119.94	1179.29	1348.05
（一）家庭经营费用支出	290.43	200.53	184.97
1.农业生产	95.12	75.56	62.95
# 种植业	94.75	75.56	62.95
2.林业生产		0.84	0.67

按人均纯收入分组

单位:元/人

1500—2000元	2000—2500元	2500—3000元	3000—3500元	3500—4000元	4000元以上
2320.78	2752.58	3083.66	3811.65	4529.8	8862.36
886.55	1206.31	1339.58	1484.4	1562.81	2125.5
218.71	346.7	438.12	751.89	552.45	697.41
420.99	470.91	520.24	423.2	631.6	1059.82
283.6	330.06	305.11	216.87	309.32	641.86
17.51	37.63	11.97	10.31	0.41	
314.71	367.66	388.51	261.77	479.16	798.99
88.77	65.63	119.75	151.12	152.03	260.83
78.69	140.33	163.53	128.83	172.3	102.71
14.74	11.49	26.33		4.53	7.94
35.9	38.91	40.95	55.08	43.64	5.47
28.05	89.92	96.24	73.75	124.12	89.3
168.16	248.37	217.69	180.48	206.46	265.57
1291.47	1356.67	1534.75	2025.02	2483.08	5460.41
495.27	496.55	765.52	652.91	720.28	670.84
494.28	496.17	762.66	652.6	713.61	668.06
0.47		18.12			0.34
300.89	124.07	123.31	90.77	314.42	612.2
28.56	6.28	3.11	51.94	58.73	74.45
0.21		8.5	59.76	40	218.67
317.56	359.1	229.96	771.43	449.81	3188.84
42.88	201.49	117.35	201.15	467.47	220.1
29.8	85.08	33.48	19.37	175.25	110.41
4.98	14.32	14.27	1.07	75.28	24.09
70.85	69.8	221.13	176.62	181.84	340.45
39	44.11	118.27	71.76	302.31	942.94
8.92	12.78	7.02	5.13	55.3	44.6
		9.76		32.06	23.49
19.7	7.63	66.91	19.56	172.2	341.78
4.44	13.64	20.73	30.71	40	17.17
5.94	10.07	13.85	16.35	2.74	515.9
103.76	145.48	91.07	230.47	181.6	333.5
0.43	0.51				
59.05	68.37	30.74	61.09	33.68	103.16
5.25	0.28	2.65	10.69		12.02
5.76	4.71	5.11	10.18	6.74	8.1
0.11	0.71		0.83		
0.02		11.27	15.61	11.48	14.55
38.39	71.2	43.96	142.76	129.7	207.69
1998.05	2133.26	2272.56	2641.79	3305.19	5751.53
344.31	327.12	243.99	393.79	639.97	1375.38
75.43	41.44	120.36	76.43	123.32	100.67
72.47	41.44	120.36	76.43	123.32	100.48
0.26	0.27	1.66	0.13		0.24

11—07 续表

指　　标	500元以下	500—1000元	1000—1500元
3.牧业生产	10.06	30.87	38.58
4.渔业生产			
5.工业生产	136.36	0.72	4.06
6.建筑业生产	48.09	20.79	0.5
7.交通、运输和邮电业		63.4	70.91
8.批发和售贸易、餐饮业		2.86	0.99
9.社会服务业		1	2.91
10.文教卫生业			
11.其他家庭经营支出	0.79	4.49	3.41
(二)购置生产性固定资产	1.59	19.6	3.31
(三)生产性固定资产折旧	25.47	105.99	125.74
(四)税费支出	15.74	14.17	10.11
1.缴纳生产税	15.19	12.71	7.59
第一产业	15.19	11.43	6.81
第二产业		1.17	0.17
第三产业		0.11	0.6
2.缴纳其他直接税			
3.村提留		0.05	2
4.乡统筹		0.24	0.4
5.其他各项收费	0.55	1.16	0.13
(五)生活消费支出	772.29	857.53	1038.78
1.食品消费支出	428.4	505.04	573.07
# (1)主食	263.15	270	288.04
(2)副食	111.44	144.44	171.22
(3)其他食品	53.17	76.98	96.16
(4)在外饮食	0.27	10.91	15.62
2.衣着消费	67.2	97.75	114.69
3.居住消费	154.51	71.68	102.12
# 住房装饰		0.9	3.13
4.家庭设备、用品及服务	34.41	30.01	50.93
5.医疗保健	10.15	30.05	49.75
6.交通通讯消费	14.6	32.17	30.34
7.文教娱乐用品及服务	40.97	72.01	73.8
8.其他商品和服务消费	22.05	18.83	44.07
(六)财产性支出	13.55	15.21	4.39
1.非生产性贷款利息支出		0.07	
2.其他	13.55	15.14	4.39
(七)转移性支出	26.34	72.24	106.49
1.寄给或带给家庭非常住人口			0.03
2.赠送亲友	25.27	6,9.76	100.38
# 赠送农村外亲友	2.09	0.53	4.52
3.缴纳保险费		0.02	
4.缴纳罚款			1.28
5.其他	1.06	2.47	4.8
三、可支配收入	382.92	748.17	1214.67
四、全年家庭纯收入	399.63	766.41	1229.68

单位:元/人

1500—2000元	2000—2500元	2500—3000元	3000—3500元	3500—4000元	4000元以上
158.24	49.35	49.6	44.77	154.84	278.58
12.9	0.22	2.59			10.87
2.51	4.19	12.38	1.67	0.76	139.78
87.96	137.03	41.31	183.06	104.22	787.55
2.5	81.57	10.89	71.86	248.08	4.63
0.16	12.16	0.11	0.86	1.02	22.12
		0.13	0.06		0.34
4.36	0.89	4.97	14.96	7.74	30.61
2.55	1.92	37.58	22.62	7.56	346.56
151.37	106.99	73.2	121.25	115.73	294.43
10.36	13.65	2.95	5.75	28.14	20.56
3.76	6.86	1.16	3.51	3.11	13.53
3.69	5.09	0.69	3.03	3.11	0.71
			0.48		10.73
0.08	1.78	0.47			2.08
4.55	4.77	0.67	1.53	24.41	4.61
1.71	1.31	0.45	0.48	0.27	
0.33	0.71	0.67	0.24	0.36	2.41
1456.89	1607.5	1779.2	1925.34	2284.08	3432.16
680.98	823.08	777.49	825.02	931.12	1089.2
282.05	318.79	314.16	314.69	306.51	317.42
227.89	291.87	233.72	259.79	287.17	359.91
137.15	174.82	159.15	186.83	244.01	334.9
31.98	36.65	66.49	62.54	92.09	75.85
155.36	256.36	238.04	273.82	348.4	428.01
166.05	77.8	169.49	212.75	216.28	585.53
18.6	0.2	1.92	13.06	11.14	6.75
64.91	72.77	92.35	81.2	101.87	307.03
46.42	72.38	109.61	84.87	79.56	170.18
86.01	51.78	88.96	133.76	139.28	294.85
113.39	210.6	237.46	189.74	344.9	368.66
143.77	42.73	65.8	124.17	122.66	188.71
13.69	7.27	8.34	20.25	45.15	60.54
	1.67		2.75		26.86
13.69	5.6	8.34	17.49	45.15	33.68
170.23	175.79	200.49	274.05	300.29	516.34
		3.88		1.78	3.47
161.84	172.47	180.11	245.36	294.94	402.7
3.02	8.43	11.77	1.98	3.91	27.18
6.18	0.35	0.73	23.4	0.4	8.29
0.88	1.52		0.63		49.25
1.33	1.46	15.77	4.66	3.17	52.64
1730.07	2212.99	2689.82	3179.36	3651.13	6817.38
1755.17	2233.53	2730.32	3230.28	3705.54	7073.18

11—08 农村住户现金收支

指　　标	500元以下	500—1000元	1000—1500元
一、期内现金收入	526.57	855.59	1266.47
(一)工资性收入	367.55	307.11	621.69
1.在非企业组织中劳动得到的收入	10.07	44.57	133.34
2.在本地企业中劳动得到的收入	137	144.79	330.21
# 在本地乡镇企业得到收入	67	99.08	221.67
(1)在第一产业劳动得到收入	3.64	17.52	9.78
(2)在第二产业劳动得到收入	51.55	58.41	225.19
(3)在第三产业劳动得到收入	81.82	68.86	95.25
3.常住人口外出从业得到的收入	79.02	97.32	86.78
(1)在第一产业从业得到的收入		13.72	31.11
(2)在第二产业从业得到的收入	42.2	35.21	33.12
(3)在第三产业从业得到的收入	36.82	48.4	22.55
4.其他	141.45	20.42	71.36
(二)家庭经营收入	147.1	485.44	578.21
1.出售产品的收入	130.69	251.41	293.33
(1)出售农业产品收入	120.91	158.01	183.31
# 种植业	120.91	157.47	182.95
(2)出售林业产品收入		0.6	0.01
(3)出售牧业产品收入	9.78	90.59	105.53
(4)出售渔业产品收入			
(5)出售工业产品的收入		0.26	0.02
(6)出售其他产品的收入		1.95	4.47
2.工业加工费			8.11
3.建筑业		5.28	3.91
4.交通运输		141.2	160.44
5.批发和零售贸易、餐饮业	4.95	49.38	28.96
6.社会服务业	5.91	22.22	23.03
7.文教卫生业		3.52	3.41
8.其他家庭经营收入	5.55	12.34	55.07
(三)财产性收入	0.23	22.15	24.07
1.利息	0.23	2.82	10.05
2.股息			
3.租金		10.78	10.97
4.红利			
5.土地征用补偿			1.51
6.其他		8.54	1.55
(四)转移性收入	11.7	41.19	42.49
1.家庭非常住人口寄回的收入	2.32	3.7	0.13
2.亲友赠送	6.78	29.69	26.51
# 农村外部亲友赠送	1.36	1.63	11.78

按人均纯收入分组

单位:元/人

1500—2000元	2000—2500元	2500—3000元	3000—3500元	3500—4000元	4000元以上
2053.43	2519.17	2714.24	3574.28	4079.59	8409.72
886.55	1206.21	1333.62	1484.4	1562.81	2125.5
218.71	346.7	438.12	751.89	552.45	697.41
420.99	470.91	520.24	423.2	631.6	1059.82
283.6	330.06	305.11	216.87	309.32	641.86
17.51	37.63	11.97	10.31	0.41	
314.71	367.66	388.51	261.77	479.16	798.99
88.77	65.63	119.75	151.12	152.03	260.83
78.69	140.33	163.53	128.83	172.3	102.71
14.74	11.49	26.33		4.53	7.94
35.9	38.91	40.95	55.08	43.64	5.47
28.05	89.92	96.24	73.75	124.12	89.3
168.16	248.27	211.73	180.48	206.46	265.57
1031.63	1135.1	1187.07	1795.06	2046.75	5029.7
562.23	397.62	572.9	513.51	635.72	853.22
254.33	279.79	436.19	440.93	336.72	262.05
253.34	279.41	433.98	440.83	330.06	262.05
1.5	2.53	1.61			0.34
280.96	115.3	121.27	72.58	261.64	587.5
24.9				4.42	
0.54		13.84		32.93	3.32
3.66	6.28	3.11	51.94	54.31	74.45
0.21		8.5	59.76	40	218.67
317.56	359.1	229.96	771.43	449.81	3188.84
42.88	201.49	117.35	201.15	467.47	220.10
29.8	85.08	33.48	19.37	175.25	110.41
4.98	14.32	14.27	1.07	75.28	24.09
70.32	69.8	207.29	176.62	148.91	337.13
33.96	34.87	113.63	70.11	300.45	937.03
8.92	12.78	7.02	5.13	55.3	44.6
		9.76		32.06	23.49
19.7	7.63	66.91	19.56	172.2	341.78
4.44	13.64	20.73	30.71	40	17.17
0.9	0.82	9.22	14.69	0.88	509.99
101.29	143	79.92	224.72	169.57	317.48
0.43	0.51				
58.4	68.37	30.42	60.3	33.68	101.32
4.6	0.28	2.33	9.9		10.17

11—08 续表 1

指　　标	500元以下	500—1000元	1000—1500元
3.调查补贴	0.33	0.97	3.56
4.救济金	1.36	2.57	1.16
5.救灾款		0.21	
6.保险年金收入			
7.退休金			
8.抚恤金			
9.其他	0.91	4.06	11.13
二、非收入所得	432.01	193.41	165.45
1.从银行信用社得到的贷款		23.2	28.05
2.借入款	370.19	31.32	42
3.收回借出款		17.86	9.92
4.从银行信用社取回存款	61.82	105.82	80.62
5.收回投资款			
6.出售财产所得款		15.2	4.86
7.一次性工伤补贴			
8.保险公司赔付			
9.其他			
三、期内现金支出	907.54	1000.68	1189.25
(一)生产费用支出	286.47	207.56	171.79
1.家庭经营费用支出	284.88	187.96	168.48
(1)农业生产支出	95.12	75.38	61.03
# 种植业支出	94.75	75.38	61.03
(2)林业生产支出		0.84	0.67
(3)牧业生产支出	4.52	18.49	24.01
(4)渔业生产支出			
(5)工业生产支出	136.36	0.72	4.06
(6)建筑业生产支出	48.09	20.79	0.5
(7)交通运输支出		63.4	70.91
(8 批发和零售贸易、餐饮业支出		2.86	0.99
(9)社会服务业支出		1	2.91
(10)文教卫生业			
(11)其他经营支出	0.79	4.49	3.41
2.购置生产性固定资产支出	1.59	19.6	3.31
# 房屋及建筑物			
大中型铁木农具		0.62	0.54
农林牧渔业机械		1.03	2.15
工业机械			
运输机械		15.15	
役畜		1.03	
产品畜		1.68	0.5

单位:元/人

1500—2000元	2000—2500元	2500—3000元	3000—3500元	3500—4000元	4000元以上
5.76	4.71	5.11	10.18	6.74	8.1
0.11	0.71		0.83		
0.02		11.27	15.61	11.48	14.55
		33.13			
36.57	68.71	358.68	137.8	117.67	193.51
266.75	238.58	15.54	570.55	505.47	801.31
6.65		129.39	15.87		22.53
51.6	105.97	71.98	193.61	168.67	470.22
19.53	44.19	132.77	14.29	91.91	62.94
183.05	85.86	4.15	211.11	244.44	229.79
4.97	1.01	4.85		0.44	1.72
0.95	0.04		135.67		13.68
	1.52				0.44
1859.86	2025.04	2168.47	2551.99	3185.01	5633.9
340.03	322.52	276.67	409.82	643.2	1718.74
337.47	320.6	239.1	387.2	635.64	1372.18
72	37.05	115.98	75.33	120.82	98.65
69.04	37.05	115.98	75.33	120.82	98.45
0.26	0.27	1.66	0.13		0.24
154.82	47.21	49.07	39.28	153.01	277.4
12.9	0.22	2.59			10.87
2.51	4.19	12.38	1.67	0.76	139.78
87.96	137.03	41.31	183.06	104.22	787.55
2.5	81.57	10.89	71.86	248.08	4.63
0.16	12.16	0.11	0.86	1.02	22.12
		0.13	0.06		0.34
4.36	0.89	4.97	14.96	7.74	30.61
2.55	1.92	37.58	22.62	7.56	346.56
				2.67	0.35
0.26		0.39	22.62		0.3
		9.78			342.27
2.15	1.26	15.28			
0.15	0.66	1.79		3.56	3.63

11—08 续表 2

单位:元/人

指 标	500元以下	500—1000元	1000—1500元
(二)税费支出	15.74	14.17	9.8
1.缴纳生产税	15.19	12.71	7.28
第一产业	15.19	11.43	6.5
第二产业		1.17	0.17
第三产业		0.11	0.6
2.缴纳其他直接税			
3.村提留		0.05	2
4.乡统筹		0.24	0.4
5.其他各项收费	0.55	1.16	0.13
(三)生产消费支出	578.76	704.02	901.01
(四)财产性支出	0.23	2.7	0.63
1.非生产性贷款利息支出		0.07	
2.其他	0.23	2.63	0.63
(五)转移性支出	26.34	72.22	106.01
1.寄给或带给家庭非常住人口支出			0.03
2.赠送亲友支出	25.27	69.74	99.91
# 赠送农村外亲友	2.09	0.51	4.04
3.支付保险费支出		0.02	
4.缴纳罚款			1.28
5.其他	1.06	2.47	4.8
四、非消费性现金付出	71.38	35.09	111.23
1.归还银行信用社贷款		1.09	29.61
2.借出款		0.53	0.1
3.归还借款	70.83	15.45	19.83
4.存入银行信用社		17.45	61.7
5.购买股票支出			
6.支出投资额	0.55	0.56	
7.其他			
五、期末金融资产余额	669.85	1118.44	1386.57
1.债券			
2.股票			
3.银行存款	171.71	703.49	870.55
4.手存现金	498.15	414.95	516.02
5.其他			
六、期末债务余额	54.55	164.07	309.9
1.银行、信用社贷款		119.1	36.36
2.乡村集体组织、企业借款		1.44	173.73
3.个人借(欠)款	54.55	43.53	99.81
4.其他			

单位:元/人

1500—2000元	2000—2500元	2500—3000元	3000—3500元	3500—4000元	4000元以上
10.23	13.65	2.76	5.75	28.14	20.56
3.63	6.86	0.97	3.51	3.11	13.53
3.55	5.09	0.51	3.03	3.11	0.71
			0.48		10.73
0.08	1.78	0.47			2.08
4.55	4.77	0.67	1.53	24.41	4.61
1.71	1.31	0.45	0.48	0.27	
0.33	0.71	0.67	0.24	0.36	2.41
1332.52	1510.6	1681.67	1848.93	2171.66	3327.98
7.5	2.48	6.88	14.55	41.72	52.03
	1.67		2.75		26.86
7.5	0.81	6.88	11.79	41.72	25.18
169.59	175.79	200.49	272.86	300.29	514.6
		3.88		1.78	3.47
161.2	172.47	180.11	244.17	294.94	400.96
2.37	8.43	11.77	0.79	3.91	25.45
6.18	0.35	0.73	23.4	0.4	8.29
0.88	1.52		0.63		49.25
1.33	1.46	15.77	4.66	3.17	52.64
160.83	410.19	363.03	609.44	506.47	1769.2
1.18	0.13	0.44		3.56	128.68
1.17	2.58	6.48	4.09	24.67	138.44
27.58	39.56	43.94	24.01	68.03	401.04
130.9	367.93	312.18	581.35	410.22	1101.05
2371.14	3319.01	2711.36	4414.57	3589.07	6861.01
1429.93	2195.14	1402.56	2346.83	1937.71	3636.83
941.21	1123.87	1308.8	2067.75	1651.36	3224.18
210.73	463.26	2661.66	406.35	745.78	2043.13
21.46	353.54	38.86	27.78	133.33	486.27
100.86		1062.18	119.05	266.67	185.19
88.41	109.72	1560.62	140.48	292.44	1232.19
			119.05	53.33	139.48

11—09 农村住户食品消费

指　　标	500元以下	500—1000元	1000—1500元
一、粮食	242.65	228.65	231.47
#1.小麦	79.78	98.49	93.98
2.稻谷	20.46	22.8	33.35
3.玉米	11.02	15.39	19.28
4.薯类	52.15	31.44	25.57
二、豆类及豆制品	2.54	3.53	5.93
#1.大豆	1.82	1.45	3.04
2.杂豆	0.27	0.19	0.73
三、蔬菜及菜制品	17.68	43.05	45.61
#1.根茎块花类	6.5	7.49	11.5
2.菜瓜类	0.28	0.79	1.48
3.茄果类	2.78	3.95	6.84
4.白菜类	5.65	25.59	20.08
5.绿叶菜类	1.45	3.73	3.21
6.其他鲜菜	0.8	1.25	1.91
7.干菜类	0.09	0.07	0.17
8.菜制品	0.14	0.18	0.42
四、调味品	0.88	1.4	1.13
五、油脂类	3.65	3.89	4.41
1.植物油	3.61	3.69	4.15
2.动物油	0.04	0.21	0.26
六、肉禽及其制品	3.86	4.81	5.46
#1.猪肉	3.28	3.93	4.59
2.牛肉		0.07	0.04
3.羊肉	0.03	0.13	0.14
4.家禽	0.07	0.1	0.11
5.肉禽制品	0.48	0.51	0.53
七、蛋类及蛋制品	2.1	2.57	5.14
八、奶和奶制品	0.24	0.24	0.74
九、水产品	0.15	0.45	0.45
1.鱼类	0.15	0.38	0.4
2.虾、贝、蟹类		0.01	0.01
3.藻类	0.01	0.01	
4.其他		0.05	0.04
十、食糖	0.8	0.86	0.9
十一、酒和饮料	1.52	3.53	4.86
#1.白酒	0.81	1.47	1.5
2.啤酒	0.44	0.68	0.81
3.果酒			0.01
4.不含酒精饮料	0.26	1.34	2.28
十二、糖果	0.09	0.17	0.22
十三、糕点	0.15	0.7	0.93
十四、水果及水果制品	5.28	15.74	16.62
十五、坚果及果仁制品	0.1	0.28	0.52

按人均纯收入分组

单位:公斤/人

1500—2000元	2000—2500元	2500—3000元	3000—3500元	3500—4000元	4000元以上
211.8	213.75	208.11	208.23	205.73	221.46
100.13	102.36	115.93	110.55	122.28	120.56
33.02	50.35	32.2	49.09	36.59	38.04
22.48	10.42	18.31	18.58	16.57	30.08
19.34	19.05	12.87	6.44	7.86	7.77
4.82	4.74	6.75	5.19	12.05	4.15
1.49	2.17	2.94	1.1	0.93	0.81
0.62	0.29	0.39	0.2	0.31	0.3
85.98	69.14	61.77	55.87	103.05	95.14
18.93	11.2	17.35	14.78	30.24	24.39
2.78	3.5	2.15	2.17	6.55	4.18
12.93	12.62	9.35	8.79	13.98	12.17
37.86	25.82	20.08	18.45	33.36	32.29
7.02	8	7.52	5.41	11.72	11.83
6.02	7.48	4.99	5.89	7.06	8.99
0.1	0.39	0.15	0.1	0.05	0.51
0.34	0.14	0.18	0.28	0.08	0.78
2.89	4.26	3.95	4.21	4.55	4.67
5.59	6.87	5.4	7.29	5.64	12.97
5.36	6.51	5.17	7.23	5.55	7.41
0.23	0.37	0.23	0.05	0.09	5.57
7	11.41	7.97	16.37	9.74	11.74
5.02	8.46	5.52	5.62	6.84	7.43
0.08	0.07	0.14	0.12	0.08	0.28
0.52	0.3	0.52	0.61	0.59	0.67
0.2	0.44	0.44	0.27	0.24	0.47
1.13	1.98	1.28	9.67	1.92	2.73
7.57	6.78	6.12	7.09	6.68	10.51
1.06	1.86	1.54	0.76	1.04	2.78
0.5	1.14	0.81	1.05	1.27	1.33
0.39	0.78	0.62	0.87	1.05	0.97
0.02	0.04	0.03	0.02	0.04	0.12
0.02		0.03	0.02		0.01
0.08	0.31	0.13	0.13	0.17	0.23
1.67	1.81	1.36	0.84	0.88	1.16
5.55	11.08	8.64	10.22	21.94	13.81
1.48	2.03	1.67	1.73	2	2.77
0.98	1.1	0.94	2.71	2.08	2.59
0.01		0.02	0.01		0.02
2.95	7.66	3.91	5.48	16.91	7.84
0.18	0.3	0.25	0.23	0.35	0.54
0.91	1.21	1.15	1.21	1.8	2.3
28.42	30.11	28.74	30.43	34.26	48.1
0.92	0.95	0.89	0.98	4	1.71

11—10 农村住户粮食收支

单位:公斤

指　　标	总　计	加权人均数
一、年初粮食结存	619789	214.65
二、粮食收入合计	1556265	571.53
1.家庭经营生产的	881612	357.29
2.购入	654750	209.92
3.借入	3450	0.89
4.收回借出粮	4025	1.37
5.其他粮食收入	12428	2.07
三、粮食支出合计	1287150	465.99
1.主食用粮	716130	219.95
2.其他生活用粮	14693	4.59
3.出售	252369	121.63
4.种籽	13969	4.89
5.饲料	288869	114.55
6.借出	850	0.28
7.归还借粮	70	0.02
8.其他粮食支出	200	0.07
四、误差调整项	888904	320.20
五、年末粮食结存	1066182	395.83
# 口粮	1034410	387.36
种子	9563	2.46
饲料	17701	4.70
补充资料:生产加工用粮	43955	15.33
# 食品加工用粮	1950	0.67
饲料加工用粮	36236	12.11

第十二篇

国内外贸易 旅游

资料整理

师　超　郭佩华　袁鸣佳　张晓莉　郑慧华

审　核

师　超　郑慧华　郭佩华

12—01　社会消费品零售总额

单位：万元

项　　目	总　计	市	县	县以下
社会消费品零售总额(包括农民对非农民零售额)	**1477516**	**1372973**	**31270**	**73273**
一、社会消费品零售额(不含农民对非农民零售额)	**1091118**	**996083**	**26047**	**68988**
1. **批零贸易业零售额**	**831539**	**791290**	**15205**	**25044**
国有经济	216248	205648	9046	1554
集体经济	221782	217304	1875	2603
私营经济	136587	130747	988	4852
个体经济	138615	119284	3296	16035
联营经济				
股份制经济	118307	118307		
外商及港澳台				
2. **餐饮业零售额**	**142592**	**138280**	**2150**	**2162**
国有经济	9056	8988	68	
集体经济	19679	19679		
私营经济	53033	53033		
个体经济	51083	46839	2082	2162
联营经济				
股份制经济	1796	1796		
外商及港澳台	7945	7945		
3. **制造业零售额**	**82604**	**79896**	**2706**	**40686**
国有经济	6555	4940	642	973
集体经济	41602	9837	646	31119
私营经济	22196	16813	505	4878
个体经济	12251	7622	913	3716
联营经济				
股份制经济				
外商及港澳台				
4. **其他行业零售额**	**34383**	**27301**	**5986**	**1096**
国有经济	23041	17847	4953	241
集体经济	6892	6892		
个体经济	2945	1057	1033	855
私营经济	1505	1505		
外商及港澳台				
二、农民对非农业居民零售额	**386398**	**376890**	**5223**	**4285**

12—02 限额以上批发零售贸易业商品购、销、存总额

单位:万元

	购进总额	销售总额	批发	零售	年末库存总额
总　　计	**1258412**	**1505191**	**1123488**	**381703**	**164013**
# 国有及国有控股	1031416	1186823	933446	253377	119839
一、按登记注册类型分组					
内资企业	1258412	1505191	1123488	381703	164013
国有企业	934291	1039173	899369	139804	99868
集体企业	115404	120022	106394	13628	29094
股份合作企业	2500	3788		3788	145
联营企业	13643	18247		18247	1057
国有联营企业	13643	18247		18247	1057
有限责任公司	77515	164943	83563	81380	9015
股份有限公司	86380	128531	34162	94369	19292
私营企业	28679	30487		30487	5542
二、按国民经济行业分组					
食品、饮料、烟草批发业	249437	255310	251271	4039	20530
# 粮食、食用油批发业	19285	22561	22249	312	8257
烟草及其制品批发业	192558	189440	188269	1171	6856
棉、麻、土畜产品批发业	25951	24068	24068		12676
纺织品、服装和鞋帽批发业	8379	9675	9675		1651
日用百货批发业	2471	2471	2471		24
日用杂品批发业					2490
五金、交电、化工批发业	2696	3662	3508	154	6521
药品及医疗器械批发业	18065	19714	18043	1671	8020
能源批发业	99333	195188	173090	22098	2254
# 石油及制品批发业	48167	61154	42739	18415	5766
煤炭及制品批发业	51166	134034	130351	3683	6365
化工材料批发业	53309	48289	48289		
木材批发业					1364

12—02 续表　　单位:万元

	购进总额	销售总额	批发	零售	年末库存总额
建筑材料批发业					
矿产品批发业					
金属材料批发业	290393	286954	286927	27	11094
机械、电子设备批发业	44932	46001	45832	169	4279
汽车、摩托车及零配件批发业	106988	138910	121826	17084	10096
# 汽车批发业	106988	138910	121826	17084	10096
再生物资回收批发业					
工艺美术批发业	2458	2458	2458		189
图书报刊批发业					
农业生产资料批发业	60420	58159	58121	38	13824
其他类未包括的批发业	8710	7973	7973		1747
食品、饮料和烟草零售业	26177	39801	8168	31633	14650
# 粮油食品零售业	5934	7581	38	7543	4790
副食品零售业	20243	32220	8130	24090	9860
日用百货零售业	165631	260100	33283	226817	27868
# 百货零售业	164185	257800	33276	224524	27393
文化体育用品零售业					
纺织品、服装和鞋帽零售业	3618	4384	468	3916	1169
日用杂品零售业					
五金、交电、化工零售业	28978	32461	9855	22606	6024
药品及医疗器械零售业	33270	39469	11067	28402	7084
图书报刊零售业	7750	7947	1350	6597	684
其他零售业	19446	22197	5745	16452	5664
# 家具零售业					
汽车、摩托车及其零配件零售	2200	2121		2121	1600
计算机及软件、办公设备零售					

12—03 限额以上批发零售贸易业商品销售、库存

	单位	销售合计			库　存
			批　发	零　售	
粮食	吨	80327	52161	28166	55647
食用植物油	吨	23558	15371	8187	737
食糖	吨	3887	2557	1330	220
棉花	吨	23210	23207	3	9626
电视机	台	50837	484	50353	7309
组合音响	台	2701	143	2558	1446
摄像机	台	544		544	120
录像机	台	11	1	10	53
影碟机	台	20719	20	20699	1794
家用电冰箱	台	45393	9812	35581	15193
家用洗衣机	台	34096	4266	29830	9643
房间空调器	台	11285	2372	8913	1114
微波炉	台	20903	441	20462	8712
微型计算机	台	12563	121	12442	263
普通电话机	台	229236	3017	226219	8235
移动电话机	台	77571		77571	383

12—03　续表

	单位	销售合计	批　发	零　售	库　存
寻呼机	台	48150		48150	15944
化学肥料	吨	437631	431631		106439
化学农药	吨	139	139		333
农用薄膜	吨	231	231		53
煤炭	吨	16845262	16845262		1099761
木材	吨	1053	1053		59
汽油	吨	113291	63765	49526	4748
柴油	吨	93268	66339	26929	4998
钢材	吨	86840	86701	139	5849
铜	吨	31	31		
铝	吨	1159	112	1047	
水泥	吨	255	255		1564
汽车	辆	14735	12756	1979	1053
摩托车	辆	35576	23515	12061	10180
拖拉机	台	168	40	128	135

12—04 限额以上批发零

指标	企业数(个)合计	# 亏损企业	流动资产小计	固定资产小计
批发、零售贸易企业总计	**103**	**47**	**725881.6**	**419225.2**
一、批发企业	**54**	**27**	**504843.8**	**143152.9**
# 国有及国有控股	44	25	390608.3	124573.6
(一)按登记注册类型分组				
内资企业	54	27	504843.8	143152.9
国有企业	44	25	390608.3	124573.6
集体企业	7	2	85271.8	12202.6
股份合作企业				
联营企业				
国有联营企业				
集体联营企业				
国有与集体联营企业				
其他联营企业				
有限责任公司	3		28963.7	6376.7
国有独资企业				
其他有限责任公司	3		28963.7	6376.7
股份有限公司				
私营企业				
私营独资企业				
私营合伙企业				
私营有限责任公司				
私营股份有限公司				
其他企业				
港、澳、台商独资企业				
合资经营企业(港或澳、台资)				
合作经营企业(港或澳、台资)				
港、澳、台商独资经营企业				
港、澳、台商投资股份有限公司				
外商投资企业				
中外合资经营企业				

售贸易企业财务状况

单位:万元

资产总计	负债合计	所有者权益合计	商品销售收入	商品销售成本	营业利润
1235424.4	**1049579.9**	**185844.5**	**1421891.6**	**1295213.7**	**－30742.2**
700989.6	**662197.3**	**38792.3**	**989503.8**	**933945.8**	**－34567.2**
563996.4	544662.4	19334.0	825196.0	784608.4	－34172.7
700989.6	662197.3	38792.3	989503.8	933945.8	－34567.2
563996.4	544662.4	19334.0	825196.0	784608.4	－34172.7
100787.0	85477.3	15309.7	109913.2	101552.1	－542.9
36206.2	32057.6	4148.6	54394.6	47785.3	148.4
36206.2	32057.6	4148.6	54394.6	47785.3	148.4

12—04 续表 1

指标	企业数(个)合计	# 亏损企业	流动资产小计	固定资产小计
中外合作经营企业				
外资企业				
外商投资股份有限公司				
(二)按国民经济行业分组				
食品、饮料、烟草批发业	11	2	97818.8	24578.2
# 粮食、食用油批发业	4	1	45831.4	16671.1
烟草及其制品批发业	2		24949.7	3425.3
棉、麻、土畜产品批发业	1		29433.5	4946.6
纺织品、服装和鞋帽批发业	1	1	14851.0	622.0
日用百货批发业	1	1	807.0	19.4
日用杂品批发业				
五交、交电、化工批发业	2	1	11794.6	9292.8
药品及医疗器械批发业	3	2	7720.7	867.4
能源批发业	8	5	134371.4	29121.7
# 石油及制品批发业	2	1	10620.2	8365.7
煤炭及制品批发业	6	4	123751.2	20756.0
化工材料批发业	4	1	18039.9	13061.5
木材批发业				
建筑材料批发业	1	1	1924.3	2468.4
矿产品批发业				
金属材料批发业	8	4	80195.4	37559.9
机械、电子设备批发业	6	3	21799.1	9085.5
汽车、摩托车及零配件批发业	3	3	31134.8	6940.2
# 汽车批发业	3	3	31134.8	6940.2
再生物资回收企业				
工艺美术批发业	1	1	7293.4	1155.2
图书报刊批发业				
农业生产资料批发业	2	1	36052.4	1469.4
其他类未包括的批发业	2	1	11607.5	1964.7
二、零售企业	**49**	**20**	**221037.8**	**276072.3**

单位:万元

资产总计	负债合计	所有者权益合计	商品销售收入	商品销售成本	营业利润
128821.4	113717.7	15103.7	217433.7	207504.0	−4358.2
65685.9	74927.3	−9241.4	18614.3	17575.3	−5651.4
29363.4	17876.0	11487.4	163217.1	157038.3	1663.7
36092.2	36639.6	−547.4	23188.1	21559.8	−564.0
15854.0	15798.0	56.0	9674.8	8654.8	−475.3
830.1	831.3	−1.2	3385.6	3073.1	−12.0
21215.1	18831.4	2383.7	2672.8	2463.2	−433.3
8622.0	8006.6	615.4	19168.7	17313.3	−9.4
184627.2	155759.9	28867.3	359888.4	335981.0	−21204.8
26546.9	22622.8	3924.1	53702.5	48933.7	289.6
158080.3	133137.1	24943.2	306185.9	287047.3	−21494.4
32988.5	27047.8	5940.7	47997.3	44614.9	−376.0
4832.4	7264.5	−2432.1			−565.2
130294.4	141338.0	−11043.6	67952.9	64781.9	−3734.5
33187.2	29780.2	3407.0	41072.6	38257.6	−673.6
43371.1	46580.6	−3209.5	123116.8	120549.6	−1568.4
43371.1	46580.6	−3209.5	123116.8	120549.6	−1568.4
8620.4	14150.0	−5529.6	2325.4	2278.3	−865.6
38041.0	35191.3	2849.7	62545.5	58553.0	−35.5
13592.6	11260.4	2332.2	9081.2	8361.3	308.6
534434.8	**387382.6**	**147052.2**	**432387.8**	**361267.9**	**3825.0**

12—04 续表 2

指 标	企业数(个) 合计	# 亏损企业	流动资产小计	固定资产小计
# 国有及国有控股	29	16	171705.6	249238.9
(一)按登记注册类型分组				276072.3
内资企业	49	20	221037.8	276072.3
国有企业	21	13	119312.2	184342.8
集体企业	4	3	3924.5	3330.2
股份合作企业	2		1611.3	743.2
联营企业	1	1	5877.8	4169.5
国有联营企业	1	1	5877.8	4169.5
集体联营企业				
国有与集体联营企业				
其他联营企业				
有限责任公司	7		27300.3	9633.5
国有独资企业				
其他有限责任公司	7		27300.3	9633.5
股份有限公司	11	1	46572.4	60622.2
私营企业	3	2	16439.3	13230.9
私营独资企业				
私营合伙企业				
私营有限责任公司	3	2	16439.3	13230.9
私营股份有限公司				
其他企业				
港、澳、台商投资企业				
合资经营企业(港或澳、台资)				
合作经营企业(港或澳、台资)				
港、澳、台商独资经营企业				
港、澳、台商投资股份有限公司				
外商投资企业				
中外合资经营企业				
中外合作经营企业				
外资企业				

单位:万元

资产总计	负债合计	所有者权益合计	商品销售收入	商品销售成本	营业利润
439962.7	313539.6	126423.1	321118.5	264772.5	2135.7
534434.8	387382.6	147052.2	432387.8	361267.9	3825.0
318426.2	241091.2	77335.0	195937.1	154645.0	436.6
13601.4	6501.6	7099.8	10725.5	10054.2	−172.9
2447.9	2119.1	328.8	3787.8	3128.0	136.3
10746.9	8389.3	2357.6	15767.6	14685.7	−285.0
10746.9	8389.3	2357.6	15767.5	14685.7	−285.0
40650.7	33383.1	7267.6	65627.8	55667.7	1831.5
40650.7	33383.1	7267.6	65627.8	55667.7	1831.5
110740.4	64238.2	46502.2	110305.7	96517.9	1652.3
37821.3	31660.1	6161.2	30236.3	26569.4	226.2
37821.3	31660.1	6161.2	30236.3	26569.4	226.2

12—04 续表 3

指　　标	企业数(个)合计	# 亏损企业	流动资产小计	固定资产小计
外商投资股份有限公司				
(二)按国民经济行业分组				
食品、饮料和烟草零售业	11	3	38802.3	26580.1
# 粮油食品零售业	3	1	22928.4	13556.3
副食品零售业	8	2	15873.9	13023.8
日用百货零售业	19	8	98556.5	99026.2
# 百货零售业	18	7	97650.5	98412.0
文化体育用品零售业				
纺织品、服装和鞋帽零售业	4	2	5171.7	10293.9
日用杂品零售业				
五金、交电、化工零售业	4	1	13940.6	1830.3
药品及医疗器械零售业	1	1	16031.9	4840.8
图书报刊零售业	1	1	1859.0	3657.4
其他零售业	9	4	46675.8	129843.6
# 家具零售业				
汽车、摩托车及其零配件零售业	1		5560.6	4972.4
计算机及软件、办公设备零售业				
(三)按经营方式分组				
连锁商店	6	3	46197.9	20760.3
非连锁商店	43	17	174839.9	255312.0
(四)按零售业态分组				
1.百货商店	17	7	64146.8	94349.4
2.超级市场	6	4	50644.9	24541.5
3.专业(专卖)商店	20	8	100225.6	152696.6
4.其他	6	1	6020.5	4484.8

单位:万元

资产总计	负债合计	所有者权益合计	商品销售收入	商品销售成本	营业利润
68303.7	59224.9	9078.8	36841.5	33619.2	－1607.6
38005.4	33182.1	4823.3	9214.9	8585.7	－1153.2
30298.3	26042.8	4255.5	27626.6	25033.5	－454.4
223527.7	152370.1	71157.6	214217.8	182630.9	2648.2
221791.0	151077.6	70713.4	212254.6	181120.5	2662.9
16391.4	15281.1	1110.3	2398.5	1991.5	－1072.1
17407.5	15035.2	2372.3	30716.2	28703.0	－40.8
21427.6	16678.8	4748.8	32465.3	28803.0	60.5
5532.6	2937.3	2595.3	7947.1	5248.8	－175.5
181844.3	125855.2	55989.1	107801.4	80271.5	4012.3
10638.0	9303.2	1334.8	2121.0	2046.1	－312.0
73469.1	58571.1	14898.0	99461.1	87585.2	488.3
460965.7	328811.5	132154.2	332926.7	273682.7	3336.7
174371.3	116301.4	58069.2	120140.7	100550.6	－56.4
87312.1	70218.3	17093.8	115835.8	102363.5	1101.3
261683.1	193193.4	68489.7	183279.0	149852.9	58.3
11068.3	7669.5	3398.8	13132.3	8500.9	2721.8

12—05 限额以上餐

指标	企业数(个)合计	# 亏损企业	流动资产小计	固定资产小计
总计	**14**	**1**	**3110.6**	**5602.6**
# 国有及国有控股	10		1132.8	4312.8
一、按登记注册类型分组				
内资企业	11		1206.3	4392.0
国有企业	9		1083.8	4002.0
集体企业				
股份合作企业				
联营企业				
国有联营企业				
集体联营企业				
国有与集体联营企业				
其他联营企业				
有限责任公司	1		49.0	310.8
国有独资企业				
其他有限责任公司	1		49.0	310.8
股份有限公司				
私营企业	1		73.5	79.2
私营独资企业				
私营合伙企业				
私营有限责任公司				
私营股份有限公司	1		73.5	79.2
其他企业				
港、澳、台商独资企业	2	1	1699.2	1157.9
合资经营企业(港或澳、台资)	2	1	1699.2	1157.9
合作经营企业(港或澳、台资)				
港、澳、台商独资经营企业				
港、澳、台商投资股份有限公司				
外商投资企业	1		205.1	52.7
中外合资经营企业				
中外合作经营企业	1		205.1	52.7
外商企业				
外商投资股份有限公司				
二、按国民经济行业分组				
正餐	13		2465.4	4852.7
快餐	1	1	645.2	749.9
其他餐饮业				

饮业财务状况

单位:万元

资产总计	负债合计	所有者权益合计	营业收入	营业成本	营业利润
10562.8	**6473.9**	**4088.9**	**7646.3**	**3890.9**	**38.9**
5989.0	3336.5	2652.5	3250.8	1444.5	6.7
6263.3	3500.3	2763.0	3643.5	1633.1	7.3
5614.9	3032.9	2582.0	3109.3	1374.6	5.8
374.1	303.6	70.5	141.5	69.9	0.9
374.1	303.6	70.5	141.5	69.9	0.9
274.3	163.8	110.5	392.7	188.6	0.6
274.3	163.8	110.5	392.7	188.6	0.6
4041.7	2843.8	1197.9	2862.0	1545.9	19.2
4041.7	2843.8	1197.9	2862.0	1545.9	19.2
257.8	129.8	128.0	1140.8	711.9	12.4
257.8	129.8	128.0	1140.8	711.9	12.4
8523.2	4447.4	4075.8	6920.0	3477.1	80.3
2039.6	2026.5	13.1	726.3	413.8	−41.4

12—06　对外贸易进出口情况(海关数)

单位:万美元

指　　标	2000 年	1999 年	为 1999 年%
地区进出口总额	**135572**	**103137**	**131.4**
出口总额	87932	62497	140.7
进口总额	47640	40640	117.2
市级进出口总额	**38843**	**40326**	**96.3**
出口总额	12715	9044	140.6
进口总额	26128	31282	83.5

12—07　三资企业情况

指　　标	单位	2000 年	1999 年	为 1999 年%
年内新批三资企业	个	24	27	88.9
总投资额	万美元	20132	21313	94.5
协议外资额	万美元	10412	10150	102.6
当年实际利用外资	万美元	7280	15448	47.1

12—08　旅游人数及收入(一)

	2000 年	1999 年
一、海外旅游人数(人次)	**47886**	**43521**
外国人	37042	32176
华　侨	3503	210
港澳同胞	2514	5478
台湾同胞	4827	5657
二、国内旅游人数(万人次)	**860**	**766**
三、旅游外汇收入(万美元)	**2234**	**2008**
四、国内旅游收入(亿元)	**23.78**	**21.02**

12—09 旅游人数及收入(二)

年　份	海外旅游者（人次）	国内旅游者（人次）	旅游外汇收入（万美元）	国外旅游收入（亿元）
1987	9037			
1988	11348			
1989	8070			
1990	16133			
1991	17007			
1992	15913			
1993	16905		225	
1994	13171		395	
1995	23594	462	728	6.88
1996	28038	490	804	9.41
1997	38361	659	1264	16.82
1998	40506	695	1503	20.7
1999	43521	766	2008	21.02
2000	47886	860	2234	23.78

第十三篇

劳动力和职工工资

资料整理

涂向远　吴义芳　陈松青　白润生
张金莲　亢会明　高　宏

审　　核

涂向远　吴义芳

13—01 按国民经济行业分组的单位从业人员

指　　标	单位从业人员（人）			
	合　计	国有单位	城镇集体单位	其他经济类型
全　市　总　计	**884117**	**533148**	**119411**	**231558**
一、按企事业机关分组				
企　业	684726	341582	111703	231441
事　业	151864	144119	7628	117
机　关	47527	47447	80	
二、按国民经济行业分组				
农、林、牧、渔业	4415	3987	428	
采掘业	76487	14268	1994	60225
制造业	301512	130196	48983	122333
电力、煤气及水的生产和供应业	15702	14123	1564	15
建筑业	97634	59899	17168	20567
地质勘查业、水利管理业	9081	8900	121	60
交通运输、仓储及邮电通信业	54890	45960	4609	4321
批发和零售贸易、餐饮业	76782	40425	20458	15899
金融、保险业	20413	14439	2086	3888
房地产业	3324	2105	167	1052
社会服务业	46109	31676	11796	2637
卫生、体育和社会福利业	25556	22186	3136	234
教育、文化艺术及广播电影电视业	77168	76335	758	75
科学研究和综合技术服务业	24179	22103	1832	244
国家机关、政党机关和社会团体	43405	43331	74	
其他行业	7460	3215	4237	8

13—02 按国民经济行业分组的单位从业人员劳动报酬

指　　标	单位从业人员劳动报酬(万元)			
	合　计	国有单位	城镇集体单位	其他经济类型
全　市　总　计	**736611.4**	**449313.3**	**62331.9**	**224966.2**
一、按企事业机关分组				
企　业	551852.9	269277.8	57627.3	224920.8
事　业	138225.3	133573.1	4606.8	45.4
机　关	46560.2	46462.4	97.8	
二、按国民经济行业分组				
农、林、牧、渔业	2764.1	2511.3	252.8	
采掘业	65068.8	10303.8	1012.9	53752.1
制造业	232890.8	81131.9	21957.6	129801.3
电力、煤气及水的生产和供应业	17008.8	15543.5	1451.8	13.5
建筑业	74170.7	42046.2	10715.8	21408.7
地质勘查业、水利管理业	8030.4	7908.5	96.2	25.7
交通运输、仓储及邮电通信业	65696.8	59799.9	2234.0	3662.9
批发和零售贸易、餐饮业	43163.1	23037.0	10549.0	9577.1
金融、保险业	23615.4	18005.7	1661.7	3948.0
房地产业	2795.9	1873.9	119.0	803.0
社会服务业	31354.0	23747.6	6258.4	1348.0
卫生、体育和社会福利业	25683.7	23128.2	2239.7	315.8
教育、文化艺术及广播电影电视业	73565.2	72918.8	539.8	106.6
科学研究和综合技术服务业	24024.6	22457.4	1367.7	199.5
国家机关、政党机关和社会团体	42489.4	42396.9	92.5	
其他行业	4289.7	2502.7	1783.0	4.0

13—03 按国民经济行业分组的在岗职工年末人数

指标	在岗职工年末人数(人)			
	合计	国有单位	城镇集体单位	其他经济类型
全市总计	**862666**	**519456**	**114547**	**228663**
一、按企事业机关分组				
企业	665340	329897	106895	228548
事业	150163	142476	7572	115
机关	47163	47083	80	
二、按国民经济行业分组				
农、林、牧、渔业	4299	3875	424	
采掘业	75591	13939	1584	60068
制造业	297773	129414	46971	121388
电力、煤气及水的生产和供应业	15533	13954	1564	15
建筑业	91239	55386	16010	19843
地质勘查业、水利管理业	8955	8797	98	60
交通运输、仓储及邮电通信业	53417	44590	4529	4298
批发和零售贸易、餐饮业	75325	39819	19994	15512
金融、保险业	17137	11436	2086	3615
房地产业	3114	2063	147	904
社会服务业	44804	30904	11431	2469
卫生、体育和社会福利业	25194	21885	3075	234
教育、文化艺术及广播电影电视业	76355	75535	758	62
科学研究和综合技术服务业	23556	21732	1637	187
国家机关、政党机关和社会团体	43177	43103	74	
其他行业	7197	3024	4165	8

13—04　按国民经济行业分组的在岗职工工资总额

指　　标	在岗职工工资总额(万元)			
	合　计	国有单位	城镇集体单位	其他经济类型
全　市　总　计	**724376.0**	**441159.5**	**60028.6**	**223187.9**
一、按企事业机关分组				
企　业	541011.4	262510.2	55357.5	223143.7
事　业	136974.2	132356.7	4573.3	44.2
机　关	46390.4	46292.6	97.8	
二、按国民经济行业分组				
农、林、牧、渔业	2708.6	2460.9	247.7	
采掘业	64636.2	10103.4	879.0	53653.8
制造业	231276.9	80901.7	21059.5	129315.7
电力、煤气及水的生产和供应业	16913.5	15448.2	1451.8	13.5
建筑业	70167.7	39243.4	10100.0	20824.3
地质勘查业、水利管理业	7864.5	7751.3	87.5	25.7
交通运输、仓储及邮电通信业	64885.4	59039.8	2193.5	3652.1
批发和零售贸易、餐饮业	42458.7	22817.7	10284.7	9356.3
金融、保险业	21638.8	16180.7	1661.7	3796.4
房地产业	2672.6	1839.1	104.3	729.2
社会服务业	30563.2	23224.7	6095.5	1243.0
卫生、体育和社会福利业	25311.1	22793.5	2201.8	315.8
教育、文化艺术及广播电影电视业	73172.5	72532.6	539.8	100.1
科学研究和综合技术服务业	23599.2	22176.6	1264.6	158.0
国家机关、政党机关和社会团体	42366.2	42273.7	92.5	
其他行业	4140.9	2372.2	1764.7	4.0

13—05 按国民经济行业分组的其他从业人员人数及报酬

指 标	年末人数(人)			劳动报酬(万元)		
	其他从业人员	#聘用的离退休人员	聘用港澳台和外籍人员	其他从业人员劳动报酬	#聘用的离退休人员劳动报酬	聘用港澳台和外籍人员劳动报酬
全市总计	**21451**	**5508**	**27**	**12235.4**	**2758.3**	**96.1**
一、按企事业机关分组						
企 业	19386	4720	17	10814.5	2223.0	76.2
事 业	1701	672	10	1251.1	493.7	19.9
机 关	364	116		169.8	41.6	
二、按国民经济行业分组						
农、林、牧、渔业	116	10	1	55.5	3.2	4.2
采掘业	896	97		432.6	49.3	
制造业	3739	2216	7	1613.9	949.6	38.8
电力、煤气及水的生产和供应业	169	4		95.3	5.8	
建筑业	6395	864		4003.0	301.4	
地质勘查业、水利管理业	126	43		165.9	26.4	
交通运输、仓储及邮电通信业	1473	83		811.4	51.7	
批发和零售贸易、餐饮业	1457	417	5	704.4	211.0	19.0
金融、保险业	3276	57		1976.6	37.9	
房地产业	210	32		123.3	23.3	
社会服务业	1305	690	4	790.8	429.6	14.2
卫生、体育和社会福利业	362	271		372.6	243.7	
教育、文化艺术及广播电影电视业	813	215	10	392.7	128.9	19.9
科学研究和综合技术服务业	623	342		425.4	233.9	
国家机关、政党机关和社会团体	228	69		123.2	24.5	
其他行业	263	98		148.8	38.1	

13—06 按国民经济行业分组的离开本单位的仍保留劳动关系的职工人数

指　　标	离开本单位仍保留劳动关系的职工(人)			
	合　计	国有单位	城镇集体单位	其他经济类型
全　市　总　计	**148257**	**98299**	**27359**	**22599**
一、按企事业机关分组				
企　　业	144620	95035	26986	22599
事　　业	3356	2984	372	
机　　关	281	280	1	
二、按国民经济行业分组				
农、林、牧、渔业	714	714		
采掘业	2338	1048	98	1192
制造业	84917	53742	14558	16617
电力、煤气及水的生产和供应业	42	41	1	
建筑业	24687	21362	2009	1316
地质勘查业、水利管理业	711	711		
交通运输、仓储及邮电通信业	6397	3633	2275	489
批发和零售贸易、餐饮业	20970	12143	6360	2467
金融、保险业	641	531		110
房地产业	268	249	5	14
社会服务业	3255	1699	1188	368
卫生、体育和社会福利业	889	709	155	25
教育、文化艺术及广播电影电视业	746	625	121	
科学研究和综合技术服务业	743	634	108	1
国家机关、政党机关和社会团体	329	329		
其他行业	610	129	481	

13—07 按国民经济行业分组的离开本单位仍保留劳动关系职工生活费

指　　标	离开本单位仍保留劳动关系职工生活费(万元)			
	合　计	国有单位	城镇集体单位	其他经济类型
全　市　总　计	**29778.5**	**21706.5**	**1013.7**	**7058.3**
一、按企事业机关分组				
企　业	28684.4	20628.7	997.4	7058.3
事　业	934.1	918.0	16.1	
机　关	160.0	159.8	0.2	
二、按国民经济行业分组				
农、林、牧、渔业	36.7	36.7		
采掘业	275.6	80.2	1.9	193.5
制造业	19187.6	12904.8	335.7	5947.1
电力、煤气及水的生产和供应业	8.6	7.4	1.2	
建筑业	4767.6	4364.6	15.1	387.9
地质勘查业、水利管理业	94.7	94.7		
交通运输、仓储及邮电通信业	1051.5	990.2	2.9	58.4
批发和零售贸易、餐饮业	2723.2	1742.8	614.9	365.5
金融、保险业	146.7	104.0		42.7
房地产业	59.3	50.6		8.7
社会服务业	330.7	271.5	28.3	30.9
卫生、体育和社会福利业	603.8	572.0	8.2	23.6
教育、文化艺术及广播电影电视业	248.1	248.1		
科学研究和综合技术服务业	36.2	36.2		
国家机关、政党机关和社会团体	186.9	186.9		
其他行业	21.3	15.8	5.5	

13—08 按国民经济行业分组的在岗职工年平均工资

指　　标	在岗职工年平均工资(元)			
	合　计	国有单位	城镇集体单位	其他经济类型
全　市　总　计	**8394**	**8460**	**5285**	**9791**
一、按企事业机关分组				
企　业	8105	7867	5223	9794
事　业	9220	9391	6089	3843
机　关	9892	9888	12225	
二、按国民经济行业分组				
农、林、牧、渔业	6333	6424	5554	
采掘业	8577	7220	4972	9002
制造业	7657	6035	4526	10647
电力、煤气及水的生产和供应业	11021	11153	9803	9000
建筑业	7756	7111	6361	10736
地质勘查业、水利管理业	8704	8731	8929	4283
交通运输、仓储及邮电通信业	12280	13400	4926	8446
批发和零售贸易、餐饮业	5627	5747	5110	5984
金融、保险业	12471	13860	7966	10572
房地产业	8652	9091	7095	7935
社会服务业	6910	7588	5465	5030
卫生、体育和社会福利业	10214	10607	7205	13496
教育、文化艺术及广播电影电视业	9703	9724	7131	16145
科学研究和综合技术服务业	10021	10194	7801	9080
国家机关、政党机关和社会团体	9896	9892	12500	
其他行业	5944	7801	4505	5000

13—09 基本养老保险情况

	参保职工期末数	实际缴费人员期末数	离休、退休退职人员期末数	实发养老金额（万元）
总计	**514751**	**465277**	**162366**	**90305**
一、企业	**513883**	**464492**	**162366**	**90305**
# 中央	50832	50832	30391	17894
(一)内资企业	508425	459034	161295	89766
1.国有企业	435586	390666	137797	79842
# 再就业服务中心	31848	31848		
2.集体企业	72447	67986	23475	9899
3.其他企业	392	382	23	25
# 国有联营及独资企业				
(二)港、澳、台及外资企业	5458	5458	1071	539
二、事业				
三、机关				
四、其他	**868**	**785**		

13—10 离休、退休、退职人员年末人数

	离休、退休、退职人员年末人数(人)			
	合计	离休人员	退休人员	领取定期生活费的退职人员
总计	**290689**	**18946**	**267808**	**3935**
一、企业	**235109**	**10380**	**221672**	**3057**
# 地方	180267	7047	170375	2845
(一)内资企业	234163	10358	220752	3053
1.国有企业	199062	9606	187944	1512
# 省属企业	93543	3810	89109	624
地市及以下企业	48925	2286	45968	671
2.集体企业	27019	563	25057	1399
3.其他企业	8082	189	7751	142
(二)港、澳、台商投资企业	804	16	784	4
(三)外商投资企业	142	6	136	
二、事业	**43790**	**4782**	**38181**	**827**
# 地方	37848	4351	32689	808
三、机关	**11790**	**3784**	**7955**	**51**
# 地方	11433	3676	7706	51

13—11 离休、退休、退职人员保险福利费用构成情况

	保险福利费用构成(万元)					
	合计	离休金	退休金	退职生活费	医疗卫生费	其他
总计	**224250.1**	**25669.5**	**163290.9**	**936.9**	**24428.3**	**9924.5**
一、企业	**156127.1**	**13326.6**	**119246.0**	**709.2**	**15881.3**	**6964.0**
# 地方	107458.5	8937.9	83865.6	639.4	9388.1	4627.5
(一)内资企业	155501.7	13295.3	118761.7	707.9	15780.4	6956.4
1.国有企业	139629.1	11734.8	105921.4	423.3	14868.8	6680.8
# 省属企业	62751.8	4475.2	49528.3	198.0	5119.2	3431.1
地市及以下企业	27180.6	2653.9	20388.1	153.1	3099.0	886.5
2.集体企业	11340.7	1310.0	9123.0	252.5	491.0	164.2
3.其他企业	4531.9	250.5	3717.3	32.1	420.6	111.4
(二)港、澳、台商投资企业	510.6	20.2	401.5	1.3	80.0	7.6
(三)外商投资企业	114.8	11.1	82.8		20.9	
二、事业	**51455.4**	**6786.0**	**35776.0**	**203.0**	**6338.8**	**2351.6**
# 地方	44161.4	6139.0	30719.4	191.7	5046.8	2064.5
三、机关	**16667.6**	**5556.9**	**8268.9**	**24.7**	**2208.2**	**608.9**
# 地方	16127.2	5387.4	7970.0	24.7	2160.6	584.5

13—12 城镇失业人员情况

单位：人

	本期由就业转失业人数	本期失业人员就业人数
总　　计	**3504**	**78146**
一、按企事业机关分组		
企　业	3504	78146
事　业		
机　关		
二、按国民经济行业分组		
农、林、牧、渔业		
采掘业	215	3186
制造业	1036	2017
电力、煤气及水的生产和供应业	316	7896
建筑业	776	9763
地质勘查业、水利管理业		
交通运输、仓储及邮电通信业	296	17304
批发和零售贸易、餐饮业	629	20765
金融、保险业	236	8763
房地产业		5299
社会服务业		
卫生、体育和社会福利业		
教育、文化艺术及广播电影电视业		
科学研究和综合技术服务业		
国家机关、政党机关和社会团体		
其他行业		3153

第十四篇

科教文卫体民政

资料整理

陈效萍　刘利祯

审　　核

刘利祯

14—01 大中型工业企业科技活动人员情况

单位：人

	企业数（个）	从事科技活动人员			
		合　计	# 高中级职称人员	无高中级职称大学本科及以上学历人员	# 从事研究与发展人员
总　　计	**96**	**11424**	**6208**	**1292**	**1089**
一、按登记注册类型分组					
国　　有	67	5188	2659	711	726
集　　体	6	64	20	23	
其　　他	23	6172	3529	558	363
二、按隶属关系分组					
中　　央	25	4044	2163	398	784
省　　属	26	4815	2888	473	169
市属及市属以下	45	2565	1157	421	136
三、按企业规模分组					
大　型	43	9797	5355	1124	993
特大型	5	3677	2271	322	79
大一型	17	4452	2367	495	583
大二型	21	1668	717	307	331
中　型	53	1627	853	168	96
中一型	18	614	388	80	6
中二型	35	1013	465	88	90
四、按工业行业大类分组					
采掘业	6	605	494	92	52
制造业	85	10021	5165	1079	1017
电力、煤气及水的生产和供应业	5	798	549	121	20

14—02 大中型工业企业

	总额	科技活动经费筹集			
		企业自筹资金	银行贷款	上级拨款	其他
总计	**21991.0**	**15410.1**	**240.0**	**5514.5**	**826.4**
一、按登记注册类型分组					
国有	10052.2	5052.4	60.0	4135.5	804.3
集体	186.4	156.4	30.0		
其他	11752.4	10201.3	150.0	1379.0	22.1
二、按隶属关系分组					
中央	9381.0	3819.7	100.0	4892.0	569.3
省属	9117.9	8503.4	85.0	294.5	235.0
市属及市属以下	3492.1	3087.0	55.0	328.0	22.1
三、按企业规模分组					
大型	19710.3	13573.9	100.0	5211.0	825.4
特大型	6573.8	6409.8		159.0	5.0
大一型	9243.1	4626.8	100.0	3916.0	600.3
大二型	3893.1	2537.3		1136.0	220.1
中型	2280.7	1836.2	140.0	303.5	1.0
中一型	845.6	592.6	50.0	202.0	1.0
中二型	1435.1	1243.6	90.0	101.5	
四、按工业行业大类分组					
采掘业	1496.5	1298.0	5.0	193.5	
制造业	19360.8	13401.6	235.0	5321.0	403.2
电力、煤气及水的生产和供应业	1137.7	710.5			423.2

科技活动经费情况

单位:万元

总额	科技活动经费支出					
	内部支出			外部支出		
	合计	#研究与发展经费支出	#新产品开发经费支出	合计	对研究机构的支出	对高等院校的支出
21297.8	**19030.5**	**6131.3**	**7710.3**	**2267.3**	**564.8**	**310.5**
10521.2	9161.8	4682.9	4925.9	1359.4	104.8	108.9
180.2	180.2		31.4			
10596.4	9688.5	1448.4	2753.0	907.9	460.0	201.6
9021.1	7974.6	4785.6	4732.0	1046.5	69.8	74.9
8981.5	8041.1	902.1	1841.1	940.0	484.5	116.0
3295.2	3014.8	443.6	1137.2	280.4	10.5	119.6
19200.4	17448.1	5964.1	6845.4	1752.3	349.3	191.9
6002.1	5665.1	252.5	841.7	337.0	164.0	40.0
9129.4	8349.6	4593.9	4297.5	779.8	125.1	125.6
4068.9	3433.4	1117.7	1706.2	635.5	60.2	26.3
2097.4	1582.4	167.2	864.9	515.0	215.5	118.6
686.2	608.4	11.0	428.9	78.1	13.5	64.6
1411.2	974.3	156.2	436.0	436.9	202.0	54.0
926.6	684.6	80.2	102.2	242.0	59.5	12.6
19238.8	17710.2	5970.1	7508.1	1528.6	467.3	257.3
1132.4	637.7	81.0	100.0	496.7	38.0	40.6

14—03　各级各类学校基本情况

单位：人

	学校数	班　数	在校学生　数	年内招生　数	年内毕业生数	毕业班学生数	教职工数		兼任教师	代课教师
							合　计	#专任教师		
总　　计	**2928**	**16478**	**772984**	**233231**	**138630**	**141182**	**73582**	**50589**	**487**	**1949**
高等教育	**12**		**72689**	**26943**	**12572**	**13363**	**12781**	**6669**		
高等院校	12		72689	26943	12572	13363	12781	960		
中等教育	**372**	**4177**	**280741**	**98060**	**70636**	**70199**	**28134**	**19347**	**227**	**593**
中等师范学校	2		7150	2575	1110	1481	424	237		
中等专业学校	47		75957	25788	15027	14917	6063	3136		
普通中学	237	3820	173635	62170	44537	48822	17791	13775	117	466
高中	70	817	38997	15237	7879	10956		2959		
初中	167	3003	134638	46933	36658	37866		10816		
技工学校	49		10648	3486	5687		1847	1150		
职业学校	37	357	13351	4041	4275	4979	2009	1354	50	127
小学	**1503**	**8844**	**295062**	**49321**	**48260**	**50830**	**19150**	**16637**		**1351**
其它教育	**1036**	**3398**	**123748**	**58763**	**7024**	**6693**	**13278**	**7785**	**260**	
幼儿园	1018	3395	100042	46626			8849	5619		
工读学校	1	3	24	13	5		68	39		
成人高教	17		23682	12124	7019	6693	4361	2127	260	
特殊教育	**5**	**59**	**744**	**144**	**138**	**97**	**239**	**151**		

14—04 高等中等专业学校基本情况

单位：人

	在校学生数	本年招生数	本年毕业生数	毕业班学生数	教职工数	
					合计	# 专任教师
总计	**155796**	**55306**	**28709**	**29767**		
高等学校	**72689**	**26943**	**12572**	**13363**	**12781**	**6669**
山西大学	9343	3222	1582	1734	1672	960
太原重型机械学院	6505	2518	865	963	791	460
华北工学院	11143	4033	2043	2290	1818	832
太原理工大学	13851	4325	2700	2778	2531	1407
太原电力高等专科学校	1648	600	528	456	480	367
山西医科大学	7268	3034	918	1089	1348	666
太原师范学院	5857	1982	1274	1186	1618	658
山西财经大学	8553	2280	1684	1709	1265	674
山西财政税务专科学校	2449	950	377	499	330	189
山西中医学院	1558	560	115	117	309	125
太原大学	2060	825	446	502	220	133
山西警官高等专科学校	774	774			339	198
中等师范学院	**7150**	**2575**	**1110**	**1481**	**424**	**237**
太原师范学校	3448	1513	770	241	262	156
太原幼儿师范学校	3702	1062	340	1240	162	81
中等专业学院	**75957**	**25788**	**15027**	**14917**	**6063**	**3136**
华北工学院中专部			48			
太原铁路机械学校	2715	965	486	863	242	117
山西省邮电学校	247		121	80	137	64
太原电力学校	1824	600	443	398	243	135
华北广播电视学校	431	130	51	138		
山西省银行学校	2118	850	75	305	132	74
太原冶金工业学校	3092	700	792	630	314	135
山西煤炭工业学校	3414	1600	740	536	269	135

14—04 续表1 单位:人

	在校学生数	本年招生数	本年毕业生数	毕业班学生数	教职工数	
					合计	# 专任教师
山西建筑工程学校	1971	600	707	371	271	173
山西电子工业学校	1930	550	210	323	138	59
太原化学工业学校	2141	870	229	358	220	111
山西省轻工业学校	2296	840	446	486	218	120
山西省建材工业学校	2157	670	486	459	154	75
太原市城市建设学校	1022	259	169	249	121	67
山西省贸易学校	2285	650	532	515	143	57
太原市农业学校	1431	360	153	302	221	88
山西省林业学校	2489	1000	457	504	168	86
山西省中医学校	1758	461	425	323		
山西省中药材学校	2744	1190	552	377	233	131
太原市卫生学校	1901	878	386	281	140	82
山西省盲人中级卫校	196	61	38	81	55	22
山西省财贸学校	3203	1200	570	559	171	78
山西省财政会计学校	1216	200	233	208		
山西省计划统计学校	2493	1000	496	366	251	122
山西省供销学校	2047	358	398	440	163	85
太原市财贸学校	1138	233	210	294	115	69
山西省物资学校	1641	650	373	306	125	82
山西省广播电视学校	1189	600	213	178	46	31
山西省管理学校	1502	650	291	230		
太原市工业经济学校	1103	291	155	149		
山西省乡镇企业学校	719	109	154	151	95	50
山西省第二人民警察学校	2432	911	353	380	225	75

14—04　续表 2　　单位:人

	在校学生数	本年招生数	本年毕业生数	毕业班学生数	教职工数 合计	# 专任教师
山西司法学校	2268	850	463			
太原市人民警察学校	3768	1440	465	983	124	66
山西省体育运动学校	780	250	150	150	155	81
山西省戏曲学校	1633	675	209	241	212	168
太原市文化艺术学校	566	200	107	119		
山西省税务学校	2440	300	740	485	92	54
山西省交通学校	2560	1310	470	397	210	121
山西省人民武装学校	310	160	199	150	128	44
太原市体育运动学校	361	116	60	70	71	39
太原市旅游学校	1042	360	127	132	196	94
太原市工贸学校	624	157			131	74
山西省国际商务学校	316	127		49	90	50
山西公安专科中专部	887		746	887		
山西文化艺术学校	1423	273	299	414		
太原市好艺中等专业学校	134	134			44	22

14—05　成人高等学校情况

单位：人

	在校学生数	本年招生数	本年毕业生数	毕业班学生数	教职工数		兼任教师
					合计	# 专任教师	
总　　计	**23682**	**12124**	**7019**	**6693**	**4361**	**2127**	**260**
山西省广播电视大学	8328	4300	3062	2396	793	305	48
山西省煤炭管理干部学院	2613	1659	345	448	298	120	10
山西省兵器工业职工大学	1164	467	311	288	272	194	38
山西职工二轻学院	462	255	103	207	94	41	13
太原市重机厂职工大学							
大众机械厂职工大学							
太原钢铁公司职工大学	673	332	272	163	115	63	5
山西机电职工学院	573	354	126	144	221	142	73
山西省水利职工学院	350	160	127	119	81	51	
山西职工医学院	3295	1568	750	791	339	153	
山西职工文学院	171	99	50	72	237	162	
山西省经济管理干部学院	1239	709	468	481	208	101	
山西政法管理干部学院	890	350	385	465	160	79	
太原市教育学院	263	59	76	104	157	82	
太原市职工大学							
太原市化工公司职工大学	134	27	95	57	78	42	
太原市经济管理干部学院	1483	797	203	342	247	136	
山西省青年管理干部学院	733	294	305	200	126	72	20
华北广播电影电视管理学院	612	394	161	212	122	47	33
山西省煤炭职工联合大学	699	300	180	204	813	337	20
太原市师范学院							

14—06　技工学校基本情况

单位：人

	在校学生数	本年招生数	本年毕业生数	教职工数	
				合计	# 专任教师
总　计	**10648**	**3486**	**5687**	**1847**	**845**
晋安化工厂技工学校	110	63	49	31	21
山西省机床厂技工学校	288	146	112	35	23
新华化工厂技工学校					
江阳化工厂技工学校					
汾西机器厂技工学校	30		29	11	9
晋西机械厂技工学校	538	210	217	47	32
太行仪表厂技工学校					
兴安化工厂技工学校					
西山煤电集团公司技工学校	453	156	222	201	98
太钢技工学校	979	268	519	193	70
山西省建筑技工学校					
山西省水利技工学校					
山西省商业技工学校					
太原市化工技校	234	7	414	131	60
山西省电子技工学校	381	1451	669	199	66
十三冶技工学校					
太原市纺织技工学校	258	103	99	62	16
太原市矿机技工学校	168	102	68	32	16
山西省机器厂技工学校	263	143	105	22	11
太原市重机集团公司技校	338	111	152	84	37
山西省纺织印染厂技校	489	187	124	25	13
铁道部第十七局技校	182		120	29	7
太原市化肥厂技工学校	77		68	29	16

注：本年度数字劳动部门只提供了 24 所。

单位:人

	在校学生数	本年招生数	本年毕业生数	教职工数	
				合计	# 专任教师
山西省劳动保障技术学校	130	130		30	16
山西省劳动技术学校					
太原技工学校	991	385	659	120	44
山西省林业技工学校					
山西省东华技工学校					
铁路机械学校技工部					
太原市煤气化技工学校					
太原市粮食技工学校	205	46	233	60	21
太原市塑料工业技工学校	135	35	65	18	12
山西省现代经贸技工学校					
山西省文化艺术学院技工部					
山西省城乡建设职工中专技工部					
山西省晋煤大学技工部	55		130	3	
山西省东方财经学院技工部					
山西省社会经济学院技工部					
太原市水泥厂技校					
山西省轻工业技工学校					
山西省二轻工业技工学校	314	38	396	85	37
山西省贸易学校技工部					
山西省经济专修学院技工部	134		28	17	14
山西省工业管理技工部					
山西技联技工部					
太原市园林技工学校	503	126	102	34	22
山西省烹饪技工部	120	52	30	65	5
山西省金色保健技工部					

14—07 普通中学基本情况

	学校数（所）	班数（个）			在校学生数（人）			年内招生数（人）		
		合计	高中	初中	合计	高中	初中	合计	高中	初中
总计	**237**	**3820**	**817**	**3003**	**173635**	**38997**	**134638**	**62170**	**15237**	**46933**
教育部门和集体办	145	2564	466	2098	120068	23996	96072	43062	9251	33811
其它部门	66	964	182	782	43494	8812	34682	14811	3272	11539
民办	26	292	169	123	10073	6189	3884	4297	2714	1583
在总计中：城市	132	2289	653	1636	103871	29984	73887	37859	11828	26031
县镇	28	563	122	441	27056	6614	20442	9022	2448	6574
农村	77	968	42	926	42708	2399	40309	15289	961	14328
在总计中：清徐县	21	348	58	290	16884	3775	13109	6122	1463	4659
阳曲县	17	180	17	163	7855	822	7033	2753	362	2391
娄烦县	10	121	15	106	5473	745	4728	2100	294	1806
古交市	15	241	17	224	10754	783	9971	3190	284	2906
迎泽区	7	102	24	78	4923	1303	3620	1864	558	1306
# 太铁	3	81	24	57	4093	1303	2790	1582	558	1024
杏花岭区	11	305	39	266	14469	1842	12627	4389	651	3738
# 太钢	8	183	31	152	9113	1509	7604	2544	508	2036
万柏林区	31	524	78	446	23834	3960	19874	8571	1499	7072
# 西山	15	269	35	234	12824	1788	11036	4357	703	3654
小店区	20	251	23	228	11167	1206	9961	4325	398	3827
尖草坪区	21	250	39	211	10406	1736	8670	3194	591	2603
晋源区	12	188	36	152	8087	1653	6434	2971	581	2390
其它	64	1310	471	839	59783	21172	38611	22791	8556	14235
教办	38	1018	302	716	49710	14983	34727	18494	5842	12652
民办	26	292	169	123	10073	6189	3884	4297	2714	1583

注：其它数是由市教委直接统计，下同。

14—07 续表

单位:人

	本年毕业生数			毕业班学生数			教职工数		代课教师	兼任教师
	合计	高中	初中	合计	高中	初中	合计	# 专任教师		
总　计	**44537**	**7879**	**36658**	**48822**	**10956**	**37866**	**17791**	**13775**	**466**	**177**
教育部门和集体办	32212	5374	26838	34149	6907	27242	11616	9148	382	66
其它部门	11072	1849	9223	12293	2526	9767	4848	3784	15	39
民办	1253	656	597	2380	1523	857	1327	843	69	72
在总计中:城市	26248	5951	20297	29589	8323	21266	11608	8497	87	177
县镇	6460	1465	4995	7357	1984	5373	2475	1996	176	
农村	11829	463	11366	11876	649	11227	3708	3282	203	
在总计中:清徐县	4950	783	4167	5367	1019	4348	1423	1219	17	
阳曲县	2245	111	2134	2408	198	2210	751	557	14	
娄烦县	1332	156	1176	1468	233	1235	561	452		
古交市	2095	227	1868	2248	239	2009	918	709	183	
迎泽区	1314	228	1086	1354	317	1037	412	301	9	
# 太铁	1045	228	817	1087	317	770	327	227		
杏花岭区	3127	417	2710	3467	489	2978	1505	1124	9	5
# 太钢	1857	417	1440	2049	405	12644	880	597	3	1
万柏林区	6620	961	5659	7149	1213	5936	2623	2166	12	30
# 西山	3565	454	3111	4069	532	3537	1407	1103		22
小店区	3528	385	3143	3444	436	3008	1110	1007	82	
尖草坪区	1803	269	1534	2288	516	1772	1068	952		
晋源区	2389	240	2149	2376	499	1877	738	642	68	4
其它	15134	4102	11032	17253	5797	11456	6682	4646	72	138
教办	13881	3446	10435	14873	4274	10599	5355	3803	3	66
民办	1253	656	597	2380	1523	857	1327	843	69	72

14—08 职业学校基本情况

单位：人

	学校数（所）	班数（个）	在校学生数	年内招生数	年内毕业生数	毕业班学生数	教职工数 合计	#专任教师	代课教师	兼任教师
总计	**37**	**357**	**13351**	**4041**	**4275**	**4979**	**2009**	**1354**	**50**	**127**
教育部门和集体办	24	308	11377	3655	3624	4185	1716	1201	27	119
其它部门	4	17	888	56	413	520	121	65		
民办	9	32	1086	330	238	274	172	88	23	8
在总计中：城市	24	289	11057	3118	3465	4287	1594	1009	47	111
县镇	5	22	590	338	215	144	196	153		
农村	8	46	1704	585	595	548	219	192	3	16
在总计中：清徐县	2	10	269	123	164	95	67	52		
阳曲县	5	20	686	250	208	233	99	77		5
娄烦县	1						32	25		
古交市	1	6	148	131	13	17	46	35		
迎泽区	1	3	34	11	28	15	54	16		
# 太铁	1	3	34	11	28	15	54	16		
杏花岭区										
# 太钢										
万柏林区	2	4	119	45	112	48	54	44		
# 西山	1	1	24		81	24	17	17		
小店区	2	11	412	153	170	132	92	86	3	3
尖草坪区	1	3	136	45	18		30	25		
晋源区	2	1	643	221	237	215	62	50		8
其它	20	276	10904	3062	3325	4224	1473	944	47	111
教办	11	237	9083	2732	2814	3493	1301	856	24	103
民办	9	29	1086	330	238	274	172	88	23	8

14—09　小学基本情况

单位：人

	学校数（所）	班数（个）	在校学生数	年内招生数	年内毕业生数	毕业班学生数	教职工数 合计	#专任教师	代课教师
总　计	**1530**	**8844**	**295062**	**49321**	**48260**	**50830**	**19150**	**16637**	**1351**
#迎泽区	67	756	39103	6179	6196	6788	2272	1966	40
杏花岭区	102	1015	44819	7532	8106	8448	3204	2685	52
万柏林区	119	1378	55999	9639	8887	9164	4166	3673	18
小店区	112	990	35749	5757	5939	5975	2054	1897	329
尖草坪区	90	576	16927	3060	2946	3086	1345	1213	
晋源区	73	584	18343	2860	2875	2905	881	720	344
清徐县	193	1355	37397	6269	4903	5460	1803	1591	171
阳曲县	248	630	12973	2318	2642	2812	914	718	87
娄烦县	201	637	14107	2324	2082	2167	1023	933	21
古交市	288	799	16211	2922	3107	3305	1046	922	275

14—10 幼儿园基本情况

单位：人

	幼儿园数（所）	班数（个）	入园幼儿人数	教职工数		
				合计	# 教师	# 保健员
总计	**1018**	**3395**	**100042**	**8849**	**5619**	**357**
迎泽区	73	443	13541	1514	830	97
杏花岭区	89	438	14385	1692	909	42
万柏林区	109	472	15418	1808	1033	72
小店区	145	563	16079	1376	891	89
尖草坪区	85	240	6511	557	401	12
晋源区	87	293	7366	592	450	9
清徐县	171	491	16213	629	550	11
阳曲县	100	148	3511	194	173	3
娄烦县	35	78	2179	111	84	2
古交市	124	214	4627	342	280	9

14—11 文化事业基本情况

指　　标	单位	2000 年
一、艺术事业		
剧院数	座	8
剧院座位	个	5309
剧团数	个	16
演职人员	人	1822
二、文物事业		
博物馆	个	2
三、文化事业		
图书馆	个	9
图书馆藏书量	万册	304.5
四、群众文化事业		
文化宫	个	3
少年宫	个	3
青年宫	个	1
群艺文化馆	个	10

14—12 图书出版情况

指标	本版图书种数(种)		租型图书种数	总印数(万册)		总张(千印张)		定价总金额(万元)
	合计	# 新出		合计	# 租型	合计	# 租型	
图书总计	**1532**	**1240**	**362**	**10105**	**6295**	**616941**	**385803**	**59213**
一、使用《中国标准编号》部分合计	**1523**	**1232**	**362**	**10098**	**6295**	**616765**	**385803**	**59143**
马列主义、毛泽东思想	4	4		4		331		32
哲学	8	8		2		234		30
社会科学总论	3	3				88		13
政治、法律	44	42		110		5954		642
军事								
经济	76	63		51		5901		950
文化、科学、教育、体育	824	593	362	9291	6295	548667	385803	50796
语言、文字	2	2				78		102
文学	146	145		61		7459		906
艺术	46	37		40		2155		699
历史、地理	147	139		167		16652		1871
自然科学总论	23	22		102		7780		695
数学科学、化学	66	64		150		11493		1053
天文学、地理科学	4	4		2		247		145
生物科学	12	11		38		1598		144
医药、卫生	36	34		12		1451		227
农业科学	13	13		8		307		40
工业技术	21	12		8		1199		231
交通运输	1	1		1		129		20
航空、航天								
环境科学								
综合性科学	47	35		51		5042		637
二、不使用《中国标准图书号》部分图书合计	**9**	**8**		**7**		**176**		**70**
# 图片	9	8		7		176		70

14—13 报纸出版情况

指标	种数（种）	平均期印数（万份）	总印数（万份）	总印张（千印张）
总计	**37**	**362.95**	**32248**	**491235**
综合报	13	98.31	15252	227029
专业报	24	264.64	16996	264205
一、省级报纸	**30**	**301.41**	**28272**	**443500**
综合报	11	96.62	14635	216444
专业报	19	204.79	13637	227056
二、市级报纸	**7**	**6154**	**3976**	**47734**
综合报	2	1.69	617	10585
专业报	5	59.85	3359	37149

14—14 杂志出版情况

指标	种数（种）	平均期印数（册）	总印数（万册）	总印张（千印张）
总计	**113**	**161.95**	**2156.60**	**75600.50**
综合	7	29.87	385.88	15525.70
哲学、社会主义	32	42.12	591.66	20489.60
自然科学、技术	49	24.61	222.47	7397.40
文化、教育	16	51.19	708.23	22416.2
文学、艺术	9	14.16	248.36	9771.6

14—15 广播电台基本情况

指　　标	计算单位	合　计	山西文艺广播电台 山西长城广播电台 山西人民广播电台	太原经济广播电台 太原人民广播电台 太　原　交　通　台
一、广播电台	**座**	**2**	**1**	**1**
节日套数	套	9	3	6
平均每日播音时间	时、分	118:30	48	70:30
每日自办节目时间	时、分	99:35	45	54:35
频　　率	千赫		101.5	1422
频　　率	千赫		95.8	104.4
频　　率	千赫		819　846　1269	107
频　　率	千赫		94	
二、中短波发射台和转播台	**座**	**2**	**1**	**1**
发射功率	千瓦	160	150	10
调频发射台	座	7	4	3
发射功率	千瓦	55.50	51	4.50

14—16 电视台基本情况

指　　标	计算单位	合　计	黄河电视台 山西电视台	古交电视台 太原电视台
一、电视台	**座**	**2**	**1**	**1**
节日套数	套	5	2	3
新闻节目	时、分	21:25	13:55	7:30
文艺节目	时、分	202:30	128	74:30
专题节目	时、分	45:15	23	22:15
电视教学	时、分	1:45	1:45	
其它	时、分	44:03	30:56	13:07
二、发射台和转播台（系统内外）	**座（功率）**	**32**	**5**	**27**
发射功率	功率	75.65	61	14.66

14—17 卫生机构、床

	机构数（个）	床位数（张）	总计	合计		
					中医师	西医师
总　计	**1459**	**24817**	**37885**	**29488**	**2018**	**9707**
市	886	23484	35623	27431	1766	8945
县	573	1333	2262	2057	252	759
一、医院合计	**131**	**19317**	**27462**	**21855**	**953**	**6747**
市	120	18497	26613	21150	908	6490
县	11	820	849	705	45	257
1.县及县以上医院小计	**119**	**18910**	**27061**	**21514**	**908**	**6683**
市	109	18105	26232	20824	868	6436
县	10	805	829	690	40	247
综合医院	84	12097	17975	14410	479	4653
县医院	4	390	561	455	19	169
其他综合医院	80	11689	17414	13955	460	4484
中医医院	10	923	1227	993	265	116
医学院校附属医院	3	2128	3016	2409	84	728
综合医院	2	1978	2780	2208	16	689
中医医院	1	150	236	201	68	39
传染病院	1	350	380	295	7	60
精神病院	4	705	533	386	8	91
结核病院	1	261	245	146	5	45
妇幼保健院	5	335	726	598	18	304
妇产医院	1	100	82	72	5	18
儿童医院	1	500	577	454	5	146
职业病院	1	224	332	196	2	54

位和人员情况

人员数(人)									
卫生技术人员							其他技术人员	管理人员	工勤人员
中西结合医师	护师	中药师	西药师	中医士	西医士	护士			
204	**7661**	**497**	**1343**	**148**	**856**	**2390**	**2152**	**2621**	**3624**
157	7349	453	1289	108	714	2290	2118	2561	3613
47	312	44	54	40	142	100	34	60	111
106	**6703**	**373**	**1100**	**45**	**512**	**2023**	**938**	**1789**	**2880**
96	6523	349	1075	42	485	1985	911	1750	2802
10	180	24	25	3	27	98	27	39	78
101	**6656**	**349**	**1095**	**40**	**481**	**1991**	**927**	**1769**	**2851**
91	6476	325	1070	37	454	1953	900	1730	2778
10	180	24	25	3	27	38	27	39	73
20	4460	217	785	29	369	1420	396	1329	1840
1	137	13	21	2	17	13	24	34	48
19	4323	204	764	27	352	1407	372	1295	1792
46	223	79	23	6	13	83	43	45	146
1	904	13	118	1	11	205	171	164	272
1	838		112		9	205	164	141	267
	66	13	6	1	2		7	23	5
	93		23			28	40	8	37
3	166	5	18	1	11	52	41	31	75
	33	7	13		2	14	29	12	58
1	152	1	9		26	28	7	62	59
	17	2	1		3	8	3	4	3
	143	2	36			49	45	3	75
	35	3	9		2	14	49	28	59

14—17 续表

	机构数（个）	床位数（个）	总计	合计		
					中医师	西医师
肿瘤医院	1	750	1036	861	8	263
康复医院	1	100	74	53	3	6
口腔医院	3		218	179	1	58
眼科医院	1	200	321	249	2	95
骨科医院	1	55	54	47	9	9
中西医结合医院	1	200	205	166	7	38
2.其他医院小计	**12**	**407**	**401**	**341**	**45**	**64**
二、卫生院合计	**86**	**1539**	**1391**	**1274**	**108**	**364**
三、疗养院	**5**	**3373**	**433**	**269**	**13**	**66**
四、门诊部、保健所、医务室合计	**1173**	**50**	**3603**	**3598**	**771**	**1400**
# 个体办	457		1070	1070	369	646
五、专科防治所、站合计	**4**	**110**	**185**	**150**	**11**	**74**
六、卫生防疫机构合计	**21**		**1206**	**856**	**4**	**450**
七、妇幼保健机构合计	**7**	**47**	**157**	**137**	**3**	**67**
八、药品检验机构合计	**2**		**37**	**28**		**3**
九、医学科学研究机构	**10**	**366**	**1067**	**809**	**123**	**233**
十、高等医学教育机构合计	**3**		**1813**	**301**	**19**	**238**
十一、中等机构教育机构合计	**7**	**15**	**262**	**53**	**11**	**35**
十二、其他卫生事业机构合计	**10**		**269**	**158**	**2**	**30**

人员数(人)									
卫生技术人员							其他技术人员	管理人员	工勤人员
中西结合医师	护师	中药师	西药师	中医士	西医士	护士			
	297	8	39		4	59	89	25	121
23	12	2	1				2	5	14
	11	2	1	1	32	10	5	10	24
	55	2	12			4	1	28	43
	4	3	1	2	5	5	3	2	2
7	51	3	6		3	12	3	13	23
5	47	24	5	5	31	32	11	20	29
15	154	64	40	44	146	94	21	42	54
1	82	1	13	1	4	18	20	42	102
73	482	31	109	53	99	199	3		3
12	23			1	3				
	18		2	2	9	2	4	13	18
	10		3		43	2	163	100	87
	24	1	2	1	13	6	2	3	15
		4	20				4	5	
9	149	22	48	2	23	33	62	103	93
	1		1			1	766	447	298
	3	1	1			1	127	45	37
	35		4		7	11	42	32	37

14—18 体育事业发展情况

	单 位	体育系统			
		合 计	省 级	市 级	县区级
体育场所	**个**	**175**	**47**	**30**	**98**
# 体育馆	个	1	1		
体育场	个	3	2	1	
运动场	个	8	1		7
灯光球馆	个	8		3	7
室内练习馆	个	21	16	13	2
游泳池	个	15	3	7	2
篮球场	个	74		1	64
小运动场	个	11	24	4	10
其他场所	个	34	1	3	6
少年儿童业余体校数	**所**	**11**	**1**	**3**	**7**
# 重点少体校	所	1	1		
训练体育干部人数	**人**	**1696**	**765**	**931***	
# 教练员	人	258	105	153*	
裁判员	人	555	375	180*	
学校体育教师	人	433		433*	
体育干部	人	450	285	165*	
参加运动会次数	**次**	**162**	**71**	**91***	
参加运动会运动员人数	**人次**	**133695**	**24242**	**109453***	

注：* 为市县合计数。

14—19 少年儿童业余体校在校学生数及教练员人数

单位:人

	在校学生数			专职教练员		
	合　计	重点少体　校	普通少体　校	合　计	重点少体　校	普通少体　校
总　　计	**898**	**46**	**850**	**47**	**2**	**45**
田　　径	204		204	18		18
游　　泳	420	46	420	7	2	7
体　　操	46			2		
射　　箭	10		10			
射　　击	40		40	5		5
蓝　　球	30		30	2		2
排　　球	35		35			
足　　球				1		1
乒 乓 球						
国际象棋						
武　　术				3		3
自 行 车	20		20	2		2
中国象棋						
围　　棋						
技　　巧						
举　　重	31		31	3		3
摔　　跤						
柔　　跤	30		30	2		2
羽 毛 球						
国际摔跤	30		30	2		2
跆 拳 道	4		4			

14—20 等级裁判员、等

	总计	田径	跳水	游泳	举重	射击	国际摔跤	自行车	篮球	排球	足球	乒乓球	桥牌	围棋	羽毛球
等级裁判员	**413**	**72**		**5**	**6**	**11**	**3**	**4**	**49**	**7**	**15**	**13**			**3**
# 女性	132	20		1	3	1		1	39	2		3			1
国际级裁判	12			2			3	2				2			
一　级	69	28				7					3				
二　级	191	30		3	3	4		2	41	7	12	11			1
三　级	141	14			3				8						2
等级运动员	**640**	**437**	**2**	**19**	**53**		**6**	**8**	**15**	**21**		**4**	**7**		
# 女性	254	195	1	1	20		3		5	10		1			
国际运动健将	1			1											
运动健将	29		2	3	2		3	4							
一　级	65	10		9	4		3	4		1					
二　级	92	21		6					15	20		4	7		
三　级	103	88			15										
少年级	350	318			32										

级 运 动 员 发 展 人 数

单位：人

台球	健美	柔道	中国摔跤	门球	国际象棋	击剑	武术	体操	艺术体操	中国象棋	网球	地掷球	手球	无线	摩托车
	8			**2**			**94**	**13**			**19**	**3**			**1**
							25								
	1			1											
	7			1			1	13			8				1
							34				11				
							59								
		4	**3**			**1**	**6**	**11**	**6**				**19**	**1**	
		1					2	2	6				6		
		2	3				1	2	6					1	
		2				1	1	7					4		
							4						15		

14—21 居民婚姻登记情况

	准予登记结婚数(对)	初婚人数(人)	再婚人数(人)		再婚中恢复结婚(对)	离婚数(对)
				男(人)		
总　　计	**19074**	**35662**	**2486**	**1174**	**85**	**1300**
市区小计	**14269**	**26351**	**2187**	**1043**	**79**	**1149**
迎泽区	2850	5151	549	251	14	282
杏花岭区	2361	4190	532	267	15	239
万柏林区	3225	5842	608	294	18	194
晋源区	1239	2361	117	61	2	56
小店区	2416	4663	169	84	15	233
尖草坪区	2178	4144	212	86	15	145
县(市)级小计	**4805**	**9311**	**299**	**131**	**6**	**151**
清除县	2039	4020	58	21		58
阳曲县	1230	2328	132	55	3	42
娄烦县	403	798	8	3	2	22
古交市	1133	2165	101	52	1	29

14—22　社会救济对象人员情况

单位：人

	救济对象总人数	城镇救济对象	农村救济对象	农村孤老残幼人数
总　　计	**22121**	**7779**	**14342**	**1064**
市区小计	**8620**	**6073**	**2547**	**603**
迎泽区	1848	1848		
杏花岭区	1813	1767	46	46
万柏林区	748	748		
晋源区	1725	175	1550	150
小店区	1445	1012	433	352
尖草坪区	1041	523	518	55
县(市)级小计	**13501**	**1706**	**11795**	**461**
清除县	4668	88	4580	98
阳曲县	2772	548	2224	173
娄烦县	2624	126	2498	136
古交市	3437	944	2493	54

14—23 革命伤残人员

	总人数	在职伤残保健金人数				
			特　等	一　等	二等甲	二等乙
总　　计	**4842**	**4009**	**7**	**45**	**220**	**798**
市区小计	**4022**	**3735**	**7**	**44**	**211**	**735**
迎泽区	1074	1039	3	12	65	252
杏花岭区	987	955	2	18	57	190
万柏林区	785	754			34	103
晋源区	155	102		3	6	29
小店区	527	443		7	23	63
尖草坪区	494	442	2	4	26	98
县(市)级小计	**820**	**274**		**1**	**9**	**63**
清除县	296	93			5	18
阳曲县	183	55		1	1	11
娄烦县	141	48			2	11
古交市	200	78			1	23

享 受 抚 恤 情 况

单位：人

三等甲	三等乙	在乡伤残抚恤人数	特　等	一　等	二等甲	二等乙	三等甲	三等乙
1433	**1506**	**833**	**5**	**32**	**65**	**221**	**272**	**238**
1335	**1403**	**287**	**4**	**18**	**23**	**78**	**88**	**76**
359	348	35	1	2	4	16	7	5
326	362	32	1	6	2	10	8	5
268	349	31		2	1	9	10	9
31	33	53		3	6	11	16	17
197	153	84	2	3	5	16	32	26
154	158	52		2	5	16	15	14
98	**103**	**546**	**1**	**14**	**42**	**143**	**184**	**162**
30	40	203	1	4	14	54	73	57
22	20	128		4	15	25	44	40
20	15	93		3	4	28	26	32
26	28	122		3	9	36	41	33

14—24 优抚对象人员情况

单位：人

	优抚对象总人数	革命伤残人员	烈军属人数			在乡退伍红军老战士	在乡复员军人	在乡退伍军人	优抚对象中孤老人数
				烈士家属	军属				
总计	**52235**	**4860**	**20176**	**1279**	**18667**	**3**	**3171**	**24025**	**233**
市区小计	**31795**	**4026**	**15171**	**779**	**14287**	**1**	**1092**	**11505**	**63**
迎泽区	5030	1074	3885	203	3670		71		3
杏花岭区	2528	987	1322	39	1259		99	120	8
万柏林区	9813	785	5428	398	5000	1	238	3361	10
晋源区	4056	155	578	37	526		228	3095	10
小店区	5082	527	1931	72	1842		250	2374	8
尖草坪区	5286	498	2027	30	1990		206	2555	24
县（市）级小计	**20440**	**834**	**5005**	**500**	**4380**	**2**	**2079**	**12520**	**170**
清除县	8383	309	1550	118	1351		624	5900	6
阳曲县	6194	183	2745	297	2420		567	2699	104
娄烦县	2399	142	384	63	321	1	478	1394	32
古交市	3464	200	326	22	288	1	410	2527	28

第十五篇

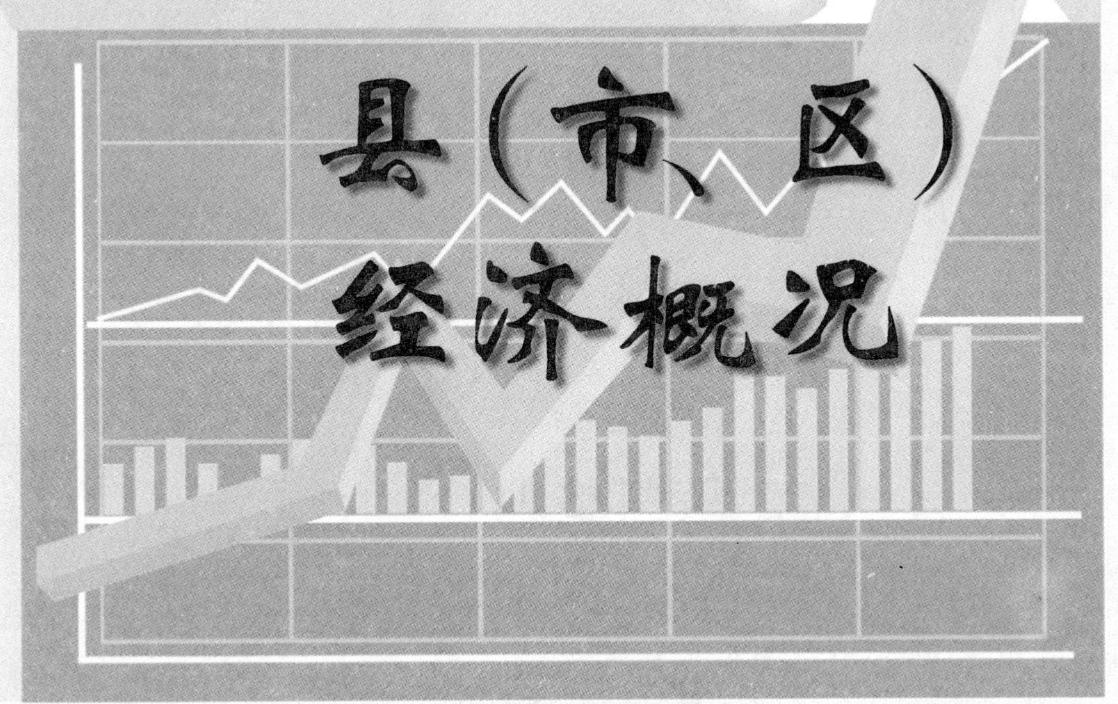

县（市、区）经济概况

资料整理

纪知明　李建华

审　　核

张太生　纪知明

15—01 小店区国民经济主要指标

	单　位	2000年
一、人口、劳动力及其他		
乡(镇)个数	个	6
村民委员会个数	个	98
年末总人口	万人	41.5
# 乡村人口	万人	14.4
当年出生人口数	人	10169
当年死亡人口数	人	2188
年末总户数	户	104343
# 乡村户数	户	39007
年末单位从业人数	人	11947
# 第二产业	人	2040
第三产业	人	9324
乡村从业人员数	人	72506
# 农林牧渔业	人	43220
城镇登记失业人员数	人	210
行政区域土地面积	平方公里	295
年末实有耕地面积	公顷	15818
# 水　田	公顷	380
旱　地	公顷	15438
二、综合经济		
(一)增加值	万元	111664
第一产业增加值	万元	28386
农业增加值	万元	23676
林业增加值	万元	51
牧业增加值	万元	4586
渔业增加值	万元	73
第二产业增加值	万元	29670
# 工业	万元	26835
第三产业增加值	万元	53608
(二)财政、金融、保险		
财政总收入	万元	15167
# 地方财政预算内收入	万元	10294
各项税收	万元	8658
财政支出	万元	9479
# 支农支出	万元	115
科学事业费支出	万元	22
教育事业费支出	万元	2481

15—01　续表 1

	单　　位	2000 年
年末金融机构各项存款余额	万元	1466621
# 城乡居民储蓄存款余额	万元	677353
年末金融机构各项贷款余额	万元	1081075
# 农业贷款	万元	14204
承保额	万元	1404758
# 农业险	万元	
保　费	万元	12869
已决赔款	万元	4584
三、农业		
(一)生产条件		
农业机械总动力	万千瓦	15.8
化肥使用量(折纯量)	吨	3170
农药使用量	吨	96
地膜使用量	吨	117
农村用电量	万千瓦小时	3154
有效灌溉面积	公顷	12800
(二)农作物总播种面积	公顷	16990
粮食作物播种面积	公顷	12510
# 稻　谷	公顷	100
小　麦	公顷	3860
玉　米	公顷	4740
大　豆	公顷	240
油料作物播种面积	公顷	210
棉花作物播种面积	公顷	
糖料作物播种面积	公顷	
蔬菜作物播种面积	公顷	4210
粮食总产量	吨	63644
# 稻　谷	吨	735
小　麦	吨	18427
玉　米	吨	33795
大　豆	吨	512
油料产量	吨	322
棉花产量	吨	
糖料产量	吨	
水果产量	吨	1237

	单　　位	2000 年
肉类总产量	吨	6276
奶类产量	吨	12393
蔬菜产量	吨	225000
水产品产量	吨	123
四、工业		
国有及年销售收入 500 万元以上的非国有		
工业企业数	个	9
工业总产值(现价)	万元	18045
内资企业	万元	16316
港、澳、台商投资企业	万元	1729
外商投资企业	万元	
从业人员年平均数	人	1019
流动资产年平均余额	万元	8197
固定资产净值年平均余额	万元	2755
产品销售收入	万元	16669
# 产品销售税金及附加	万元	59
本年应交增值税	万元	393
利润总额	万元	219
年销售收入 500 万元以下的非国有		
工业企业数	个	523
工业总产值(现价)	万元	116874
五、交通运输和邮电通讯		
境内公路里程	公里	154
境内铁路里程	公里	5
民用汽车拥有量	辆	1868
# 载客汽车	辆	70
私人汽车拥有量	辆	1024
邮电业务总量	万元	41958
本地电话用户	户	80554
# 农村电话用户	户	
年末移动电话用户数	户	48090
年末国际互联网用户数	户	4237

15—01 续表 3

	单 位	2000 年
六、贸易、外经、旅游		
限额以上批发零售贸易业商品销售总额	万元	12642
出口总额	万美元	400
当年合同外资金额	万美元	
当年实际使用外资金额	万美元	
旅游总收入	万元	4877
旅游人数	人	134722
七、固定资产投资		
基本建设投资完成额	万元	19370
# 地方项目	万元	19370
基本建设新增固定资产	万元	13636
更新改造投资完成额	万元	3871
其它投资完成额	万元	1530
八、文教和卫生		
普通中学数	所	20
小学数	所	112
普通中学专任教师数	人	1007
小学专任教师数	人	1897
普通中学在校学生数	人	11167
小学在校学生数	人	35749
医院、卫生院数	所	26
医院、卫生院床位数	床	2541
医院、卫生院技术人员数	人	2140
# 医生	人	1022
九、人民生活		
城镇在岗职工年平均人数	人	11850
城镇在岗职工工资总额	万元	8120.9
农村居民人均可支配收入	元	3302
农民人均住房面积	平方米	15
社会福利院数	个	4
社会福利院床位数	床	25
参加养老保险的人数	人	7572
参加医疗保险的人数	人	7600
十、社会治安		
交通事故件数	件	31
刑事案件立案数	件	3500
犯罪人数	人	387
民事案件发案数	件	1713

15—02 迎泽区国民经济主要指标

	单 位	2000年
一、人口、劳动力及其他		
乡(镇)个数	个	2
村民委员会个数	个	29
年末总人口	万人	45.5
# 乡村人口	万人	1.8
当年出生人口数	人	7220
当年死亡人口数	人	3349
年末总户数	户	118221
# 乡村户数	户	5594
年末单位从业人数	人	17181
# 第二产业	人	2693
第三产业	人	14488
乡村从业人员数	人	10172
# 农林牧渔业	人	2644
城镇登记失业人员数	人	3431
行政区域土地面积	平方公里	117
年末实有耕地面积	公顷	1550
# 水 田	公顷	
旱 地	公顷	1550
二、综合经济		
(一)增加值	万元	88185
第一产业增加值	万元	184
农业增加值	万元	22
林业增加值	万元	16
牧业增加值	万元	146
渔业增加值	万元	
第二产业增加值	万元	10627
# 工业	万元	8545
第三产业增加值	万元	77374
(二)财政、金融、保险		
财政总收入	万元	28125
# 地方财政预算内收入	万元	16262
各项税收	万元	14370.2
财政支出	万元	11947
# 支农支出	万元	121
科学事业费支出	万元	17
教育事业费支出	万元	1642

15—02 续表 1

	单 位	2000 年
年末金融机构各项存款余额	万元	1588839
# 城乡居民储蓄存款余额	万元	733799
年末金融机构各项贷款余额	万元	1171164
# 农业贷款	万元	15388
承保额	万元	1521822
# 农业险	万元	
保 费	万元	13942
已决赔款	万元	4966
三、农业		
(一)生产条件		
农业机械总动力	万千瓦	3.4
化肥使用量(折纯量)	吨	7
农药使用量	吨	5
地膜使用量	吨	1
农村用电量	万千瓦小时	1549
有效灌溉面积	公顷	400
(二)农作物总播种面积	公顷	572
粮食作物播种面积	公顷	542
# 稻 谷	公顷	
小 麦	公顷	
玉 米	公顷	21
大 豆	公顷	2
油料作物播种面积	公顷	3
棉花作物播种面积	公顷	
糖料作物播种面积	公顷	
蔬菜作物播种面积	公顷	
粮食总产量	吨	152
# 稻 谷	吨	
小 麦	吨	
玉 米	吨	
大 豆	吨	
油料产量	吨	
棉花产量	吨	
糖料产量	吨	
水果产量	吨	105

15—02 续表 2

	单 位	2000 年
肉类总产量	吨	263
奶类产量	吨	
蔬菜产量	吨	
水产品产量	吨	
四、工业		
国有及年销售收入 500 万元以上的非国有		
工业企业数	个	4
工业总产值(现价)	万元	3303
内资企业	万元	3303
港、澳、台商投资企业	万元	
外商投资企业	万元	
从业人员年平均数	人	351
流动资产年平均余额	万元	4321.1
固定资产净值年平均余额	万元	5800
产品销售收入	万元	3301.8
# 产品销售税金及附加	万元	114.3
本年应交增值税	万元	162.3
利润总额	万元	243.5
年销售收入 500 万元以下的非国有		
工业企业数	个	630
工业总产值(现价)	万元	49411
五、交通运输和邮电通讯		
境内公路里程	公里	48
境内铁路里程	公里	5
民用汽车拥有量	辆	715
# 载客汽车	辆	46
私人汽车拥有量	辆	462
邮电业务总量	万元	45455
本地电话用户	户	87267
# 农村电话用户	户	
年末移动电话用户数	户	52098
年末国际互联网用户数	户	4590

15—02 续表 3

	单　　位	2000年
六、贸易、外经、旅游		
限额以上批发零售贸易业商品销售总额	万元	2396
出口总额	万美元	1300
当年合同外资金额	万美元	800
当年实际使用外资金额	万美元	400
旅游总收入	万元	19510
旅游人数	人	538888
七、固定资产投资		
基本建设投资完成额	万元	2360
# 地方项目	万元	2360
基本建设新增固定资产	万元	2100
更新改造投资完成额	万元	4420
其它投资完成额	万元	12341
八、文教和卫生		
普通中学数	所	7
小学数	所	67
普通中学专任教师数	人	301
小学专任教师数	人	1966
普通中学在校学生数	人	4923
小学在校学生数	人	39103
医院、卫生院数	所	25
医院、卫生院床位数	床	4785
医院、卫生院技术人员数	人	5540
# 医生	人	2747
九、人民生活		
城镇在岗职工年平均人数	人	17100
城镇在岗职工工资总额	万元	9255
农村居民人均可支配收入	元	3480
农民人均住房面积	平方米	23.3
社会福利院数	个	1
社会福利院床位数	床	100
参加养老保险的人数	人	12825
参加医疗保险的人数	人	
十、社会治安		
交通事故件数	件	724
刑事案件立案数	件	2045
犯罪人数	人	540
民事案件发案数	件	2657

15—03 杏花岭区国民经济主要指标

	单　　位	2000 年
一、人口、劳动力及其他		
乡(镇)个数	个	3
村民委员会个数	个	50
年末总人口	万人	51.3
# 乡村人口	万人	3.1
当年出生人口数	人	8944
当年死亡人口数	人	4370
年末总户数	户	142252
# 乡村户数	户	10270
年末单位从业人数	人	23017
# 第二产业	人	8130
第三产业	人	14887
乡村从业人员数	人	15687
# 农林牧渔业	人	5208
城镇登记失业人员数	人	939
行政区域土地面积	平方公里	170.2
年末实有耕地面积	公顷	2564
# 水　田	公顷	
旱　地	公顷	2564
二、综合经济		
(一)增加值	万元	68894
第一产业增加值	万元	820
农业增加值	万元	299
林业增加值	万元	25
牧业增加值	万元	496
渔业增加值	万元	
第二产业增加值	万元	28424
# 工业	万元	23259
第三产业增加值	万元	39650
(二)财政、金融、保险		
财政总收入	万元	19015
# 地方财政预算内收入	万元	12772
各项税收	万元	10785
财政支出	万元	14167
# 支农支出	万元	207
科学事业费支出	万元	13
教育事业费支出	万元	2641

15—03　续表 1

	单　　位	2000 年
年末金融机构各项存款余额	万元	1792536
# 城乡居民储蓄存款余额	万元	827877
年末金融机构各项贷款余额	万元	1321313
# 农业贷款	万元	17361
承保额	万元	1716927
# 农业险	万元	
保　费	万元	15729
已决赔款	万元	5603
三、农业		
(一)生产条件		
农业机械总动力	万千瓦	2.2
化肥使用量(折纯量)	吨	29
农药使用量	吨	15
地膜使用量	吨	
农村用电量	万千瓦小时	1439
有效灌溉面积	公顷	187
(二)农作物总播种面积	公顷	1450
粮食作物播种面积	公顷	1420
# 稻　谷	公顷	
小　麦	公顷	
玉　米	公顷	110
大　豆	公顷	110
油料作物播种面积	公顷	10
棉花作物播种面积	公顷	
糖料作物播种面积	公顷	
蔬菜作物播种面积	公顷	20
粮食总产量	吨	886
# 稻　谷	吨	
小　麦	吨	
玉　米	吨	55
大　豆	吨	14
油料产量	吨	2
棉花产量	吨	
糖料产量	吨	
水果产量	吨	1019

15—03 续表 2

	单 位	2000 年
肉类总产量	吨	689
奶类产量	吨	195
蔬菜产量	吨	1949
水产品产量	吨	
四、工业		
国有及年销售收入 500 万元以上的非国有		
工业企业数	个	13
工业总产值(现价)	万元	18769.2
内资企业	万元	17859.2
港、澳、台商投资企业	万元	
外商投资企业	万元	910
从业人员年平均数	人	2135
流动资产年平均余额	万元	15531.4
固定资产净值年平均余额	万元	4659.5
产品销售收入	万元	18530.7
# 产品销售税金及附加	万元	103.8
本年应交增值税	万元	989.9
利润总额	万元	259.1
年销售收入 500 万元以下的非国有		
工业企业数	个	405
工业总产值(现价)	万元	66667.9
五、交通运输和邮电通讯		
境内公路里程	公里	38
境内铁路里程	公里	8
民用汽车拥有量	辆	425
# 载客汽车	辆	
私人汽车拥有量	辆	179
邮电业务总量	万元	51283
本地电话用户	户	98455
# 农村电话用户	户	
年末移动电话用户数	户	58777
年末国际互联网用户数	户	5178

15—03 续表 3

	单　　位	2000年
六、贸易、外经、旅游		
限额以上批发零售贸易业商品销售总额	万元	369
出口总额	万美元	252
当年合同外资金额	万美元	1219.9
当年实际使用外资金额	万美元	412.9
旅游总收入	万元	4877
旅游人数	人	134722
七、固定资产投资		
基本建设投资完成额	万元	7675
# 地方项目	万元	7675
基本建设新增固定资产	万元	5240
更新改造投资完成额	万元	1854
其它投资完成额	万元	9088
八、文教和卫生		
普通中学数	所	19
小学数	所	102
普通中学专任教师数	人	1124
小学专任教师数	人	2685
普通中学在校学生数	人	14469
小学在校学生数	人	44819
医院、卫生院数	所	27
医院、卫生院床位数	床	5426
医院、卫生院技术人员数	人	6506
# 医生	人	2573
九、人民生活		
城镇在岗职工年平均人数	人	21497
城镇在岗职工工资总额	万元	12337.4
农村居民人均可支配收入	元	3533
农民人均住房面积	平方米	22
社会福利院数	个	3
社会福利院床位数	床	40
参加养老保险的人数	人	15400
参加医疗保险的人数	人	
十、社会治安		
交通事故件数	件	816
刑事案件立案数	件	3986
犯罪人数	人	479
民事案件发案数	件	2091

15—04 尖草坪区国民经济主要指标

	单　　位	2000年
一、人口、劳动力及其他		
乡(镇)个数	个	8
村民委员会个数	个	90
年末总人口	万人	30.3
# 乡村人口	万人	9.9
当年出生人口数	人	7311
当年死亡人口数	人	1816
年末总户数	户	81794
# 乡村户数	户	27985
年末单位从业人数	人	33124
# 第二产业	人	23535
第三产业	人	9496
乡村从业人员数	人	52196
# 农林牧渔业	人	24427
城镇登记失业人员数	人	12
行政区域土地面积	平方公里	285.6
年末实有耕地面积	公顷	7974
# 水　田	公顷	150
旱　地	公顷	7824
二、综合经济		
(一)增加值	万元	99963
第一产业增加值	万元	9000
农业增加值	万元	7014
林业增加值	万元	123
牧业增加值	万元	1815
渔业增加值	万元	48
第二产业增加值	万元	57274
# 工业	万元	45974
第三产业增加值	万元	33689
(二)财政、金融、保险		
财政总收入	万元	15026
# 地方财政预算内收入	万元	8301
各项税收	万元	6518
财政支出	万元	9655
# 支农支出	万元	794
科学事业费支出	万元	14
教育事业费支出	万元	1934

15—04　续表1

	单　　位	2000年
年末金融机构各项存款余额	万元	1059226
# 城乡居民储蓄存款余额	万元	489199
年末金融机构各项贷款余额	万元	780776
# 农业贷款	万元	10258
承保额	万元	1014548
# 农业险	万元	
保　费	万元	9294
已决赔款	万元	3311
三、农业		
(一)生产条件		
农业机械总动力	万千瓦	10.8
化肥使用量(折纯量)	吨	1219
农药使用量	吨	52
地膜使用量	吨	78
农村用电量	万千瓦小时	2980
有效灌溉面积	公顷	5124
(二)农作物总播种面积	公顷	6280
粮食作物播种面积	公顷	4480
# 稻　谷	公顷	100
小　麦	公顷	
玉　米	公顷	1660
大　豆	公顷	400
油料作物播种面积	公顷	180
棉花作物播种面积	公顷	
糖料作物播种面积	公顷	
蔬菜作物播种面积	公顷	1540
粮食总产量	吨	13101
# 稻　谷	吨	633
小　麦	吨	
玉　米	吨	8397
大　豆	吨	661
油料产量	吨	184
棉花产量	吨	
糖料产量	吨	
水果产量	吨	10369

15—04 续表 2

	单位	2000 年
肉类总产量	吨	2104
奶类产量	吨	2548
蔬菜产量	吨	70055
水产品产量	吨	86
四、工业		
国有及年销售收入 500 万元以上的非国有		
工业企业数	个	30
工业总产值(现价)	万元	39012
内资企业	万元	39012
港、澳、台商投资企业	万元	
外商投资企业	万元	
从业人员年平均数	人	8586
流动资产年平均余额	万元	17761
固定资产净值年平均余额	万元	11325
产品销售收入	万元	28667
# 产品销售税金及附加	万元	280
本年应交增值税	万元	1320
利润总额	万元	437
年销售收入 500 万元以下的非国有		
工业企业数	个	658
工业总产值(现价)	万元	179449
五、交通运输和邮电通讯		
境内公路里程	公里	120
境内铁路里程	公里	30
民用汽车拥有量	辆	1877
# 载客汽车	辆	425
私人汽车拥有量	辆	1198
邮电业务总量	万元	30303
本地电话用户	户	58178
# 农村电话用户	户	
年末移动电话用户数	户	34732
年末国际互联网用户数	户	3060

15—04 续表 3

	单 位	2000 年
六、贸易、外经、旅游		
限额以上批发零售贸易业商品销售总额	万元	103009
出口总额	万美元	
当年合同外资金额	万美元	
当年实际使用外资金额	万美元	
旅游总收入	万元	1463
旅游人数	人	40417
七、固定资产投资		
基本建设投资完成额	万元	2100
# 地方项目	万元	2095
基本建设新增固定资产	万元	2100
更新改造投资完成额	万元	
其它投资完成额	万元	2060
八、文教和卫生		
普通中学数	所	21
小学数	所	90
普通中学专任教师数	人	952
小学专任教师数	人	1213
普通中学在校学生数	人	10406
小学在校学生数	人	16927
医院、卫生院数	所	21
医院、卫生院床位数	床	1901
医院、卫生院技术人员数	人	2195
# 医生	人	1075
九、人民生活		
城镇在岗职工年平均人数	人	30214
城镇在岗职工工资总额	万元	17608.4
农村居民人均可支配收入	元	2276
农民人均住房面积	平方米	15
社会福利院数	个	12
社会福利院床位数	床	150
参加养老保险的人数	人	23493
参加医疗保险的人数	人	
十、社会治安		
交通事故件数	件	160
刑事案件立案数	件	1722
犯罪人数	人	255
民事案件发案数	件	973

15—05 万柏林区国民经济主要指标

	单 位	2000 年
一、人口、劳动力及其他		
乡(镇)个数	个	5
村民委员会个数	个	67
年末总人口	万人	47.2
# 乡村人口	万人	7.2
当年出生人口数	人	10826
当年死亡人口数	人	2610
年末总户数	户	113676
# 乡村户数	户	19942
年末单位从业人数	人	18494
# 第二产业	人	8591
第三产业	人	9903
乡村从业人员数	人	37954
# 农林牧渔业	人	10681
城镇登记失业人员数	人	146
行政区域土地面积	平方公里	304.8
年末实有耕地面积	公顷	4148
# 水 田	公顷	60
旱 地	公顷	4088
二、综合经济		
(一)增加值	万元	78962
第一产业增加值	万元	4583
农业增加值	万元	3909
林业增加值	万元	146
牧业增加值	万元	524
渔业增加值	万元	4
第二产业增加值	万元	38879
# 工业	万元	36379
第三产业增加值	万元	35500
(二)财政、金融、保险		
财政总收入	万元	16204
# 地方财政预算内收入	万元	9617
各项税收	万元	8372
财政支出	万元	8458
# 支农支出	万元	264
科学事业费支出	万元	8
教育事业费支出	万元	1203

15—05 续表1

	单　　位	2000年
年末金融机构各项存款余额	万元	1629578
# 城乡居民储蓄存款余额	万元	752615
年末金融机构各项贷款余额	万元	1201194
# 农业贷款	万元	15782
承保额	万元	1560843
# 农业险	万元	
保　费	万元	14300
已决赔款	万元	5094
三、农业		
(一)生产条件		
农业机械总动力	万千瓦	11.1
化肥使用量(折纯量)	吨	118
农药使用量	吨	15
地膜使用量	吨	50
农村用电量	万千瓦小时	4064
有效灌溉面积	公顷	1350
(二)农作物总播种面积	公顷	2640
粮食作物播种面积	公顷	1430
# 稻　谷	公顷	50
小　麦	公顷	
玉　米	公顷	300
大　豆	公顷	40
油料作物播种面积	公顷	20
棉花作物播种面积	公顷	
糖料作物播种面积	公顷	
蔬菜作物播种面积	公顷	1160
粮食总产量	吨	1457
# 稻　谷	吨	218
小　麦	吨	
玉　米	吨	561
大　豆	吨	3
油料产量	吨	15
棉花产量	吨	
糖料产量	吨	
水果产量	吨	449

15—05　续表 2

	单　　位	2000 年
肉类总产量	吨	735
奶类产量	吨	1386
蔬菜产量	吨	67844
水产品产量	吨	20
四、工业		
国有及年销售收入 500 万元以上的非国有		
工业企业数	个	12
工业总产值(现价)	万元	34572
内资企业	万元	34572
港、澳、台商投资企业	万元	
外商投资企业	万元	
从业人员年平均数	人	3228
流动资产年平均余额	万元	20702
固定资产净值年平均余额	万元	10698
产品销售收入	万元	18336
# 产品销售税金及附加	万元	789
本年应交增值税	万元	988
利润总额	万元	—421
年销售收入 500 万元以下的非国有		
工业企业数	个	425
工业总产值(现价)	万元	143451
五、交通运输和邮电通讯		
境内公路里程	公里	99
境内铁路里程	公里	5
民用汽车拥有量	辆	1882
# 载客汽车	辆	96
私人汽车拥有量	辆	575
邮电业务总量	万元	46621
本地电话用户	户	89505
# 农村电话用户	户	
年末移动电话用户数	户	53434
年末国际互联网用户数	户	4708

15—05　续表 3

	单　　位	2000 年
六、贸易、外经、旅游		
限额以上批发零售贸易业商品销售总额	万元	23936
出口总额	万美元	
当年合同外资金额	万美元	2137
当年实际使用外资金额	万美元	825.1
旅游总收入	万元	1463
旅游人数	人	40417
七、固定资产投资		
基本建设投资完成额	万元	417
# 地方项目	万元	
基本建设新增固定资产	万元	676
更新改造投资完成额	万元	2033
其它投资完成额	万元	3659
八、文教和卫生		
普通中学数	所	31
小学数	所	119
普通中学专任教师数	人	2166
小学专任教师数	人	3673
普通中学在校学生数	人	23834
小学在校学生数	人	55999
医院、卫生院数	所	31
医院、卫生院床位数	床	2923
医院、卫生院技术人员数	人	3386
# 医生	人	1471
九、人民生活		
城镇在岗职工年平均人数	人	17402
城镇在岗职工工资总额	万元	8739
农村居民人均可支配收入	元	3303
农民人均住房面积	平方米	26.5
社会福利院数	个	5
社会福利院床位数	床	170
参加养老保险的人数	人	9609
参加医疗保险的人数	人	
十、社会治安		
交通事故件数	件	743
刑事案件立案数	件	1821
犯罪人数	人	442
民事案件发案数	件	1826

15—06 晋源区国民经济主要指标

	单位	2000年
一、人口、劳动力及其他		
乡(镇)个数	个	4
村民委员会个数	个	96
年末总人口	万人	17.4
# 乡村人口	万人	11.2
当年出生人口数	人	5752
当年死亡人口数	人	1122
年末总户数	户	46926
# 乡村户数	户	29370
年末单位从业人数	人	6523
# 第二产业	人	2644
第三产业	人	3879
乡村从业人员数	人	52534
# 农林牧渔业	人	25916
城镇登记失业人员数	人	11
行政区域土地面积	平方公里	287.6
年末实有耕地面积	公顷	8376
# 水田	公顷	1949
旱地	公顷	6427
二、综合经济		
(一)增加值	万元	70531
第一产业增加值	万元	18401
农业增加值	万元	15306
林业增加值	万元	58
牧业增加值	万元	2887
渔业增加值	万元	150
第二产业增加值	万元	36165
# 工业	万元	34115
第三产业增加值	万元	15965
(二)财政、金融、保险		
财政总收入	万元	6125
# 地方财政预算内收入	万元	3142
各项税收	万元	2463
财政支出	万元	3195
# 支农支出	万元	52
科学事业费支出	万元	6
教育事业费支出	万元	1041

	单　　位	2000 年
年末金融机构各项存款余额	万元	611094
# 城乡居民储蓄存款余额	万元	282233
年末金融机构各项贷款余额	万元	450448
# 农业贷款	万元	5919
承保额	万元	585317.5
# 农业险	万元	
保　费	万元	5364.4
已决赔款	万元	1911.1
三、农业		
(一)生产条件		
农业机械总动力	万千瓦	19
化肥使用量(折纯量)	吨	1309
农药使用量	吨	29
地膜使用量	吨	65
农村用电量	万千瓦小时	3747
有效灌溉面积	公顷	4990
(二)农作物总播种面积	公顷	7397
粮食作物播种面积	公顷	4990
# 稻　谷	公顷	1201
小　麦	公顷	1023
玉　米	公顷	1162
大　豆	公顷	870
油料作物播种面积	公顷	74
棉花作物播种面积	公顷	
糖料作物播种面积	公顷	
蔬菜作物播种面积	公顷	2307
粮食总产量	吨	29051
# 稻　谷	吨	8959
小　麦	吨	4535
玉　米	吨	8718
大　豆	吨	1669
油料产量	吨	101
棉花产量	吨	
糖料产量	吨	
水果产量	吨	1740

15—06 续表2

	单　　位	2000年
肉类总产量	吨	2975
奶类产量	吨	5822
蔬菜产量	吨	153205
水产品产量	吨	366
四、工业		
国有及年销售收入500万元以上的非国有		
工业企业数	个	13
工业总产值(现价)	万元	38849
内资企业	万元	38849
港、澳、台商投资企业	万元	
外商投资企业	万元	
从业人员年平均数	人	3867
流动资产年平均余额	万元	19469
固定资产净值年平均余额	万元	12439
产品销售收入	万元	28487
# 产品销售税金及附加	万元	200
本年应交增值税	万元	1663
利润总额	万元	582
年销售收入500万元以下的非国有		
工业企业数	个	619
工业总产值(现价)	万元	139773
五、交通运输和邮电通讯		
境内公路里程	公里	167
境内铁路里程	公里	5
民用汽车拥有量	辆	943
# 载客汽车	辆	19
私人汽车拥有量	辆	409
邮电业务总量	万元	13773
本地电话用户	户	33565
# 农村电话用户	户	
年末移动电话用户数	户	20040
年末国际互联网用户数	户	1766

15—06 续表 3

	单位	2000 年
六、贸易、外经、旅游		
限额以上批发零售贸易业商品销售总额	万元	23080
出口总额	万美元	91.5
当年合同外资金额	万美元	1075
当年实际使用外资金额	万美元	60
旅游总收入	万元	9755
旅游人数	人	269444
七、固定资产投资		
基本建设投资完成额	万元	5600
# 地方项目	万元	3100
基本建设新增固定资产	万元	3500
更新改造投资完成额	万元	2100
其它投资完成额	万元	900
八、文教和卫生		
普通中学数	所	12
小学数	所	73
普通中学专任教师数	人	642
小学专任教师数	人	720
普通中学在校学生数	人	8087
小学在校学生数	人	18343
医院、卫生院数	所	10
医院、卫生院床位数	床	777
医院、卫生院技术人员数	人	822
# 医生	人	410
九、人民生活		
城镇在岗职工年平均人数	人	6077
城镇在岗职工工资总额	万元	4471.2
农村居民人均可支配收入	元	2862
农民人均住房面积	平方米	25
社会福利院数	个	4
社会福利院床位数	床	76
参加养老保险的人数	人	2264
参加医疗保险的人数	人	
十、社会治安		
交通事故件数	件	278
刑事案件立案数	件	125
犯罪人数	人	100
民事案件发案数	件	482

15—07 清徐县国民经济主要指标

	单　位	2000年
一、人口、劳动力及其他		
乡(镇)个数	个	13
村民委员会个数	个	195
年末总人口	万人	29.8
# 乡村人口	万人	26.3
当年出生人口数	人	9513
当年死亡人口数	人	2237
年末总户数	户	84550
# 乡村户数	户	68872
年末单位从业人数	人	12131
# 第二产业	人	2239
第三产业	人	9688
乡村从业人员数	人	106414
# 农林牧渔业	人	70759
城镇登记失业人员数	人	359
行政区域土地面积	平方公里	609.5
年末实有耕地面积	公顷	29921
# 水　田	公顷	95
旱　地	公顷	29826
二、综合经济		
(一)增加值	万元	256191
第一产业增加值	万元	65091
农业增加值	万元	51899
林业增加值	万元	123
牧业增加值	万元	12755
渔业增加值	万元	314
第二产业增加值	万元	102522
# 工业	万元	97198
第三产业增加值	万元	88578
(二)财政、金融、保险		
财政总收入	万元	16282
# 地方财政预算内收入	万元	8729
各项税收	万元	15038
财政支出	万元	14323
# 支农支出	万元	1623
科学事业费支出	万元	6
教育事业费支出	万元	3281

	单　　位	2000 年
年末金融机构各项存款余额	万元	248766
# 城乡居民储蓄存款余额	万元	208119
年末金融机构各项贷款余额	万元	166686
# 农业贷款	万元	4499
承保额	万元	905679
# 农业险	万元	
保　费	万元	1818.6
已决赔款	万元	873.9
三、农业		
(一)生产条件		
农业机械总动力	万千瓦	33.4
化肥使用量(折纯量)	吨	11808
农药使用量	吨	263
地膜使用量	吨	500
农村用电量	万千瓦小时	16274
有效灌溉面积	公顷	24640
(二)农作物总播种面积	公顷	35577
粮食作物播种面积	公顷	22103
# 稻　谷	公顷	95
小　麦	公顷	6744
玉　米	公顷	7112
大　豆	公顷	2532
油料作物播种面积	公顷	1989
棉花作物播种面积	公顷	827
糖料作物播种面积	公顷	226
蔬菜作物播种面积	公顷	9897
粮食总产量	吨	115659
# 稻　谷	吨	596
小　麦	吨	27091
玉　米	吨	52468
大　豆	吨	4711
油料产量	吨	3842
棉花产量	吨	998
糖料产量	吨	9513
水果产量	吨	10402

15—07 续表 2

	单 位	2000 年
肉类总产量	吨	19260
奶类产量	吨	15400
蔬菜产量	吨	623449
水产品产量	吨	800
四、工业		
国有及年销售收入 500 万元以上的非国有		
工业企业数	个	26
工业总产值(现价)	万元	156146
内资企业	万元	156146
港、澳、台商投资企业	万元	
外商投资企业	万元	
从业人员年平均数	人	24400
流动资产年平均余额	万元	62804
固定资产净值年平均余额	万元	48359
产品销售收入	万元	145036
# 产品销售税金及附加	万元	2174
本年应交增值税	万元	6147
利润总额	万元	1885
年销售收入 500 万元以下的非国有		
工业企业数	个	428
工业总产值(现价)	万元	174697
五、交通运输和邮电通讯		
境内公路里程	公里	331
境内铁路里程	公里	
民用汽车拥有量	辆	1971
# 载客汽车	辆	240
私人汽车拥有量	辆	709
邮电业务总量	万元	2847
本地电话用户	户	26111
# 农村电话用户	户	13299
年末移动电话用户数	户	13000
年末国际互联网用户数	户	94

15—07　续表 3

	单　　位	2000 年
六、贸易、外经、旅游		
限额以上批发零售贸易业商品销售总额	万元	80005
出口总额	万美元	752
当年合同外资金额	万美元	800
当年实际使用外资金额	万美元	451
旅游总收入	万元	4877
旅游人数	人	134722
七、固定资产投资		
基本建设投资完成额	万元	7425
# 地方项目	万元	
基本建设新增固定资产	万元	1452
更新改造投资完成额	万元	10898
其它投资完成额	万元	
八、文教和卫生		
普通中学数	所	21
小学数	所	193
普通中学专任教师数	人	1219
小学专任教师数	人	1591
普通中学在校学生数	人	16884
小学在校学生数	人	37397
医院、卫生院数	所	18
医院、卫生院床位数	床	432
医院、卫生院技术人员数	人	496
# 医生	人	281
九、人民生活		
城镇在岗职工年平均人数	人	11848
城镇在岗职工工资总额	万元	7718.4
农村居民人均可支配收入	元	3285
农民人均住房面积	平方米	23.2
社会福利院数	个	5
社会福利院床位数	床	78
参加养老保险的人数	人	4406
参加医疗保险的人数	人	5075
十、社会治安		
交通事故件数	件	375
刑事案件立案数	件	260
犯罪人数	人	151
民事案件发案数	件	1160

15—08　阳曲县国民经济主要指标

	单　　位	2000 年
一、人口、劳动力及其他		
乡(镇)个数	个	15
村民委员会个数	个	245
年末总人口	万人	14.4
# 乡村人口	万人	12.5
当年出生人口数	人	4225
当年死亡人口数	人	976
年末总户数	户	44892
# 乡村户数	户	36123
年末单位从业人数	人	6575
# 第二产业	人	1096
第三产业	人	4978
乡村从业人员数	人	49797
# 农林牧渔业	人	34935
城镇登记失业人员数	人	210
行政区域土地面积	平方公里	2059
年末实有耕地面积	公顷	33583
# 水　田	公顷	
旱　地	公顷	33583
二、综合经济		
(一)增加值	万元	53376
第一产业增加值	万元	11737
农业增加值	万元	4884
林业增加值	万元	1065
牧业增加值	万元	5757
渔业增加值	万元	31
第二产业增加值	万元	28390
# 工业	万元	25252
第三产业增加值	万元	13249
(二)财政、金融、保险		
财政总收入	万元	4701
# 地方财政预算内收入	万元	2969
各项税收	万元	4701
财政支出	万元	6919
# 支农支出	万元	767
科学事业费支出	万元	98
教育事业费支出	万元	1596

15—08　续表 1

	单　　位	2000 年
年末金融机构各项存款余额	万元	66875
# 城乡居民储蓄存款余额	万元	57247
年末金融机构各项贷款余额	万元	45783
# 农业贷款	万元	6247
承保额	万元	7318
# 农业险	万元	
保　费	万元	671
已决赔款	万元	354
三、农业		
(一)生产条件		
农业机械总动力	万千瓦	10.7
化肥使用量(折纯量)	吨	3939
农药使用量	吨	60
地膜使用量	吨	158
农村用电量	万千瓦小时	1752
有效灌溉面积	公顷	2203
(二)农作物总播种面积	公顷	33568
粮食作物播种面积	公顷	27533
# 稻　谷	公顷	
小　麦	公顷	
玉　米	公顷	4323
大　豆	公顷	3247
油料作物播种面积	公顷	4003
棉花作物播种面积	公顷	
糖料作物播种面积	公顷	
蔬菜作物播种面积	公顷	1729
粮食总产量	吨	27279
# 稻　谷	吨	
小　麦	吨	
玉　米	吨	7457
大　豆	吨	1487
油料产量	吨	2764
棉花产量	吨	
糖料产量	吨	
水果产量	吨	3221

15—08 续表 2

	单　　位	2000 年
肉类总产量	吨	7721
奶类产量	吨	1636
蔬菜产量	吨	45129
水产品产量	吨	45
四、工业		
国有及年销售收入 500 万元以上的非国有		
工业企业数	个	13
工业总产值(现价)	万元	19242
内资企业	万元	14846
港、澳、台商投资企业	万元	788
外商投资企业	万元	3608
从业人员年平均数	人	1848
流动资产年平均余额	万元	10597
固定资产净值年平均余额	万元	4820
产品销售收入	万元	21110
# 产品销售税金及附加	万元	198
本年应交增值税	万元	580
利润总额	万元	—443
年销售收入 500 万元以下的非国有		
工业企业数	个	1115
工业总产值(现价)	万元	53309
五、交通运输和邮电通讯		
境内公路里程	公里	469
境内铁路里程	公里	30
民用汽车拥有量	辆	1621
# 载客汽车	辆	265
私人汽车拥有量	辆	571
邮电业务总量	万元	1208
本地电话用户	户	7676
# 农村电话用户	户	2308
年末移动电话用户数	户	3980
年末国际互联网用户数	户	63

15—08　续表 3

	单　　位	2000 年
六、贸易、外经、旅游		
限额以上批发零售贸易业商品销售总额	万元	2938
出口总额	万美元	
当年合同外资金额	万美元	
当年实际使用外资金额	万美元	
旅游总收入	万元	488
旅游人数	人	13472
七、固定资产投资		
基本建设投资完成额	万元	9829
# 地方项目	万元	9799
基本建设新增固定资产	万元	7866
更新改造投资完成额	万元	1049
其它投资完成额	万元	1525
八、文教和卫生		
普通中学数	所	17
小学数	所	248
普通中学专任教师数	人	557
小学专任教师数	人	718
普通中学在校学生数	人	7855
小学在校学生数	人	12973
医院、卫生院数	所	19
医院、卫生院床位数	床	674
医院、卫生院技术人员数	人	435
# 医生	人	271
九、人民生活		
城镇在岗职工年平均人数	人	6584
城镇在岗职工工资总额	万元	4148.9
农村居民人均可支配收入	元	1175
农民人均住房面积	平方米	14.6
社会福利院数	个	15
社会福利院床位数	床	230
参加养老保险的人数	人	1993
参加医疗保险的人数	人	954
十、社会治安		
交通事故件数	件	35
刑事案件立案数	件	119
犯罪人数	人	36
民事案件发案数	件	603

15—09　娄烦县国民经济主要指标

	单　位	2000年
一、人口、劳动力及其他		
乡(镇)个数	个	12
村民委员会个数	个	217
年末总人口	万人	11
# 乡村人口	万人	9.5
当年出生人口数	人	8849
当年死亡人口数	人	825
年末总户数	户	30264
# 乡村户数	户	23380
年末单位从业人数	人	5026
# 第二产业	人	752
第三产业	人	4159
乡村从业人员数	人	44408
# 农林牧渔业	人	31412
城镇登记失业人员数	人	
行政区域土地面积	平方公里	1276
年末实有耕地面积	公顷	28866
# 水　田	公顷	10
旱　地	公顷	28856
二、综合经济		
(一)增加值	万元	22893
第一产业增加值	万元	4783
农业增加值	万元	3069
林业增加值	万元	429
牧业增加值	万元	1256
渔业增加值	万元	29
第二产业增加值	万元	10260
# 工业	万元	8700
第三产业增加值	万元	7850
(二)财政、金融、保险		
财政总收入	万元	1848
# 地方财政预算内收入	万元	1248
各项税收	万元	1085
财政支出	万元	5644
# 支农支出	万元	922
科学事业费支出	万元	12
教育事业费支出	万元	1451

15—09 续表1

	单 位	2000年
年末金融机构各项存款余额	万元	31729
# 城乡居民储蓄存款余额	万元	24240
年末金融机构各项贷款余额	万元	17855
# 农业贷款	万元	5731
承保额	万元	39000
# 农业险	万元	
保 费	万元	350
已决赔款	万元	192
三、农业		
(一)生产条件		
农业机械总动力	万千瓦	4.2
化肥使用量(折纯量)	吨	980
农药使用量	吨	7
地膜使用量	吨	101
农村用电量	万千瓦小时	840
有效灌溉面积	公顷	1300
(二)农作物总播种面积	公顷	16500
粮食作物播种面积	公顷	12810
# 稻 谷	公顷	
小 麦	公顷	
玉 米	公顷	1440
大 豆	公顷	970
油料作物播种面积	公顷	2550
棉花作物播种面积	公顷	
糖料作物播种面积	公顷	
蔬菜作物播种面积	公顷	990
粮食总产量	吨	24043
# 稻 谷	吨	
小 麦	吨	
玉 米	吨	5521
大 豆	吨	1126
油料产量	吨	1921
棉花产量	吨	
糖料产量	吨	
水果产量	吨	553

15—09 续表 2

	单　　位	2000 年
肉类总产量	吨	1823
奶类产量	吨	38
蔬菜产量	吨	15050
水产品产量	吨	50
四、工业		
国有及年销售收入 500 万元以上的非国有		
工业企业数	个	11
工业总产值(现价)	万元	6700
内资企业	万元	6700
港、澳、台商投资企业	万元	
外商投资企业	万元	
从业人员年平均数	人	
流动资产年平均余额	万元	8334
固定资产净值年平均余额	万元	12592
产品销售收入	万元	5713
# 产品销售税金及附加	万元	486
本年应交增值税	万元	131
利润总额	万元	629
年销售收入 500 万元以下的非国有		
工业企业数	个	144
工业总产值(现价)	万元	19000
五、交通运输和邮电通讯		
境内公路里程	公里	150
境内铁路里程	公里	
民用汽车拥有量	辆	199
# 载客汽车	辆	59
私人汽车拥有量	辆	117
邮电业务总量	万元	652
本地电话用户	户	5042
# 农村电话用户	户	1462
年末移动电话用户数	户	3649
年末国际互联网用户数	户	22

15—09 续表 3

	单　　位	2000 年
六、贸易、外经、旅游		
限额以上批发零售贸易业商品销售总额	万元	
出口总额	万美元	
当年合同外资金额	万美元	
当年实际使用外资金额	万美元	
旅游总收入	万元	488
旅游人数	人	13472
七、固定资产投资		
基本建设投资完成额	万元	2046
# 地方项目	万元	
基本建设新增固定资产	万元	570
更新改造投资完成额	万元	
其它投资完成额	万元	1026
八、文教和卫生		
普通中学数	所	10
小学数	所	210
普通中学专任教师数	人	452
小学专任教师数	人	933
普通中学在校学生数	人	5473
小学在校学生数	人	14107
医院、卫生院数	所	14
医院、卫生院床位数	床	210
医院、卫生院技术人员数	人	202
# 医生	人	123
九、人民生活		
城镇在岗职工年平均人数	人	4896
城镇在岗职工工资总额	万元	2999
农村居民人均可支配收入	元	817
农民人均住房面积	平方米	18
社会福利院数	个	4
社会福利院床位数	床	35
参加养老保险的人数	人	1647
参加医疗保险的人数	人	1543
十、社会治安		
交通事故件数	件	46
刑事案件立案数	件	104
犯罪人数	人	69
民事案件发案数	件	265

15—10 古交市国民经济主要指标

	单　　位	2000 年
一、人口、劳动力及其他		
乡(镇)个数	个	15
村民委员会个数	个	200
年末总人口	万人	20.4
# 乡村人口	万人	9.7
当年出生人口数	人	12639
当年死亡人口数	人	1139
年末总户数	户	63329
# 乡村户数	户	28645
年末单位从业人数	人	12869
# 第二产业	人	4283
第三产业	人	8440
乡村从业人员数	人	39518
# 农林牧渔业	人	21971
城镇登记失业人员数	人	2301
行政区域土地面积	平方公里	1584
年末实有耕地面积	公顷	24754
# 水　田	公顷	
旱　地	公顷	24754
二、综合经济		
(一)增加值	万元	199055
第一产业增加值	万元	8921
农业增加值	万元	6345
林业增加值	万元	144
牧业增加值	万元	2375
渔业增加值	万元	57
第二产业增加值	万元	141027
# 工业	万元	136268
第三产业增加值	万元	49107
(二)财政、金融、保险		
财政总收入	万元	10928
# 地方财政预算内收入	万元	6796
各项税收	万元	5778
财政支出	万元	8698
# 支农支出	万元	271
科学事业费支出	万元	87
教育事业费支出	万元	2268

15—10 续表1

	单　　位	2000年
年末金融机构各项存款余额	万元	167137
# 城乡居民储蓄存款余额	万元	143667
年末金融机构各项贷款余额	万元	77552
# 农业贷款	万元	3283
承保额	万元	103787.5
# 农业险	万元	
保　费	万元	1162
已决赔款	万元	611
三、农业		
(一)生产条件		
农业机械总动力	万千瓦	10.5
化肥使用量(折纯量)	吨	913
农药使用量	吨	34
地膜使用量	吨	187
农村用电量	万千瓦小时	3075
有效灌溉面积	公顷	1030
(二)农作物总播种面积	公顷	15415
粮食作物播种面积	公顷	12150
# 稻　谷	公顷	
小　麦	公顷	
玉　米	公顷	1574
大　豆	公顷	553
油料作物播种面积	公顷	1979
棉花作物播种面积	公顷	
糖料作物播种面积	公顷	
蔬菜作物播种面积	公顷	1254
粮食总产量	吨	17494
# 稻　谷	吨	
小　麦	吨	
玉　米	吨	3447
大　豆	吨	412
油料产量	吨	1376
棉花产量	吨	
糖料产量	吨	
水果产量	吨	879

15—10 续表 2

	单 位	2000 年
肉类总产量	吨	3652
奶类产量	吨	97
蔬菜产量	吨	48986
水产品产量	吨	100
四、工业		
国有及年销售收入 500 万元以上的非国有		
工业企业数	个	41
工业总产值(现价)	万元	68946
内资企业	万元	49492
港、澳、台商投资企业	万元	19454
外商投资企业	万元	
从业人员年平均数	人	6461
流动资产年平均余额	万元	35306
固定资产净值年平均余额	万元	34303
产品销售收入	万元	60005
# 产品销售税金及附加	万元	2115
本年应交增值税	万元	4353
利润总额	万元	5033
年销售收入 500 万元以下的非国有		
工业企业数	个	629
工业总产值(现价)	万元	308371
五、交通运输和邮电通讯		
境内公路里程	公里	479
境内铁路里程	公里	20
民用汽车拥有量	辆	1341
# 载客汽车	辆	79
私人汽车拥有量	辆	299
邮电业务总量	万元	4000
本地电话用户	户	25469
# 农村电话用户	户	6821
年末移动电话用户数	户	14000
年末国际互联网用户数	户	182

15—10　续表 3

	单　　位	2000 年
六、贸易、外经、旅游		
限额以上批发零售贸易业商品销售总额	万元	1150
出口总额	万美元	
当年合同外资金额	万美元	850
当年实际使用外资金额	万美元	280
旅游总收入	万元	977.9
旅游人数	人	26944
七、固定资产投资		
基本建设投资完成额	万元	25000
# 地方项目	万元	9557
基本建设新增固定资产	万元	23348
更新改造投资完成额	万元	2800
其它投资完成额	万元	
八、文教和卫生		
普通中学数	所	15
小学数	所	288
普通中学专任教师数	人	709
小学专任教师数	人	922
普通中学在校学生数	人	10754
小学在校学生数	人	16211
医院、卫生院数	所	26
医院、卫生院床位数	床	1187
医院、卫生院技术人员数	人	1407
# 医生	人	600
九、人民生活		
城镇在岗职工年平均人数	人	12807
城镇在岗职工工资总额	万元	9073.8
农村居民人均可支配收入	元	2804
农民人均住房面积	平方米	13
社会福利院数	个	9
社会福利院床位数	床	54
参加养老保险的人数	人	6946
参加医疗保险的人数	人	
十、社会治安		
交通事故件数	件	115
刑事案件立案数	件	304
犯罪人数	人	152
民事案件发案数	件	764

常用度量衡单位及换算

长度单位

1 厘米＝0.3 市寸＝0.3937 英寸
1 英寸＝2.5399 厘米＝0.7619 市寸
1 市尺＝0.3333 米＝1.0936 英尺
1 市里＝0.5 千米＝0.3107 英里＝0.27 海里
1 市寸＝3.3333 厘米＝1.3123 英寸
1 米＝3 市尺＝3.2808 英尺
1 英尺＝0.3048 米＝0.9144 市尺
1 市丈＝10 市尺＝100 市寸＝3.3333 米
1 千米(公里)＝2 市里＝0.6214 英里＝0.5399 海里
1 英里＝1.6093 千米＝3.2185 市里＝0.8689 海里
1 海里＝1.852 千米＝3.704 市里＝1.1508 英里

面(地)积单位

1 平方厘米＝0.09 平方市寸＝0.155 平方英寸
1 平方英寸＝6.4516 平方厘米＝0.5806 平方市寸
1 平方市尺＝0.1111 平方米＝1.196 平方英尺
1 公倾＝100 公亩＝15 市亩＝2.471 英亩
1 英亩＝0.405 公倾＝6.07 市亩
1 平方市寸＝11.1111 平方厘米＝1.7222 平方英寸
1 平方米＝9 平方市尺＝10.7636 平方英尺
1 平方英尺＝0.0929 平方米＝0.8362 平方市尺
1 市亩＝6.667 公亩＝0.165 英亩
1 公亩＝100 平方米
1 平方千米(平方公里)＝100 公顷＝4 平方市里＝0.386 平方英里
1 平方英里＝2.5907 平方千米＝259.0674 公顷＝10.3627 平方市里
1 市厘＝0.1 市分＝0.01 市亩

质量(重量)单位

1 克＝0.02 市两＝0.0353 盎司
1 盎司＝28.35 克＝0.5671 市两
1 市斤＝0.5 千克＝1.1023 英磅
1 吨＝0.9842 英吨＝1.1023 美吨
1 美吨＝0.9072 吨＝0.8929 英吨
1 市两＝50 克＝1.7635 盎司
1 千克(公斤)＝2 市斤＝2.2046 英磅
1 英镑＝0.4536 千克＝0.9072 市斤
1 英吨＝1.016 吨＝1.12 美吨
1 市担＝50 千克

容(体)积单位

1 升＝1 市升＝0.22 英加仑＝0.264 美加仑
1 英加仑＝4.5455 升＝4.5455 市升＝1.2 美加仑
1 美加仑＝3.7879 升＝3.7879 市升＝0.8333 英加仑
1 立方厘米＝0.000001 立方米＝0.000027 立方市尺＝0.06102 立方英寸＝0.00004 立方英尺
1 立方米＝1000000 立方厘米＝27 立方市尺＝61022 立方英寸＝35.3134 立方英尺
1 立方市尺＝0.037 立方米＝37037 立方厘米＝2260 立方英寸＝1.3079 立方英尺
1 立方英寸＝0.000016 立方米＝16.3875 立方厘米＝0.00044 立方市尺＝0.00058 立方英尺
1 立方英尺＝0.02832 立方米＝28318 立方厘米＝0.7646 立方市尺＝1728 立方英寸

编 后 说 明

一、2002年版《太原社会经济统计年鉴》是一本统计信息密集、综合性强的资料工具书，分上下两卷。分别收录了2000年和2001年太原社会和经济等各方面的主要统计数据。

二、全书内容分为：1.综合；2.人口、计划生育和社会治安；3.农业；4.工业、能源、交通、运输、邮电；5.企业调查；6.固定资产投资、建筑业；7.公用事业；8.财政、金融、税务、保险；9.物价指数；10.城市居民住户调查；11.农村住户调查；12.国内外贸易、旅游；13.劳动力和职工工资；14.科教文卫体、民政；15.县(市、区)经济概况共十五部分。

三、本年鉴总量指标计算所采用的价格除注明外均为当年价格。

四、本年鉴资料主要来自年度统计报表，一部分来自抽样调查和业务统计年报。

五、本年鉴表中的符号使用说明：

“空格”表示该项统计数据不详或无；

“#”表示其中主要项。

六、读者在使用历史资料时，凡与本年鉴有出入的，均以本年鉴为准。

七、本年鉴出版发行，受到了社会各界的关心和支持，对此我们深表谢意。欢迎读者对年鉴的内容、编排等方面提出宝贵意见，以帮助我们进一步改进编辑工作，更好地为读者服务。